【 汉译现代西方学术名著导读·政治哲学编 】

丛书主编　阎孟伟　杨　谦

HOUXIANDAI ZHUYI WENTI YANJIU

后现代主义问题研究

阎孟伟　李福岩　主编

广西人民出版社

图书在版编目（CIP）数据

后现代主义问题研究 / 阎孟伟，李福岩主编.—南宁：
广西人民出版社，2018.1
（汉译现代西方学术名著导读 / 阎孟伟，杨谦主编.
政治哲学编）
ISBN 978-7-219-09226-2

Ⅰ.①后… Ⅱ.①阎… ②李… Ⅲ.①后现代主义－著
作－介绍－西方国家－现代 Ⅳ.①B089

中国版本图书馆CIP数据核字（2014）第289187号

总 策 划　温六零
项目统筹　白竹林　罗敏超
责任编辑　梁凤华
责任校对　张聘梅　高　健
装帧设计　李彦媛
印前制作　麦林书装

出版发行	广西人民出版社	
社　　址	广西南宁市桂春路6号	
邮　　编	530028	
印　　刷	广西民族印刷包装集团有限公司	
开　　本	787mm×1092mm　1/16	
印　　张	17.75	
字　　数	310千字	
版　　次	2018年1月　第1版	
印　　次	2018年1月　第1次印刷	
书　　号	ISBN 978-7-219-09226-2	
定　　价	36.00元	

总　序

陈晏清

改革开放以来，中国社会经历了日新月异的深刻变化，不仅在经济发展中取得了令世人瞩目的成就，在文化建设上也取得了长足的进步，其中一个突出的表现是哲学社会科学领域里越来越多的学者本着开放包容的精神，源源不断地将国外有代表性的学术著作（包括理论著作）翻译到中国来，这对于帮助国人开阔视野、活跃思想、学会用世界的眼光观察和思考中国问题起到了十分重要的作用。这种开放包容的精神也充分体现了我们的制度自信和理论自信。摆在读者面前的这套"汉译现代西方学术名著导读"丛书就是在这样的精神鼓舞下编辑出版的。

这套丛书计 10 卷约 150 种，内容主要涉及国外的政治哲学和社会理论，涵盖了 20 世纪 20 年代以来西方马克思主义诸流派的代表性著作、法兰克福学派各个发展时期领军人物的代表作、西方当代自由主义理论的代表作、西方当代社会哲学和历史哲学的重要理论著作。每本著作的导读都包括作者简介、写作背景、中心思想、分章导读、意义与影响五个部分，最后附上原著摘录（从该著作中精选出来的一些重要章节）。读者通过阅读这套丛书可以全景式地了解当代西方政治哲学和社会理论中的主要思潮和流派，更有助于从事政治哲学和社会理论研究的学者以及高校学生开阔学术视野、把握学术前沿。由于这套丛书所选取的主要是政治哲学和社会哲学方面的著作，因而读者也可以从中了解到现代西方社会在其发展中所面对的诸多重大现实问题，如政治的合法性问题、国家与社会的关系问题、公平正义问题、权利与权力的关系问题、意识形态问题、文化发展问题、生态问题等，有助于人们深入地认识20世纪以来西方社会发展的基本状况。

在我国，就哲学学科来说，政治哲学是目前较为活跃的研究领域。社会政治哲学在我国的兴起，不是几个学者的心血来潮，而是适应了中国社会大变革的理论需要。我国由改革开放和社会主义市场经济推动的社会转型，是社会的整体性变革或结构性变迁，各种各样的社会问题会从社会生活的各个领域产生，新的问题层出不穷。对于这些问题的理论解决，急需社会哲学和政治哲学的专门研究。中国的社会哲学、政治哲学应当着重研究中国的问题，这是毫无疑义的。2017年9月29日，习近平总书记在中共中央政治局就当代世界马克思主义思潮及其影响进行第四十三次集体学习时强调，发展21世纪马克思主义、当代中国马克思主义，必须立足中国、放眼世界，保持与时俱进的理论品格，深刻认识马克思主义的时代意义和现实意义，锲而不舍推进马克思主义中国化、时代化、大众化，使马克思主义放射出更加灿烂的真理光芒。……对国外马克思主义研究新成果，我们要密切关注和研究，有分析、有鉴别，既不能采取一概排斥的态度，也不能搞全盘照搬①。

在当今的时代条件下，中国的事情同世界的事情是紧密关联的，实际上中国的许多问题已经上升为世界问题，观察和思考中国问题也必须有世界眼光。因此，我们应当学习外国的先进理论和文化，广泛地阅读当今国外的社会哲学、政治哲学著作，研究外国学者在理论探索中的经验和教训、长处和短处，有些可以引以为鉴，有些可以有选择、有批判地汲取。这对于深化我们的思考，推进我们的社会哲学、政治哲学的研究，以至推进我国的社会转型和现代化建设，都是有重要的积极意义的。当然，这套学术名著导读丛书主要是对学术名著及其作者做出概要性的介绍和评述，

---

① 习近平在中共中央政治局第四十三次集体学习时强调：深刻认识马克思主义时代意义和现实意义　继续推进马克思主义中国化时代化大众化 [N]. 人民日报，2017-09-30 (1).

这些初步的、粗浅的介绍显然不能代替学者们的专门研究，"导读"的意义重在一个"导"字，它的作用只是把读者引进西方社会政治哲学的门槛，但这对于吸引和推动学界和社会各界关心社会政治哲学的研究是有重要作用的。

最后，我还想特别强调一点。这套丛书选择的著作者，除很少量的作者，例如早期西方马克思主义的代表人物外，大多数是资产阶级的思想家、著作家。他们是在资本主义的制度前提下说话，是在资产阶级统治的政治框架内说话，这是他们无法摆脱的阶级局限性。从总体上看，他们的政治哲学、社会理论著作表达的是当代资本主义的意识形态，是当代资产阶级的价值观念、社会理想和政治诉求。因为同处于市场经济的条件下，中国和西方会遇到一些共同的问题，但在对于问题实质的把握和解决问题的立场与方式上则是有原则性的区别的。这是我们在阅读西方社会政治哲学理论著作以及介绍这些著作的读物时，必须保持的最基本的辨别力或判断力。如果丧失了这种判断力，我们就会在意识形态的较量中丧失主动权，有的人甚至成为错误思想的俘虏。

2017 年 10 月

（陈晏清，1938 年出生，1962 年毕业于中国人民大学哲学系，1985 年晋升为教授，1986 年任博士生导师，1992 年起享受国务院颁发的政府特殊津贴，1985 年至 1997 年任南开大学哲学系主任，1995 年至 2000 年任南开大学人文学院院长，1997 年任南开大学社会哲学研究所所长，现任南开大学当代中国问题研究院学术委员会主任、中国辩证唯物主义研究会顾问、中国人学学会顾问、天津市哲学学会名誉会长。主要的研究领域是马克思主义哲学基础理论、社会哲学、政治哲学。独著或合著的著作主要有《论自觉的能动性》《辩证的历史决定论》《现代唯物主义导引》《陈晏清文集》等，主编有"社会哲学研究"丛书。2012 年获南开大学荣誉教授称号和特别贡献奖。）

目 录 CONTENTS

CONTENTS

一、《后现代状态：关于知识的报告》

［法］让-佛朗索瓦·利奥塔尔　著

车槿山　译

生活·读书·新知三联书店，1997 年

────【作者简介】────────────

　　法国学者让-佛朗索瓦·利奥塔尔（1924—1999），是当代法国后现代主义哲学的重要代表。让-佛朗索瓦·利奥塔尔又译为"让-佛朗索瓦·利奥塔"，或"让-佛朗索瓦·利奥塔德"。

　　1924 年，利奥塔尔生于凡尔赛。他的少年时代是在二战和德国纳粹对法国的占领中度过的，纳粹的暴行给他的少年生活抹上了浓重的阴影，也激励了他的成长及思想的成熟。青年时期，他在巴黎大学学习哲学和文学，并积极参加工会的政治活动。在 1940 年前后，他发表了一些政治论文。1950 年，他从法国高等师范学校毕业，在法属阿尔及利亚一所中学任教。1955 年，他成为激进团体"社会或野蛮"的阿尔及利亚分支的领导成员，并参加了反对法国侵占阿尔及利亚战争的政治活动。1966 年，他决定脱离马克思主义团体和政治活动，开始从事学术研究。1968 年，他作为巴黎第十大学的讲师，参加了著名的"五月风暴"学生运动。1971 年，他获哲学博士学位，并以论文《话语，图形》获得巴黎第八大学哲学系的教授职位，直至 1989 年退休。他还被世界上许多著名大学如美国的霍布金斯大学、加利福尼亚大学、威斯康星大学，加拿大的蒙特利尔大学，巴西的圣保罗大学聘为客座教授。

　　利奥塔尔一生出版了约 40 本著作和论文集，所涉猎的学术领域有现象学、结构主义、马克思主义和精神分析等。其主要著作有：《现象学》（1954年）、《话语，图形》（1971年）、《利比多经济学》（1974年）、《后现代状态：关于知识的报告》（1979年）、《论正义》（1979年）、《争论》（1983年）、《给后人的后现代解释》（1986年）等。

【写作背景】

20世纪60年代以来，进入后工业阶段的西方社会在文化和哲学上体现了鲜明的特征：理性、理性的崇高性、终极价值、终极真理、整体性、普遍性被进一步怀疑；主体被抛弃，语言结构取代了主体和世界的结构；解构成为一个响亮的口号，等级制度、传统教条、传统道德开始受到人们的重新审视。与此相应，后现代主义在美国和法国兴起，不久波及德国、日本，在苏联及其他国家也有所反应。有人认为，它是现代主义的进一步发展，是进入信息社会、新技术革命时代资本主义制度各种危机的产物。后现代主义问题涉及对第二次世界大战以来以美国为首的西方世界及苏联文化的认识和评价，是一个有关全球文化处境的问题，因此引起人们的关注。

利奥塔尔少年时代经历过二战和德国纳粹对法国的占领。纳粹的暴行，尤其是奥斯威辛集中营的大屠杀，成了利奥塔尔不断反思的对象，也令他对黑格尔思辨叙事的前提"凡是存在的都是合理的"产生怀疑，这成为利奥塔尔后现代主义思想的重要来源。1968年法国学生的"五月风暴"运动后来也成为利奥塔尔思想的主要动力，他反复思索这场运动，并由此对自启蒙运动以来的自由、解放叙事表示怀疑。利奥塔尔的后现代思想正是在这样的时代背景和文化氛围中成熟起来的，他对后现代文化转型时期的知识、思维、价值观念等变化的全面考察最终成就了一部伟大的著作——《后现代状态：关于知识的报告》。

此书写作的直接动因，是利奥塔尔应魁北克省政府大学委员会主席的要求而提交给该委员会的关于最发达社会中知识状态的报告。

【中心思想】

此书的研究对象是"后现代条件下的知识问题"，涉及19世纪末以来，科学、文学、艺术行为原则影响的文化状态。对现代的评论的正确性和真实性提出质疑。指出后现代的科技发展向人们提供了权力的增长，使知识变成了商品，成了决策的因素与手段。技术标准并不能判断真实与正义，在分歧中产生了相对临时的、制约性的真理标准。在此书中，利奥塔尔将"后现代"一词定义为对元叙事的怀疑。所谓元叙事，主要是指德国唯心主义哲学的思辨叙事和启蒙运动的解放叙事。在普遍适用的宏大叙事失去效用后，具有有限性的"小叙事"将会繁荣，赋予人类新的意义价值。此书的言说方式主要有三点支撑，即合法化问题，指示性陈述、规定性陈述和语言游戏，发话者、指涉物和受话人结构。这三点既可以使我们了解利奥塔尔的理论归属，也可以了解其理论特点，还可以体悟后现代的一般特点。

全书分为引言和正文十四章，集中于后现代社会背景下知识状况的研究，以语言应用学观念与方法探讨了关于知识（科学知识和叙事知识）在后工业社会中所面临的畸变、悖谬和可能性，共约 8 万字。正文的第一章至第三章，确定了研究的范围、问题和方法。第四章至第五章，说明了社会关系的性质。第六章至第十章，讲述了语用学与知识合法化和非合法化的问题。第十一章至第十四章，研究了达到合法化的方法。

——【分章导读】——————————————————————

引言 利奥塔尔开篇就指出了此书的研究对象是最发达社会中的知识状态，并且决定用"后现代"命名这种状态。他说，"后现代"一词正确标示出当今文化的方位和变化的状况，"这个词正在美洲大陆的社会学家和批评家的笔下流行，它指的是经历了各种变化的文化处境，这种变化从 19 世纪末就开始影响科学、文学和艺术的游戏规则了"[①]。利奥塔尔试图通过与现代叙事危机的比较来定位这些变化。在他看来，现代哲学使自身合法化的话语就是启蒙叙事，这种话语明确地求助于诸如精神辩证法、意义阐释学、理性主体或劳动主体的解放、财富的增长等某个大叙事。在启蒙大叙事中，知识英雄为了高尚的伦理政治目的而奋斗，即为了宇宙的安宁而奋斗。

利奥塔尔指出，这种启蒙大叙事自身也面临着合法性的危机，后现代就是这种对元叙事合法性的怀疑。后现代并非为权威者所役使的工具，它能够使我们对形形色色的事物获致更细微的感知能力，获知更坚韧的承受力宽容异质标准；后现代知识的法则，不是专家式的一致性，而是属于创造者的悖谬推论和矛盾论。利奥塔尔在对后现代知识状况的叙事危机的考察中，一方面批判了哈贝马斯的整体观、交往理论和共识真理观，认为其所张扬的"交往理论"和"普遍共识"下掩盖的是回归传统、重树霸主地位的实质；另一方面运用结构主义、语用学的方法考察了后现代知识的状态，提出哈贝马斯的讨论共识"违背了语言游戏的异质性"，因为发明总是在分歧中。

由此后现代观念出发，全书展开了十四章具体而精彩的论述。

第一章　范围：信息化社会中的知识　利奥塔尔探讨了信息化社会中知识的发展变化状况。利奥塔尔假设，随着社会进入被称为后工业的年代以及文化进入被称为后现代的年代，知识改变了地位。科学知识成了一种话语，因为自 20 世纪 50 年代末以来的几十年里的尖端科技都和语言有关，如电脑和电脑语言等。科技的发展变化对知识产生了巨大影响，受到影响的主要是知识的两个主要功能，即研究与传递，书中重点讨论了传递。在这种普遍的变化中，知识的性质不会依然如故，信息化社会中的知识必须转化为信息，才能进入新的渠道，成为可操作的。否则，这种知识便会被遗弃，这就是信息学的霸权，即不论是现在还是将来，知识的生产者和使用者都必须具备把他们试图发明和学习的东西转译到这些语言中去的手段。因为，只有当社会中流通的信息十分丰富而且易于解译时，社会才能生存并获得发展。

进而，利奥塔尔指出，知识开始外在化，过去知识的获得是为了精神或内在修养，而现在知识的供应者和使用者与知识的这种关系，越来越具有商品的生产者和消费者与商品之间的关系所具有的形式，即价值形式。不论现在还是将来，知识为了出售而被生产，为了在新的生产中增殖而被消费：它在这两种情形中都是为了交换。它不再以自身为目的，它失去了自己的"使用价值"。这样继续下去，民族和国家间的战争将为控制信息而战。知识也不再以知识本身为最高目的，知识失却了它的传统价值。主要的差异不在于有知识与无知识之间，而是像资金一样，存在于"有偿性知识"与"投资性知识"之间。其中某些知识被保留为"决策制定者用"专用，其他的知识则在社会规范下，被个人用来偿还永无终结的债务之用。

第二章　问题：合法化　利奥塔尔确定了本书研究的范围是知识的合法化问题，着重指出"合法化"问题与权力之间的关系。对此，利奥塔尔明确指出，本书的理论假设不应该给它一种相对于现实而言的预测价值，而应该给它一种相对于提出的问题而言的策略价值。这一假设成功的可能性很大，因为我们看不出现代科技有什么其他方向可以替代社会的信息化。

针对近代以来流行的错误假象，即所谓的科技进步就是指经济成长和社会政治力量的扩变，二者似乎必然是相辅相成的，利奥塔尔提出，科学知识并不是全部的知识，知识具有两种形式：科学知识和叙述性知识，两者总是处在竞争与冲突中。而且，科学知识还有一个合法化的问题。科学合法化也是一个过程，类似于立法的过程，虽然知识的地位发生了变化，但是双重合法化的问题不仅远没有淡化，而且必然会变得更加尖锐。科学的合法化问题一直与伦理、政治语言之间关系密切。而科学的合法化从来就是由立法者通过一系列专门的程序与语言确立起来的，两者之间是不可分的。然而，我们这个时代由于科学技术的进步和发展，统治力量与新科技之间，相互产生了冲突，统治力量已经不能完全拥有科学知识的评价标准，那么合法化问题就产生了。利奥塔尔进一步说，在我们这个信息时代里，科学问题已经愈来愈是一个有关统治者施政的问题了。

第三章　方法：语言游戏　利奥塔尔从语用学的角度揭示了语言游戏。利奥塔尔运用语用学的规则指出：每一种语用学的句法效能分属于各种不同的秩序，并且遵守相应的语言游戏规则。在主述者、聆听者和指涉物之间有一种契约性、竞争性的话语规则，这种规则使我们必须为了达成某一种共识而运用某一种语言游戏规则。当维特根斯坦从零开始重新研究语言时，他把注意力集中在话语的作用上，他把通过这种方法找到的各种陈述叫作语言游戏。关于语言游戏，我们还有三个值得提出的注意事项。第一是它们的规则本身并没有合法化，但这些规则是明确或不明确地存在于游戏者之间的契约。第二是没有规则便没有游戏，即使稍微改变一条规则也将改变游戏的性质，一个不符合规则的"招数"或陈述不属于这些规则定义的游戏。第三个意见已经暗示出来了：任何陈述都应该被看成是游戏中使用的"招数"。这就意味着在运用语言规则之时，社会规范是由语言的"出位"之思所完成的，并引导我们进一步探究事物的本质。而且，利奥塔尔说："最后这个意见将导致我们承认第一个原则，它是我们整个方法的基础：说话就是斗争（意思是参加游戏），语言行为属于一种普遍的竞技。"①

第四章　社会关系的性质：现代的抉择　利奥塔尔首先批判了两种适用于研究社会发展的"模拟再现"模式。其一，视帕森斯式社会结构为一功能性的整体；其二，视社会为二元的合成体。利奥塔尔指出，帕森斯的理论是

---

① 利奥塔尔. 后现代状态：关于知识的报告 [M]. 车槿山，译. 北京：生活·读书·新知三联书店，1997：18.

一种理性的自我操作规范，企图通过内部的自我调节和重建，注定是要失败的，是一种耗散，或是一种"慢性自杀的结局"。从孔德到卢曼的巨大思想转变中都显露出一种相同的社会观念：社会是一个统一的整体，霍克海默称之为理性的偏执狂。而视社会是二元合成的合成体的观念，天生具有斗争性。马克思主义思潮的各个流派，都承认阶级斗争原理和社会对立统一辩证法。但是，由于社会分工的细化和阶级斗争的理论，已被混淆到丧失其应有的激进，沦为一种"乌托邦"或"希望"的地步。

利奥塔尔对上述对社会理论图解式的回顾，是为了澄清相关的问题，并将通过这些问题来定位先进工业社会中的知识。在批判前两种方案的基础上，利奥塔尔提出了另一种解决方案。他首先将有关知识的问题，放在"高度进步的工业社会"的架构之中来讨论和规划，并进而提出他自己的解决方案：其一是实证性的知识，二者必居其一的决定，即能够直接适用于涉及人与物质的科技，能够不假外求自行运作的科技，成为社会体系中不可缺的生产力。另一规则是批判反射性或诠释性的知识，一种能够直接或间接反映价值或目标的方式，来抗拒任何像上述所讲的那种复辟或还原。

第五章　社会关系的性质：后现代的视野　利奥塔尔提出，社会关系的性质作为一种现代抉择、一种折中的办法，并没有彻底解决问题，只是再现了这个问题，其本身仍属于一种通过对立建构的思想，不符合后现代知识的形态。如法国总统向自己的同胞提出的生活目标是"赶上德国"，但这已经无法引起同胞们的共鸣，因为生活目标是由个人所决定的，每人都返回自我，每人都知道这个"自我"是微不足道的。所以，上述的折中大叙事开始崩溃。虽然自我是微不足道的，但并不是孤立的，个人都处在比过去任何时候都更复杂、更多变的关系网中，处于不同性质的陈述经过的一些位置上。因而，后现代的社会关系问题更是一种语言游戏，有发话者、受话者和指谓构成的社会关系，利奥塔尔说："社会关系的问题，作为问题，是一种语言游戏，它是提问的语言游戏。它立即确定提出问题的人、接收问题的人和问题的指谓：因此这个问题已经是社会关系了。"[①]

利奥塔尔还指出，为了以这种方式理解任何范围内的社会关系，我们不仅需要一种交流理论，而且需要一种游戏理论，它的先设包括了竞技。

---

① 利奥塔尔. 后现代状态：关于知识的报告 [M]. 车槿山，译. 北京：生活·读书·新知三联书店，1997：33.

利奥塔尔认为，这一点是探索当今知识制度的必由途径。从中可见，利奥塔尔对科学知识所做分析的最重要部分是与他对当代社会状况的论述联系在一起的。他认为，第二次世界大战以来发生的事情是：无可挽回地浪费这些宏大叙事的力量，来为科学工作提供正当性的框架。今后最重要的问题已日益演变成：谁有权去掌握及其所储存的那些能实施决策正确的资讯，从现在开始，能够把握、切入并使用资料库，谁就会成为各种专家的特权，这种情形将会变本加厉。现在的统治阶层，仍然是决策阶层，在过去是如此，未来亦是如此。

第六章　叙述知识的语用学　利奥塔尔指出，科学依靠叙事知识的语用学而获得了合法性的地位，但是，由于现代社会盲目接受工具理性的知识观念，知识的合法性出现了危机，因此要分析叙事知识语用学的特点。

利奥塔尔将"知识"与"科学"进行了区分和辨析。他认为，科学是知识的一种，并且科学具有它自身得以成立的独特性，科学依靠叙事知识语用学而获得了合法性的地位。在传统知识的表达中，叙述知识占主导地位。

进而，利奥塔尔指出，叙事说法之所以是合法的，是因为叙事说法本身也在环境变化中不断调整自己，不断适应新的游戏规则，"重新获得自我救赎，自我再生"。从中我们看到，一种从宏大叙事的压抑的庄严到微型叙事的分裂性自主的转移。这既带来好的一面又带来坏的一面。坏的一面是，在这种状态中看来不存在以正义或善行的名义去调控科学，或者说在那个意义上其他任何东西的方式。好的一面是，实效原则不仅可包容新的能量，而且也可鼓励非正统的东西突破现存的范式或占支配地位的思维结构。

第七章　科学知识的语用学　利奥塔尔分析了科学知识语用学的三个方面的问题。其一，按科学知识的语用学在古典观念中显现的样子，以哥白尼宣称行星的轨道是环形的为例，简略描述了它的特征。利奥塔尔区分了研究游戏和教学游戏，指出研究需要教学，教学是研究的必不可少的补充。因为科学家需要一个能够成为发话者的受话者，必须培养平等的人。换句话说，教学需要以下条件：学生（受话者）不知道老师（发话者）知道的东西，其实正是因为这个缘故学生才需要学习；学生可以通过学习成为和老师一样有能力的专家。专家把自己力求知道的事情传述给学生，于是把学生带入研究领域，像接力赛一样继续下去。

其二，通过比较科学知识和叙事知识，利奥塔尔指出了科学知识具有如下五个方面的特性：（1）科学知识只需保留一种游戏规则，那就是定义指称性的，其他都可排除在外。（2）科学知识就这样与其他那些组合起来构成社会关系的语言游戏分离了。科学知识在这方面不同于语言游戏规则，社会规范则是由这两种不同的知识组成。（3）在研究游戏规则范围的限制时，能力的配合仅和主诉者有关。（4）科学陈述不能从它被讲述的这个事实本身获得任何有效性。科学说法，无须靠向外发布信息，就能获得承认。（5）科学的策略暗示了一种时间性。

其三，利奥塔尔还进一步指出分析科学知识和叙事知识两者之间的差异。他认为，叙述知识并不重视自身合法化的问题，它虽不理解科学话语的问题，但又确实表现出一种宽容。他说："这种不平等关系是每个游戏特有的规则造成的内在结果。我们了解这种关系的症状。它构成了自西方起源开始的整个文化帝国主义史。认清这一历史的内容是很重要的，它使得西方有别于其他地方：西方受到合法化要求的支配。"① 反过来，科学知识考察叙事陈述的有效性时发现，这些陈述从来没有经过论证。科学知识把叙事知识归入习俗、无知、空想等原始、落后、不发达的思想状态，只适合妇女和儿童。在最好的情况下是照亮愚昧主义，接受教育。这种不平等关系是每个游戏特有的规则造成的内在结果，它构成了自西方起源开始的整个文化帝国主义史。认清这一历史的内容是很重要的，它使得西方有别于其他地方：西方受到合法化要求的支配。

第八章　叙述功能与知识合法化　利奥塔尔对科学知识的合法性问题做了简要的梳理，指出早在古希腊时期，科学的合法性问题被归结为科学知识本身之外的形而上的原因，如柏拉图等。在启蒙时期，科学获得了相对独立的地位，建立了一套自身的游戏规则并取得合法性地位。随着现代科学的发展，合法化问题出现了新的因素，并非所有的科学都如此依赖这样的经验性模式。将叙事事件引进合法化方式，作为知识的有效性，这一方面是可以有两个发展方向，或者把叙事主体体现为认知主体，或者表现为实践主体。由于这种抉择的存在，合法化并非有相同的意义，而且叙事本身也已经显得无力提供一个完整版本的合法化了。利奥塔尔指出，合法化问题出现了两个新特点：首先，科学放弃了对形而上学第一因的探讨，现代科学认识到真理的条件，也就是科学游戏规则，就存在于游戏本身。其次，追求社会政治合法

---

① 利奥塔尔. 后现代状态：关于知识的报告［M］. 车槿山，译. 北京：生活·读书·新知三联书店，1997：57.

化的方法，与新的科学态度结合在一起，主人公"英雄"的名字便换成了"人民"，人民的共识是合法性的标志。

第九章 知识合法化的叙事 利奥塔尔分析了合法化叙事的两种派别（一派倾向于政治性，另一派倾向于哲学性），以及两种合法化叙事得以合法化的原因及其所隐含的政治权利和话语关系。利奥塔尔以法兰西第三共和国为例，分析偏重于政治的大叙事，其主体是人民，人类是自由的英雄，全体民众都有科学权。他以德国 1807—1810 年汉姆伯德的教育计划为例，分析偏重于哲学的大叙事，以及科学、国家与政府关系的发展，这种叙事倾向于哲学性的知识合法化，认为知识的主体在于思辨精神，并且通过一整套科学游戏规则将合法化哲学化，同时相应的教育制度并不是为了培养和教育，而在于寻求科学的真理。知识的合法性存在于采用科学的方法与科学的语言并且得出科学的结论，目的是谋求科学自身的自立与自治。利奥塔尔指出，上述两种后知识合法化的叙说的重点落在指令政策的叙述上即论说的主述者的立场——实用主题出发，科学说法所保留的功用不过是作为工具和材料来证明相应的主题而已。

第十章 非合法化 利奥塔尔提出并分析大叙事、解放叙事或思辨叙事在后工业社会或后现代文化中失去可信性、合法性及其内外在原因。从外在方面看，大叙事的没落是二战以来科技发展与资本主义复兴繁荣的一个结果；从内在方面看，是由于 19 世纪的大叙事固有的"非合法化"和虚无主义的萌芽。一是思辨机制与知识之间有一种含混的关系。19 世纪末种种迹象表现出了科学知识的危机，这种危机不是来自科学突飞猛进的发展，而是来自知识和发现原则的内在侵蚀，各个领域都处于一个极不稳定的状态中。如果把"非合法化"再稍微推进一步，它便为一种重要的后现代思潮开辟了道路。二是启蒙运动的解放机制，其内在的侵蚀力量不亚于思辨叙事，其特征是把科学的合法性和真理建立在那些投身于伦理、社会和政治事件的对话者的自律上，但真理不等于公正。

第十一章 研究与通过性能达到的合法化 利奥塔尔主要探讨研究工作中的语用学，并且分析目前主要研究语用学方法的两种变化：方法论的多元化，求证过程的复杂化。利奥塔尔认为，科学语言明显受制于语用学的原则，而科学则运用逻辑学的理性法则来运用科学语言的存在方式来决定的，因为他们所使用的语言规则无法证明自身。在资本主义社会，资本、政治、权力在科学的发展过程中越来越占据重要的地位，科学不是为了获取知识、获取真理，而是受商品经济利益的驱动，成为投资的一部分，其目标不仅是为了输入、输出，而是追求一种生产的表达。科学和技术的有效证明和裁决最终在权力。因此，权力的强大和自我合法化，正走上一条资料的储存、开放和运用的道路。

第十二章　教学与通过性能达到的合法化　利奥塔尔考察并分析了高等教育在教学、知识传递方面的合法化问题。他认为，现在的教育机构功能与目的的变化，教育机构正由研究机构向传播知识技能的机构转变，由创造某种理想为目的转向追求技术的发明创造为目的。在后现代社会，学术知识转换成电脑语言，教师的传统角色被电脑取代，传统记忆库被转换成电脑的储存方式。知识的传授和知识分子的培养转换成那些具有完备知识而又能获得资讯的人，大学生也变成为获得各种能力与职业的待就业者。

第十三章　研究不稳定性的后现代科学　利奥塔尔试图以某些论据来创造新的这一代科学知识语用学和追求操作效果，在本质上没有关联，进而寻找科学危机的出路。通过前人对量子、碎片、语用学悖论等方面的研究，后现代科学将自身的发展变成一种关于不连续性、不可精确性、灾变和悖论理论。它改变了知识一词的意义，它讲述了这一改变是怎样发生的。它生产的不是已知，而是未知。它暗示了一种合法化模式。这完全不是最佳性能的模式。而是被理解为误构的差异的模式。

第十四章　通过误构达到的合法化　利奥塔尔考察了传统的科学知识合法化问题悖谬推理的合法化模式是否存在。他认为，悖谬是一种语用知识学的越位，这种越位的重要性只有在事后才能被人们所认识到。这正是由于新的课题改变了知识所依傍的基本游戏规则所致。但当知识构成系统并以此方式操作时，它就形成了一种原初的权力中心，而这一中心的运行，受到自动平衡原则的监控。

──**【意义与影响】**────────────────────────────

该书的出版，具有重要的学术价值。首先，从这本书中我们明显可以看到法国解构主义，如拉康、德里达、福柯的影响，反对主体性、质疑现代知识的充分条件，怀疑与否定精神，等等。利奥塔尔对后现代主义的分析，也隐含着对哈贝马斯的"交往共识"理论的反对和否定。在本书中，利奥塔尔运用语用学的分析方法，非常具有独创性。他对现代主义叙事的解构与决绝态度，对传统的颠覆，对当下社会与后现代主义的分析与特点的归纳，都成为我们认识后现代主义的重要依据。

其次，由于在被认为是后现代主义思想家的行列中，只有利奥塔尔坦承自己是后现代主义者，所以他对"后现代"的解释具有权威性。他反复强调，后现代是对宏大叙事的怀疑，因而应对宏大叙事的霸权予以批判。尽管现代主义的历史思维和西方中心论在西方学术界可谓根深蒂固，即使在后现代主义的某些著作中仍可看出它们的某些影响，但后现代主义能够直面这些问题，尖锐地提出质疑，高呼宏大叙事的衰败，还是很有意义的。这标志着西方学术界的风向有了大的变化，以西方的"元叙述"为准，以西方为中心的时代已经遭到重大的质疑；重新认识非西方文化的价值，以平等、认真的态度进行交流和对话，促进全球文化的丰富多彩已被提了出来，尽管距离目标还十分遥远。

从对国外学术界的影响来看，该书法文版一经问世，就开始引起学界的反响。"法国人德孔布（Vincent Descombes），他 1979 年在《现代法国哲学》一书中，以'历史终结的故事'为标题，探讨了利奥塔的思想转向。"① 自 1984 年该书英文版问世以来，曾引起西方哲学界对后现代主义的深入论争，欧美各国著名学者都加入这场关于现代与后现代的激烈讨论之中，该书几乎成了后现代的宣言，至今仍被认为是研究后现代主义的经典性著作中的经典。一位评论家指出，此书是 20 世纪被引证较多的著作之一。

从对我国学术界的影响来看，利奥塔尔对后现代的总体性分析与研究也产生了重大而深远的影响。从 20 世纪 90 年代初期开始，我国学界开始了对利奥塔尔后现代思想的研究，1990 年，学者赵一凡在《读书》杂志上发表了《利奥塔与后现代主义论争》一文。从此，我国学界各个学科领域对利奥塔尔的后现代理路展开了广泛而深入的研究，相关研究论文与著作密集发表与出版，仅发表的相关研究论文就近万篇。可以说，利奥塔尔的后现代理论是我国学界研究后现代问题不可回避的必须、必要参考，甚至可以说，利奥塔尔的后现代理论在我国学界相关问题研究的影响最广泛、最大。

从现实层面的意义与影响来看，在全球化趋势发展迅速的今天，及时了解西方文化学术和社会思潮的发展变化，是为了使中华民族自己的文化发展可以更好地对应新的环境，开展更多的交流和对话，从而获得更全面、

---

① 杨艳萍. 利奥塔研究述评 ［J］. 哲学动态，2001（2）.

更有成效的发展。最重要的是，认识和发扬非西方文化，特别是中华文化，主要是也应该是国人的责任。

───【原著摘录】────────────────────────

引言 P1−4

P1−2 科学在起源时便与叙事发生冲突。用科学自身的标准衡量，大部分叙事其实只是寓言。然而，只要科学不想沦落为仅仅陈述实用规律的地步，只要它还寻求真理，它就必须使自己的游戏规则合法化。于是它制造出关于自身地位的合法化话语，这种话语就被叫作哲学。当这种话语明确地求助于诸如精神辩证法、意义阐释学、理性主体或劳动主体的解放、财富的增长等某个大叙事时，我们使用"现代"一词指称这种依靠元话语使自身合法化的科学。……这就是启蒙叙事，在这一叙事中，知识英雄为了高尚的伦理政治目的而奋斗，即为了宇宙的安宁而奋斗。

P2 简化到极点，我们可以把对元叙事的怀疑看作是"后现代"。

P3−4 合法性是否像哈贝马斯（J. Habermas）设想的那样存在于通过讨论而达成的共识中呢？这种共识违背了语言游戏的异质性。发明总是产生在分歧中。后现代知识不仅仅是政权的工具。它可以提高我们对差异的敏感性，增强我们对不可通约的承受力。它的根据不在专家的同构中，而在发明家的误构中。

第一章 范围：信息化社会中的知识 P1−10

P1 我们的工作假设是：随着社会进入被称为后工业的年代以及文化进入被称为后现代的年代。知识改变了地位。

科学知识是一种话语。我们可以说，40年来的所谓尖端科技都和语言有关……

P2 这些科技变化似乎应该对知识产生巨大的影响。受到影响或即将受到影响的是知识的两个主要功能：研究与传递。

在这种普遍的变化中，知识的性质不会依然如故。知识只有被转译为信息量才能进入新的渠道，成为可操作的。

P3 知识的供应者和使用者与知识的这种关系，越来越具有商品的生产者和消费者与商品的关系所具有的形式，即价值形式。不论现在还是将来，知识为了出售而被生产，为了在新的生产中增殖而被消费：它在这两种情形中都是为了交换。它不再以自身为目的，它失去了自己的"使用价值"。

P4　知识从属于社会的"头脑"或"精神"，即从属于国家，这种思想将随着与此相反的另一种原则的巩固而过时；按照这种相反的原则，只有当社会中流通的信息十分丰富而且易于解译时，社会才能生存并获得发展。

P5　我们可以想象，知识不是根据自身的"构成"价值或政治（行政、外交、军事）重要性得到传播，而是被投入与货币相同的流通网络；关于知识的确切划分不再是有"知识"和"无知识"，而是像货币一样成为"用于支付的知识"和"用于投资的知识"，即一方面是为了维持日常生活（劳动力的恢复，"幸存"）而用于交换的知识，另一方面是为了优化程序性能用于信贷的知识。

第二章　问题：合法化 P11－15

P13－14　自柏拉图开始，科学合法化的问题就与立法者合法化的问题密不可分了。从这个角度看，判断真理的权利和判断正义的权利是相互依存的，尽管这些陈述分别服从各自的权威，在性质上并不相同。

P14　虽然科学知识似乎比过去任何时候都更依附于权力，虽然它可能会随着新技术的出现而成为权力冲突的最主要赌注之一，但双重合法化的问题不仅远没有淡化，而且必然会变得更加尖锐。因为这一问题是以它最完整的形式——转换的形式提出的，这种形式表明，知识和权力是同一个问题的两个方面：谁决定知识是什么？谁知道应该决定什么？在信息时代，知识的问题比过去任何时候都更是统治的问题。

第三章　方法：语言游戏 P16－21

P17－18　当维特根斯坦（L. Wittgenstein）从零开始重新研究语言时，他把注意力集中在话语的作用上，他把通过这种方法找到的各种陈述叫作语言游戏。这一术语意味着，各种类型的陈述都应该能用一些规则确定，这些规则可以说明陈述的特性和用途。

P18　关于语言游戏，我们还有3个值得提出的注意事项。第一是它们的规则本身并没有合法化，但这些规则是明确或不明确地存在于游戏者之间的契约（这并不是说游戏者发明了规则）。第二是没有规则便没有游戏，即使稍微改变一条规则也将改变游戏的性质，一个不符合规则的"招数"或陈述不属于这些规则定义的游戏。第三个意见刚才已经暗示出来了：任何陈述都应该被看成是游戏中使用的"招数"。

第四章　社会关系的性质：现代的抉择 P22－30

P26　相反，我们只有判定社会不是一个整体，判定它仍然受到争议原则的纠缠，我们才能重视知识的批判功能，才能考虑把知识的发展和传播引往这个方向。抉择似乎很清楚了：社会内在的同质性或二重性，知识的功能主义或批判主义。

我们不想做出取舍，因此区分了两种知识：一种是实证主义的知识，它很容易应用在有关人和材料的技术中，很适合成为系统不可缺少的生产力；另一种是批判的、反思的或阐释的知识，它直接或间接地审视价值与目标，抵制任何"回收"。

第五章　社会关系的性质：后现代的视野 P31－39

P31－32　总之，我们可以说，不论现在还是将来，调节功能以及由此而来的再生产功能都越来越脱离行政管理人员，越来越属于自动装置。不论现在还是将来，重大的问题都是掌握这些自动装置存储的信息，以便做出正确的决定。不论现在还是将来，掌握信息都是各种专家管辖的事情。不论现在还是将来，领导阶级都是决策者构成的阶级，它已经不是传统的政治阶级了，而是一个混合的阶层，其中包括企业经理和高级官员，以及各大职业组织、工会组织、政治组织、宗教组织的领导。

P32　创新之处在于，以前那些由民族国家、党派、职业、机构和历史传统组成的引力极在这一背景中失去了引力，而且它们似乎不会被替代，至少在它们目前所处的范围内是如此。……生活目标由每人自己决定。每人都返回自我，每人都知道这个"自我"是微不足道的。

P35　为了以这种方式理解任何范围内的社会关系，我们不仅需要一种交流理论，而且需要一种游戏理论，它的先设包括了竞技。

第六章　叙述知识的语用学 P40－50

P40　知识并不是科学，尤其在它的当代形式中不是科学；这种形式不仅不能掩盖知识的合法性问题，而且必然在社会政治和认识论的广阔范围内提出这个问题。

P41　但人们使用知识一词时根本不是仅指全部指示性陈述，这个词中还掺杂着做事能力、处世能力、倾听能力等意义。因此这里涉及的是一种能力，它超出了确定并实施唯一的真理标准这个范围，扩展到了其他的标准，如效率标准（技术资格）、正义和/或幸福标准（伦理智慧）、音美和色美标准（听觉和视觉），等等。

P43　叙述往往需要遵守一些规则，这些规则确定了叙事语用学。

P47－48　因此，民间叙述语用学（它一开始便给予合法性）和这众所周知的西方语言游戏（即合法性问题，或者说作为提问游戏指谓的合法性）之间存在着不可通约性。我们已经看到，叙事确定能力的标准，并且/或者阐释标准的实施。这样一来，叙事便界定了有权在文化中自我言说、自我形成的东西，而且因为叙事也是这种文化的一部分，所以就通过这种方式使自己合法化了。

第七章　科学知识的语用学 P51－58

P52－53　我们可以看出，研究需要教学，教学是研究必不可少的补充。因为科学家需要一个能够成为发话者的受话者，即对话者。否则，能力无法更新最终将使辩论成为不可能。

P56　因此，我们不能从科学知识出发来判断叙述知识的存在和价值，反过来做也不行：这两处的相关标准是不一样的。

P56－57　叙述知识并不重视自身合法化的问题，它通过传递的语用学，不借助辩论，也不提出证据，就使自己获得了信任。因此它不理解科学话语的问题，但又确实表现出一种宽容：起初它以为科学话语是叙述文化中的一个品种。反过来则不一样。科学知识考察叙事陈述的有效性时发现，这些陈述从来没有经过论证。

第八章　叙述功能与知识合法化 P59－66

P60　因此，我们不能否认，只要科学语言游戏希望自己的陈述是真理，只要它无法依靠自身使这种真理合法化，那么借助叙事就是不可避免的。

P61－62　事实上，柏拉图开创科学的话语并不科学，这正是因为他想使科学合法化。如果不求助于另一种知识——叙事，科学知识就无法知道也无法让人知道它是真正的知识；对科学来说，叙事是一种非知识。但没有叙事，科学将被迫自我假设，这样它将陷入它所谴责的预期理由，即预先判断。

P63　这种考查社会政治合法性的方法与新的科学态度是一致的：英雄的名字是人民，合法性的标志是共识，规范化的方式是协商。

第九章　知识合法化的叙事 P67－79

P67　我们将考察合法性叙事的两大版本，一个偏重于政治，另一个偏重于哲学，两者在现代历史中，尤其在知识和知识机构的历史中都非常重要。

P73　今天，当知识的地位失去平衡、它的思辨统一遭到破坏时，合法性的第一个版本却再次获得了新的活力。

在这个版本中，知识不能在自身找到有效性，它的有效性不在一个通过实现自己的认识可能性来获得发展的主体中，而在一个实践主体中，这个实践主体就是人类。

P75 马克思主义曾摇摆于我们刚刚描绘的这两种叙事合法化方式之间，证明这点是很容易的。"政党"可以占据"大学"的位置，无产阶级占据人民或人类的位置，辩证唯物主义占据思辨唯心主义的位置，等等。

第十章 非合法化 P80—88

P80 在当代社会和当代文化中，即在后工业社会和后现代文化中，知识合法化的问题是以不同的术语提出来的。大叙事失去了可信性，无论它采用什么统一方式：思辨的叙事或解放的叙事。

P82—83 我们在这里看到了一场对非合法化的诉讼，它的动力是合法化要求。从19世纪末开始，科学知识的"危机"便表现出种种迹象，危机并不来自科学出乎意料的迅猛发展，这种发展本身也是技术进步和资本主义扩张的结果。危机来自知识合法性原则的内在侵蚀。这种侵蚀是在思辨游戏中进行的，正是它解开了应该定位每门科学的百科全书般的巨网，使这些科学摆脱了束缚。

P83—84 没有什么能证明：如果一个描写现实的陈述是真实的，那么与它对应的规定性陈述（其作用必然是改变现实）就是公正的。

第十一章 研究与通过性能达到的合法化 P89—102

P89 今天，这种语用学在基本的调整中受到两大变化的影响：论证的丰富化和举证的复杂化。

P94 强迫技术改善性能并且获得收益的要求首先来自发财的欲望，而不是求知的欲望。技术与利润的"有机"结合先于技术与科学的结合。

P95 国家和/或企业为了证明新的赌注而放弃了唯心主义或人道主义的合法化叙事：在今天的出资者话语中，唯一可信的赌注是力量。购买学者、技师和仪器不是为了掌握真理，而是为了增加力量。

P97 因为"现实"是为科学论证提供证据以及为司法、伦理、政治方面的规定和许诺提供结果的那个东西，所以人们使自己成为"现实"的主人，也就使自己成了这些论证、规定和许诺的主人，通过技术可以做到这一点。人们强化技术，也就"强化"了现实，因此也就强化了公正和有理的可能性。反过来说，如果人们拥有科学知识和决策权威，就能更好地强化技术。

力量不仅是好的性能，而且也是好的检验和好的裁决。它既通过效能使科学和法律合法化，也通过科学和法律使效能合法化。

第十二章 教学与通过性能达到的合法化 P103－115

P103 预期的结果是高等教育为社会系统达到最佳性能而做出最大贡献。因此，高等教育应该培养社会系统所需的能力。

P104 大学生已经有了变化，而且还将继续变化。他不再是一个来自"自由精英"的青年，他也不再或近或远地关心社会进步、人类解放的伟大任务。

P107 仅仅当我们从精神生命和/或人类解放这些合法化大叙事的角度看问题的时候，机器部分地取代教师才会是一种缺陷，甚至是不可容忍的。

P111 但看来可以确定的是，在这两种情形中，非合法化和性能优势都敲响了教师时代的丧钟：对传递确定的知识而言，教师并不比存储网络更有能力；对想象新的招数或新的游戏而言，教师也并不比跨学科集体更有能力。

第十三章 研究不稳定性的后现代科学 P116－129

P125－126 通过关注不可确定的现象、控制精度的极限、不完全信息的冲突、量子、"碎片"、灾变、语用学悖论等，后现代科学将自身的发展变为一种关于不连续性、不可精确性、灾变和悖论的理论。它改变了知识一词的意义，它讲述了这一改变是怎样发生的。它生产的不是已知，而是未知。它暗示了一种合法化模式。这完全不是最佳性能的模式。而是被理解为误构的差异的模式。

第十四章 通过误构达到的合法化 P130－145

P130－131 我们应该区分严格意义上的误构与革新：革新是系统为了改善效率而控制或应用的东西，误构是在知识语用学中使出的"招数"，它的重要性往往不能立即被人了解。

P137 因此，像哈贝马斯那样，把合法化问题的建构引向追求普遍的共识似乎是不可能的，甚至也是不谨慎的。

P138 共识只是讨论的一个状态而不是讨论的目的。更确切地说，讨论的目的应该是误构。

─── **【参考文献】** ───────────────

[1] 利奥塔尔. 后现代状态：关于知识的报告 [M]. 车槿山，译. 北京：生活·读书·新知三联书店，1997.

[2] 利奥塔尔. 非人 [M]. 罗国祥，译. 北京：商务印书馆，2000.

[3] 利奥塔尔. 后现代道德 [M]. 莫伟民，等译. 上海：学林出版社，2000.

[4] 包亚明. 后现代性与公正游戏 [M]. 谈瀛洲，译. 上海：上海人民出版社，1997.

[5] 冯俊，等. 后现代主义哲学讲演录 [M]. 北京：商务印书馆，2003.

[6] 王岳川. 中国后现代话语 [M]. 广州：中山大学出版社，2004.

[7] 佘碧平. 现代性的意义与局限 [M]. 北京：生活·读书·新知三联书店，2000.

[8] 陈嘉明. 现代性与后现代性十五讲 [M]. 北京：北京大学出版社，2006.

[9] 罗蒂. 哈贝马斯和利奥塔尔的后现代性 [J]. 世界哲学，2004 (4).

[10] 徐鹏. 利奥塔尔《后现代状态》中的合法化模式 [J]. 西北师范大学学报，2002 (1).

[11] 刘均. 叙事危机和后现代科学知识语用学 [J]. 科学技术与辩证法，2001 (5).

[12] 杨艳萍. 利奥塔研究述评 [J]. 哲学动态，2001 (2).

[13] 赵一凡. 利奥塔与后现代主义论争 [J]. 读书，1990 (6).

[14] 吴兴华. 科学的悖谬与合法化危机：利奥塔对科学的后现代反思 [J]. 自然辩证法通讯，2012 (2).

[15] 余天放. 元叙事危机与知识合法化之困境：利奥塔"现代性知识"批判理论管见 [J]. 人文杂志，2013 (2).

二、《论现代和后现代的辩证法》

[德] 阿尔布莱希特·维尔默 著

钦 文 译

商务印书馆，2003 年

── 【作者简介】────────────────

　　阿尔布莱希特·维尔默（1933—　），生于德国北莱茵威斯特山区教堂里，1953 年在明登高中毕业，1954 年至 1961 年在柏林和基尔学习数学和物理，1961 年至 1966 年在海德堡和法兰克福学习哲学和社会学，师从哈贝马斯。1966 年在法兰克福大学以《作为认识论的方法》一文获哲学博士学位。1966 年至 1970 年在法兰克福大学任教，1974 年至 1989 年任康斯坦茨大学哲学教授，自 1990 年起任柏林自由大学哲学教授。他还是美国、法国、荷兰等国多所大学的客座教授。2006 年获阿多诺奖。

　　维尔默的主要著作有：《认识论的方法论——论波普尔的科学理论》（1967 年）、《社会批判理论与实证》（1969 年）、《实践哲学与社会理论》（1979 年）、《论现代和后现代的辩证法》（1985 年）、《伦理与对话》（1986 年）、《革命与解释》（1990 年）、《可持续的现代性》（1991 年）、《未完成的启蒙计划的哲学干预》（1992 年）、《决胜局——无法调和的现代性》（1998 年）、《现代散文和演讲的不可调和性》（2007 年）等。

── 【写作背景】────────────────

　　自 20 世纪 70 年代以来，一股后现代思潮兴起，展开了对现代性的批判，倡导某种后现代性。为应对后现代的挑战，法兰克福学派批判理论的当代传人维尔默遵循阿多诺的理性批判，在 20 世纪 80 年代初连续在各大学以及巴黎做了四场演讲，试图建立极端化的启蒙思想、自我批判的现代性，使某些好的后现代发挥积极作用，将近代西方的启蒙理性发扬光大。

【中心思想】

本书由作者的四篇演讲稿构成。它们在主题上的相互关联是：艺术在与占主导地位的现代理性进行抗辩的过程中扮演了怎样的角色。维尔默认为，艺术不是某种更高理性形式的范式，而是帮助我们冲破理性理解界限的手段；艺术代表的并不是一种更好理解的整体，而是代表了拓宽主体、交往和经验界限的可能性。

全书由前言和四章正文组成，共 14.4 万字。

【分章导读】

中文版前言 维尔默交代了这本书的写作背景和写作目的，即针对后现代思潮，建立极端化的启蒙思想、自我批判的现代性。他还指出，他继承了法兰克福学派批判理论的传统，表达了对阿多诺和哈贝马斯的感谢之情，他还希望中国读者知道在过去的 20 世纪中，西方的知识分子都做了些什么。

德文版前言 维尔默交代了这本书是由他的四篇演讲稿构成，这四次演讲是他 1982 年到 1984 年在一些大学和其他不同场合发表的，之所以把它们编排在一起，是因为这些演讲稿完整地表达了他对阿多诺哲学的各种思考。他还指出了这本书的思考主题，即分析艺术在与占主导地位的现代性理论形式进行抗辩的过程中扮演了怎样的角色，以及和阿多诺一起提炼出理性主义批判的主旨。

真实、表象、和解——阿多诺对现代性的审美拯救 这篇文章是 1983 年 9 月维尔默在法兰克福大学阿多诺学术研讨会有关《美学理论》的分组讨论上提交的论文，共分七部分。在本文中，维尔默通过对阿多诺的作品：《启蒙辩证法》《美学理论》《否定的辩证法》和《新音乐哲学》的分析，提出"真实、表象、和解"是阿多诺对现代性的审美拯救。在序言中，维尔默高度评价了阿多诺现代性理论的学术影响，尤其是其音乐批评产生的影响最深。同时，维尔默也指出，阿多诺的现代性美学批评理论也遭到了一些理论家的批判，但针对阿多诺的批判只抓住了问题的局部，而没有放眼全局。由此出发，维尔默开始了自己对阿多诺作品的全新理解。

在本文第一部分，维尔默提出，理解阿多诺美学的关键文本就是《启蒙辩证法》。因为在此书中，主观化和具体化的辩证法已经得到发展，并且多少显露出了审美表象的辩证法。这两种辩证法的相互渗透就是《美学理论》的运动原则。此外，还可以把《启蒙辩证法》理解为以马克思主义的方式对文明和理性的极端批判，对工具化理性的批判。因为这种工具精神最终有可能将自己转变为死板的概念，忘却了自我，从而盲目地将自己装点为万能的工具理性。遵循马克思的立场，阿多诺和霍克海默将文明的进程视为启蒙的进程，把和解、幸福、解放视为这一进程的结果，人类就要在劳作、牺牲和放弃的历史中完成对自身的建构。这样启蒙的进程只能凭借自身的手段，即控制本性的精神来超越并实现自我，达到启蒙对自身的启蒙。这正如阿多诺在《否定的辩证法》中假定的那样：哲学是通过概念从而超越概念的努力，进而阿多诺试图将概念的这一自我超越解释为在概念性的思考中纳入某种"模仿"的元素。而艺术是某种被赋予了精神的美，即被理性改变和具体化了的模仿行为。艺术和哲学分别展示了精神的两个方面，而哲学则通过理性和模仿这两个元素的相互交叠冲破了具体化的坚硬外壳，艺术和哲学这对概念具有乌托邦性质，它们以一种非暴力的方式构成了对工具精神世界的否定，共同勾画出了否定性神学的蓝图。

在本文第二部分，维尔默提出，阿多诺的艺术美并非模仿现实，而是超越了现实的美，即自然美，阿多诺在自然美中看见了某种尚未存在的、获得和解的自然密码。这一自然超越了将生命划分为精神和物质的区分方式，最终调和并扬弃了这一区分方式，而彼此各异的众多事物在未受伤害的情形下以一种非强迫的方式共处。因此，真实、表象以及和解三者之间的相互关系构成了阿多诺美学的基础，这同样意味着否定性和艺术美的乌托邦内涵之间的相互关系。就如同艺术和哲学之间被证明为互相矛盾一样，艺术美中的真实、表象、和解三者之间也被证明是相互矛盾的，这就是阿多诺审美表象的辩证法。

在本文第三部分，维尔默提出，阿多诺的美学似乎更接近于具有末世论和感觉论腔调的叔本华主义，而不是某种经过神学洗礼的马克思主义。因为，在阿多诺的思考中，存在于救世乌托邦式的思考和唯物主义二者之间的裂痕是显而易见的，在历史唯物主义和乌托邦的感觉论之间也存在着明显的裂痕。在阿多诺那里，审美体验与其说是某种现实乌托邦的体验，还不如说是某种心醉神迷的体验，而这一审美体验许诺给我们的幸福根本就不属于此世。但无法忽略的是，在这一审美乌托邦救世前景中，天生地存在着唯物主义的理论元素，即一种唯物主义的乌托邦。

在本文第四部分，通过阿多诺批判中的三个案例，维尔默提出，在阿多诺那里，真实、表象、和解这些范畴的意义与以下两个方面都密不可分：艺术和现实之间先天的挑衅关系，自然获得拯救的前景。如果放弃这些前提中的任何一个，那么阿多诺所建构的存在于真实、表象以及艺术作品的乌托邦内涵之间的相互联系便首先会解体。案例一是，与阿多诺针锋相对，耀斯提出了艺术的交往功能；案例二是，比格尔对阿多诺哲学中真实、表象与和解这三个范畴的关系进行了批判；案例三是，为了真实这一范畴，伯勒尔试图从尼采的观点出发拯救审美表象这一范畴，他将审美表象从其与真实概念的相互关联中完全提炼出来。在上述三个人那里，真实—表象—和解这三个范畴之间的相互关系都遭到了瓦解，他们各自拯救着阿多诺美学中的断片。维尔默认为，将阿多诺美学中的这些断片重新连成一体的办法是，将具有辩证法意味的僵化范畴置于运动之中。

在本文第五部分，维尔默开始了重新连接被碎片化了的阿多诺美学理论的工作。维尔默试图指出，从打破审美界限和主体界限两者之间的关联上就可以清楚地发现，阿多诺所谓的"审美综合"最终又与某种真正的非暴力交往乌托邦联系在了一起；阿多诺的真实、表象与和解等范畴可以在何种意义上被移入由诸多范畴所构成的复杂关联之中，而其可以保证阿多诺美学中的哲学潜力和批判精神原封不动地保留下来。

在本文第六部分，维尔默认为，如果将阿多诺的理性概念拓展为"交往理性"，那么他的真实审美就可以务实地加以拓展。对此，维尔默在两个问题上进行了探讨。一个是艺术和生活实践的情势究竟能否改变，维尔默说，他和哈贝马斯所做的工作就是区分科学、法律、道德和艺术各自的适用范围，在这些范围内，各种问题按照各自顽固的逻辑得到处理，而这一逻辑和适用性需求的具体类型有着密切的联系。另一个问题是：流行的艺术形式的审美价值在哪里？这一问题对阿多诺是极其重要的。

在本文最后部分，维尔默认为，我们已经接近于一种新的阐释方式来解释阿多诺的真实、表象与和解三范畴之间的关联，希望能够激发人们对阿多诺批判理论的进一步理解。

论现代和后现代的辩证法——遵循阿多诺的理性批判 这篇文章的初稿

是维尔默在巴黎人文科学院举行的一次关于"现代和后现代"学术会议上的演讲稿，分为七个部分和尾声，占整本著作的一半篇幅。

在本文的"引子"中，维尔默首先提出了后现代概念，指出后现代这种意识的中心体验就是理性之死亡，它似乎暗示着一个历史性规划的彻底终结，后者包括了现代性的、欧洲启蒙运动时期的乃至起源于希腊的整个西方文明的规划。在本文中，维尔默说自己对现代和后现代关系的研究，是一种常识性的、新视角的阐释，为描述现代与后现代的模棱两可关系，他采用辩证法一词。

在本文的第二部分"呈示部"中，维尔默选择从美国后现代主义代表人物哈桑的理论切入，试图展现后现代的拼贴画，得出后现代主义是某种磁力线的符号场或概念场。他认为，后现代时刻是现代认识型的某种形式的爆发。在这一过程中，理性及其主体在空中化为碎片。这次爆发源于对长久以来对我思和总体化理性的破坏或解构，而这一破坏运动就肇始于现代艺术之中。

进而，维尔默分析了哈桑、詹姆逊、利奥塔尔的后现代观念。他从哈桑关于后现代的领性言论中可以得出两条线索：新马克思主义美学和"肯定性"美学。他从詹姆逊关于后现代主义对总体化理性的暴力行为的拒绝中，看到了一种全新的、对话性的、后现代的总体性概念。可以这样说，詹姆逊视野中的后现代主义揭示的是一种崭新的、后理性主义的审美、心理乃至社会总体化形式，它不是对总体化理性及其主体的简单纯粹的否定，而是一次理性及其主体的"自我超越"运动。另一条线索则将从哈桑的后现代主义引入到利奥塔尔的"肯定性"美学之中。从判断力批判和维特根斯坦那里获得了启发，利奥塔尔代表着某种业已变化的后现代主义观。这种后现代主义将后经验主义的认识论、现代主义美学、后乌托邦的政治自由主义联系了在一起。他说，根据利奥塔尔的观点，后现代是这样一种现代性：没有悲哀，对语言游戏之间的和解不抱任何幻想，这种现代性愉快而勇敢地承担了意义、价值和现实的三重损失。而后现代主义的模棱两可在詹克斯那里表现得尤为清晰，这种模棱两可又深深地植入了各种社会现象之中。

在本文的第三部分"间奏—引论"中，维尔默再一次回到利奥塔尔的后现代理论上来。他认为，利奥塔尔关于艺术与现实关系的一些观点与阿多诺有某种共同之处，在语言和理性批判上也与阿多诺有着深层语法上的共同点。这种共同点表现为，对同一性思考的批判和对表述符号的批判在结构上同系一脉。将艺术中非概念的、转换话语的东西理解为对审美表述的否定，既是阿多诺否定美学的关键，也是利奥塔尔后现代美学的关键。

在本文的第四部分"发展部（Ⅰ）：现代艺术和对意义的否定"中，通过对阿多诺、利奥塔尔、康德美学理论的分析，以及对前卫的文学作品《为芬尼根守灵》的研究，维尔默论及了在艺术中符号学和唯能论因素间复杂的相互交往，为的是抵制某种做法，即将现代主义或后现代主义审美轻率而片面地确定为对表述的进一步否定，将先锋派艺术简单地按正确或错误进行罗列。进而，维尔默指出，艺术既非理性和意义的彼岸，亦非纯粹的意义或真正的理性；艺术是某种浓缩了的、处于运动之中的、充满了新的能量的意义。这并非是充斥了符号、含义、表述性的思想或者是真实的暴力统治，恰恰相反，艺术就是与这种暴力针锋相对。事实上，艺术既是意义的浓缩，也是对业已死去了的意义的干扰或否定。

在本文的第五部分"发展部（Ⅱ）：对理性及其主体的批判"中，展开论述了后现代主义的基本命题：对总体化理性的批判。维尔默首先区分理性批判和主体批判的三种形式：（1）对主体及其理性的心理学批判（揭露）；（2）对"制度化"或"同一性逻辑"理性及其主体的哲学—心理学—社会学批判；（3）对自明理性及其意义构成主体的语言哲学批判。加以区分并不是说，理性及其主体批判的三种形式彼此相互独立。

在本文的第六部分"发展部（Ⅲ）：论对同一性逻辑理性批判的元批判"中，维尔默首先对元批判做了一番简单的描述，认为对阿多诺的概念批判进行元批判的正确形式大概在于重新表达那些一直困扰着阿多诺的问题。对于阿多诺哲学中普遍性与特殊性之间的不均衡问题，维尔默以三个例子加以展现。一是面对自身体验的失语体验，同时也是面对现实的失语症。二是对语言的预备和切断性使用，不公正和不真实的相互交叠。三是秩序的强迫和对非同一的特殊事物的愤怒，即对反思的障碍。维尔默认为，阿多诺对现代性的保存和拯救是实质性的，尽管他也大力发掘形而上学自身中的否定要素以作为其批判的动力，但他的批判却是以拯救为目的的，阿多诺始终在寻求"二元"之间的一种和平关系的可能。因此，维尔默说，后现代主义对总体化理性的批判与阿多诺对总体化理性的批判是不同的，区别就在于后现代批判断然拒绝了和解哲学，在阿多诺那里，和解哲学的前景代表着在非理性主义面前捍卫理性，代表着某种努力不懈的辩证尝试：在蹩脚的理性中彰显某种略胜一筹的理性的微弱印记。

在本文的第七部分"再现部"中，维尔默重新拾起在曾论及的后现代主义与理性主义批判的模棱两可问题，试图从后现代的字谜画中寻出一条线索，这便是理性的自我超越这一动力。维尔默具体分析指出，以后现代的视角来看，其一，现代性从启蒙规划开始，从康德到韦伯，这个规划没有什么太大的变化，这是一个社会生活不断合理化、科层化及科学化的过程，同一化的逻辑、总体化的理性成为担负着历史作用的理性，它的象征是数学的演绎、闭合的系统、机器与技术，而政治实践则成为掌权、玩弄权术和组织的技巧，民主成为组织统治的一种有效形式。其二，现代世界也开始一场反启蒙理性化的过程，黑格尔、尼采、早期的马克思、阿多诺以及众多的无政府主义者等可以被视为其中的代表，但成熟期的黑格尔和马克思则奏响了总体化理性的新凯歌，历史辩证法的总体化只是最终成为现代化的精英们服务的用于确认合法性和实行统治的知识。从后现代实践层面来看，维尔默认为，首先，如果我们不重新获得并扬弃这种启蒙运动中的民主普遍主义——自由、平等与博爱，我们便无法超越它，这是哈贝马斯和卡斯陀利亚蒂斯的现代社会政治哲学的重大主题。其次，对多元理性的政治层面的思考使我们认识到，如果我们不重新获得马克思提出的问题，我们便无法超越它。从中可见，维尔默在坚持和发展现代启蒙理性，试图重新思考个人和共同自决的观念、重新思考理性和历史，以实现真正的理性自我超越的"后现代"脉动。

在本文的最后"尾声"中，维尔默提出，后现代性似乎是一种规划，而后现代主义只要它确实不是一种单纯的时尚、一种倒退的表现方式或是一种新的意识形态，则有可能被理解为一种找寻变革足迹，是这个规划的轮廓更加凸现的尝试。

艺术和工业生产——论现代和后现代的辩证法 这篇文章是 1982 年维尔默为了纪念德国工厂联合会成立 75 周年在慕尼黑的一篇演讲稿，目的是探讨艺术与工业生产的关系，分为四部分。

在本文的第一部分中，维尔默提出，美原本是纠缠在社会的各种目的关联之中的，因而美并非具备自身权利的现象，并非如康德所说的无目的的合目的性。在过去，美为宗教和手工业所用；在自律艺术中，美从一切外在目的中抽身而出，艺术只能在内部超越自身。通过对手工业产品的考察，维尔默发现一个在工业社会中悬而未决的问题：随着艺术变得自律，对生活世界的审美加工就变得愈加粗糙。他指出，抵御这种由工业生产所造成的审美粗糙化，这就是工厂联合会的方针。

在本文的第二部分中，维尔默提出，德国工厂联合会的早期代表相信，技术和审美的现代主义将有可能长期地趋向某种形式的一致，艺术和工业会达成和解。这个工厂联合会的早期纲领是幻想赋予劳动世界以人性，扩张资本主义市场，发展新的形式和物质观念。然而截至 20 世纪 20 年代末，这一幻想并没有实现，技术的现代化、工业的进步带来的却是生态环境与传统的被破坏，艺术走向了与生态的结合。从现代主义的建筑和工业设计来看，粗俗化的机械功能主义凸显，审美意向微弱化，这体现了对于资本利益和科层规划的命令俯首帖耳。随着这一现代化进程，城市失去了其作为公共空间的功能。

在本文的第三部分中，维尔默提出，1965 年在工厂联合会所做的发言中，阿多诺再一次为现代主义建筑中的功能主义和构成主义元素做了辩护，他所反对的只是以粗俗功能主义的方式来实现现代主义建筑的构想；阿多诺关注的是材料、形式和目的三者之间的相互渗透，而且不要将这三个元素中的任何一个绝对化为"终极元素"和"初始元素"。就是说，要使现代建筑既可以居住，又可以重新焕发活力，成为交往关系和意义潜力在空间上的具体化，实现艺术的审美与目的性的统一。不必将后现代主义建筑对片面技术至上的现代主义的拒绝理解为是对现代性的抛弃，对启蒙传统的抛弃，人们可以将其理解为是对现代性进行的内在批判，因为现代性已经倒退到了自身的概念之后了。维尔默还评价了詹克斯的现代主义建筑批判理论，认为他属于后现代主义建筑和城市规划的捍卫者，他强调城市的生活方式和民主之间的关联，其对现代建筑的批判不是对启蒙的批判，而是属于工具理性批判的一个部分。

在本文的第四部分中，维尔默调和了工业生产与艺术的矛盾关系，提出在工业生产中，人们无法通过重新建立起艺术和工业两者之间的亲近关系来实现这一双重超越，而这一想法却浮现在工厂联合会的缔造者面前。可以设想的或许是这样一种情形：工业生产重新遵循某个目的，而这一目的是某种经过交往而获得澄明的；艺术和审美幻想两者的共同目的将在交往层面上获得澄清。只有这样，通过第三者（即借助某种获得启蒙的民主实践）的斡旋，艺术和工业或许可以聚集在一起，共同成为工业文化中的要素。

阿多诺——"非同一的特殊事物"的维护者　这篇文章是 1984 年 7 月维尔默在康斯坦茨大学的一篇演讲稿，是对阿多诺哲学的理解。维尔默在此文中阐述了如下观点：

首先，哲学中的结论或命题和凝结在这些结论和命题中的思考活动具有同样的价值，这篇文章的目的是将人们引导到阿多诺的思考之中。因为，介绍阿多诺的哲学是相当困难的，阿多诺自己也曾说哲学是无法介绍的。与康德、黑格尔的文本相比，阿多诺的文本也很严密而错综复杂，就像能够听出每个微小区别的音乐作品一样，"用耳朵思考"是阿多诺的一句格言。这些文本像音乐作品一样组织紧密，它们基于这样的观念：通过语言表达出的思想和语言形式本身具有同样的价值。这一观念来源于阿多诺对日常的和科学的语言交际形式的深深不信任。确切地说，这种不信任是一种对语言的批判，从某种意义上说，这一不信任构成了阿多诺哲学的核心。

其次，阿多诺哲学的中心问题是对同一性思考的批判，对其理解最有效的著作是阿多诺与霍克海默合著的《启蒙辩证法》这部法兰克福学派批判理论的奠基之作。要理解这部著作，就要理解它当时产生的历史状况。德国工人运动的破产、对法西斯主义和斯大林主义的恐怖统治的体验迫使他们尝试新的理论定位，为了理解资产阶级启蒙和社会主义启蒙为什么会转变为赤裸裸的恐怖统治这一问题，即完成了启蒙的大地为什么却笼罩在巨大的灾难之中，就必须将潜藏在启蒙这一历史运动自身之中的、预示着这一转变可能性的恐怖元素指出来，《启蒙辩证法》便成为这一理论尝试的重要文件。从《启蒙辩证法》到《否定的辩证法》和《美学理论》，阿多诺的辩证法思想是延续的，或者说，在他28岁那年，他思想中所有的主题以及基本布局似乎已经定型了。

再次，对于阿多诺而言，启蒙的辩证法就是理性历史的辩证法，资本主义社会的交换理性本身只是形式理性和工具理性之间的某种极端同一形式，他们要将两者统一的源头一直追溯到理性和概念性思考的史前史中去。阿多诺的核心命题是，在概念性思考中存在着形式理性和工具理性两者的统一。对于阿多诺而言，具有估算和鉴别能力的理性与在技术上可以利用的知识变成了在社会上占统治地位的理性形式和思考形式；无生命的自然变成了现实的范式，这意味着将按照这一尺度去理解人类社会。因此，只要人的主体性作为技术和科层体制的干扰因素起着决定作用，这也就距离有组织的大屠杀和那些战争策略游戏不远了。

最后，现实的具体化和概念性思考的条件之间的关系，是阿多诺哲学思考的一个重要问题。阿多诺提出，哲学必须尝试思考无法想象的东西，将无法言说的东西说出来，即借助概念从而超越概念。这也是阿多诺在《否定的辩证法》中的思想的出发点。阿多诺不是非理性者，作为马克思主义者，同时也是黑格尔主义者，他坚信，文明的进程是一个启蒙的进程，只能将自由或"和解"设想为这一进程的结果。他将社会的解放设想为担负着具体化任务的精神对自我的超越，试图将唯物主义的历史希望和救世的希望合二为一，将永久和平的观念和肉体再生联系在一起。为了对抗工具理性和科层理性，现代艺术似乎释放出了现代性为获得自身解放而积蓄的潜能，产生了良好的效果。

【意义与影响】

《论现代和后现代的辩证法》是维尔默 1985 年出版的作品，与维尔默老师哈贝马斯的《现代性的哲学话语》一书同年出版，此书 1990 年再版。2003年，商务印书馆翻译出版了此书的中文版。

首先，作为法兰克福学派新一代学术代表，维尔默继承了该学派的批判传统与规范性研究方式，都是针对后现代对现代性批判的回应，企图捍卫与重释现代启蒙理性，对于我们深入理解社会批判理论，反思现代启蒙理性，提升人们对现代与后现代关系的认识，都有比较重要的参考价值。维尔默的批判理论既有对马克思与哈贝马斯批判理论的继承，又有自己的独到之处。维尔默正确地看到，马克思对资本主义的现代性批判是理性与现实、意识形态性与科学性的统一，"意识形态的批判在马克思的后期思想中，从属于科学的批判"[①]，揭示了资本主义社会政治统治的历史进步性及其局限性。与马克思不同，维尔默认为，马克思历史辩证法的总体化理性批判并没有实现对启蒙运动理想的超越，反而"导致了技术精英的统治"[②]，因此，必须在马克思批判理性的基础上重新思考理性和历史，以反思的后现代精神实现理性自我的超越，即个人的自由与解放问题。作为批判理论的第二代的重要代表，维尔默的批判"思想延续了哈贝马斯理论的交往转向。但是，相对于哈贝马斯对后现代主义的总体否定立场，韦尔默认为，后现代性是现代性自身发展的结果，后现代主义是现代主义的内在批判和彻底化"[③]。进而维尔默提出，现代与后现代的关系不是简单的对立，而是辩证的统一。这对我们正确理解现代与后现代的关系具有重要理论价值与现实意义。

其次，维尔默对阿多诺非同一性否定辩证法的深刻而独到理解，对于学

---

①② 王晓升. 马克思思想中的意识形态批判和科学批判：评维尔默对马克思的历史唯物主义的理解 [J]. 天津社会科学, 2005 (3).

③ 汪行福. 现代性与后现代性辩证法的重建：论韦尔默对哈贝马斯现代性理论的内在批判 [J]. 现代哲学, 2010 (2).

界深入理解阿多诺的辩证法、马克思的辩证法等具有重要的参考价值。维尔默肯定了阿多诺对现代辩证法的突出贡献，看到阿多诺辩证法思想从《启蒙辩证法》到《否定的辩证法》《美学理论》的不断发展脉络。阿多诺的否定辩证法是对启蒙理性形而上学同一性逻辑的强力批判，也是"对资本主义社会'资本逻辑'强制性的批判。阿多诺在马克思之后实现了对同一性逻辑的理论与现实的双重瓦解。在这个意义上，阿多诺'否定的辩证法'就是马克思'批判的辩证法'在新的历史条件下的时代回响"①。维尔默对阿多诺否定辩证法的理解试图在黑格尔、马克思、阿多诺辩证法基础上前行，适当安置启蒙理性，和解现代与后现代的论争。正如维尔默所说："后现代主义对总体化理性的批判与阿多诺对总体化理性的批判是不同的，区别就在于后现代批判断然拒绝了和解哲学。""在阿多诺那里，和解哲学的前景代表着在非理性主义面前捍卫理性。代表着某种努力不懈的辩证尝试：在蹩脚的理性中彰显某种略胜一筹的理性的微弱印记。"②

最后，维尔默对阿多诺美学思想的深刻解读，有助于学界深入理解阿多诺美学思想的真实而丰富的内涵。阿多诺的《美学理论》《新音乐哲学》与其否定辩证法、现代性批判理论紧密相连，试图实现精神自我解放的乌托邦。从这一理解视角出发，维尔默联系现代资本主义艺术与工业生产，以寻求现代性问题的和解之道。可以说，从阿多诺的美学思想与音乐理论中，维尔默似乎找到了未来希望的微光。有论者说："维尔默的现代性美学理论不仅是理解其后形而上学现代性理论的重要维度，也代表了批判理论在美学问题上的最新成果。从积极的方面看，维尔默拓展了批判理论的新思路，为批判理论在当代语境下发展提供了很好的理论设想；从消极的方面看，他对于现实的妥协远远超过了其前辈，乌托邦的视界永远消失了。"③

──【原著摘录】────────────────────────

中文版前言 P1－2

P1 后现代可以理解为对启蒙和理性极端的批判，同时它也是对现代性

────────────────

① 白刚. 马克思批判的辩证法的时代回响：读阿多诺《否定的辩证法》［J］. 天津社会科学，2006（6）.

② 维尔默. 论现代与后现代的辩证法［M］. 钦文，译. 北京：商务印书馆，2003：18.

③ 李健. 当代批判理论的审美反思：论维尔默的现代性美学理论［J］. 天津社会科学，2012（2）.

批判的自我超越。现代性中包含着片面的理性主义，对进步的信念，以及历史哲学的宏大建构（诸如马克思主义）。

德文版前言 P3-4

P3-4　本书中这四篇论文在主题上的关联在于这样一个问题：艺术在与占主导地位的现代性理性形式进行抗辩的过程扮演了怎样的角色，同时也试图通过这几篇文章和阿多诺一起（也针对阿多诺）从错误的"用和解哲学对抗非理性主义"的替代方案中提炼出理性主义批判。

真实、表象、和解——阿多诺对现代性的审美拯救 P5-49

P7　理解阿多诺美学的关键文本就是阿多诺和霍克海默合著的《启蒙辩证法》。在这本书中，主观化和具体化的辩证法已经得到发展，并且多少显露出了审美表象的辩证法。这两种辩证法的相互渗透就是《美学理论》的运动原则。

P12-13　真实、表象以及和解三者之间的相互关系构成了阿多诺美学的基础，这同样意味着否定性和艺术美的乌托邦内涵之间的相互关系。就如同艺术和哲学之间被证明为互相矛盾一样，艺术美中的真实、表象、和解三者之间也被证明是相互矛盾的，这就是审美表象的辩证法。

P15　阿多诺试图指出，在审美主体性的解放中预示着艺术的迸发和某种"自由的"审美"状态"，而审美主体性的解放同样受到这一辩证法的制约。

P17　这样看来，就某些方面而言，阿多诺的美学似乎更接近于具有末世论和感觉论腔调的叔本华主义，而不是某种经过神学洗礼的马克思主义。

P29　从打破审美界限和主体界限两者之间的关联上就可以清楚地发现，阿多诺所谓的"审美综合"最终又和某种真正的非暴力交往乌托邦联系在了一起。

P30　现在，我们可以尝试着进一步地破译阿多诺关于艺术真实的概念。和科普一样，我的出发点是，要谈艺术的真实，我们就要知道，可以在多大限度上脱离艺术的真实来谈真实。我想用哈贝马斯关于日常真实概念的语用区分来作为我思考的出发点，用科普的术语来表达就是，这意味着要区分三种真实：断言性（apophantisch）的真实、宣泄性（endeetisch）的真实（诚实）、道德—实践的真实。这三个真实的概念揭示了日常语言的不同适用维度，即可供每个说话者支配的关于"真实"的预想。

P40-41　我认为，"艺术制度"的转型不可能意味着取消"专家文化"，而是将导致两种结果：一方面，在专家文化和生活世界之间将建立起千丝万缕的联系并形成一个细密的网络；另一方面，在专家文化和流行艺术之间也将形成同样的网络。于是审美和实践、高雅和低俗重新相互亲近，但在这一过程中存在着许多障碍，阿多诺和霍克海默在对资本主义文化工业进行批判时当然就已经指出了这一点。

P43－44　必须把审美的政治化（这一点本雅明也已经预感到了）和政治的审美化（法西斯主义的创造）严格地区分开来：后者意味着通过剥夺大众从而摧毁政治，大众在一场由人导演的玩世不恭的闹剧中降格为微不足道的小角色；与此相对，前者（根据其潜力）意味着借助世故圆滑的大众而获取政治。

论现代和后现代的辩证法——遵循阿多诺的理性批判 P50－125

P50　近几十年来，在艺术、文学和社会理论讨论中出现了大量的概念，而后现代（或后现代主义）这一概念无疑是其中最夺目的一个。"后现代"一词是"后"概念和思想方法家族中的一员，这其中包括"后工业社会"、"后结构主义"、"后经验主义"、"后理性主义"等。在这些概念里似乎融入这样一种意识，即我们正在跨越一个时代的门槛，但它的轮廓尚不明确、含糊不清，模棱两可。这种意识的中心体验就是理性之死亡，它似乎暗示着一个历史性规划的彻底终结，后者包括了现代性的、欧洲启蒙运动时期的乃至起源于希腊的整个西方文明的规划。当然，这一组由"后"构成的概念和思想方法就如同一幅字谜画：只要在合适的角度，人们便可以从中发现一种激进的现代型、一次对自身进行启蒙的启蒙运动、一种后理性主义理性概念的轮廓。从这个角度看，后现代主义似乎是一种打破了神话的马克思主义，一种审美先锋主义的继续或者是一种极端化了的语言批判。

P53　后现代时刻是现代认识型的某种形式的爆发，在这一过程中，理性及其主体（统一性和完整性的维持者）在空中化为碎片。仔细一看，我们就会发现，这次爆发源于对长久以来对我思和总体化理性的破坏或解构，而这一破坏运动就肇始于现代艺术之中。

P55　可以这样说，詹姆逊视野中的后现代主义揭示的是一种崭新的、后理性主义的审美、心理乃至社会总体化（"统一"、"综合"）形式：它不是对总体化理性及其主体的简单纯粹的否定，而是一次理性及其主体的"自我超越"（卡斯托里亚蒂斯语）运动。

P62　我想说，后现代主义（这一点只是在詹克斯那里表现得尤为清晰）加入到了某种模棱两可之中，而这种模棱两可又深深地植入了各种社会现象之中。这是一种对现代性进行批判而产生的模棱两可，这里所指的"批判"不仅是理论上的叫喊，同时也是一场蕴涵着在观念和定位上发生转变的社会运动。在这场运动中现代性宣告进行自我超越，方向直指一个真正"开放的"社会，同时也要宣告与那个"现代性规划"（哈贝马斯语）决裂。谈起决裂，当然不能将它与现代性的强电子外壳的爆发相混淆，也就是说，以一种玩世不恭、非理性主义或是分治主义的态度打倒启蒙。

P77　首先，我要区分理性批判和主体批判的三种形式。在后现代主义对理性主义的批判中，这三种形式都起着一定的作用。而对三者的区分恰是澄清一个问题的前提，即什么（或许）可以被称为"现代"和"后现代"的认识形式。我所指的三种形式是：（1）对主体及其理性的心理学批判（揭露）；（2）对"制度化"或"同一性逻辑"理性及其主体的哲学—心理学—社会学批判；（3）对自明理性及其意义构成（sinn-konstitutiv）主体的语言哲学批判。加以区分并不是说，理性及其主体批判的三种形式彼此相互独立。

P81　在摧毁神话的同时，启蒙也逐渐摧毁了一切合法性认证（妄想），并且以启蒙后的理性取代了神话，这就是启蒙辩证法。最终，理性变成了某种实证主义或玩世不恭的东西，成为纯粹的统治工具。在后工业社会中，这种理性统治工具演变为蒙蔽人的东西，在这种情形下，原先承担着启蒙重任的主体变得多余。

P108　当然后现代主义对总体化理性的批判与阿多诺对总体化理性的批判是不同的，区别就在于后现代批判断然拒绝了和解哲学。在这一点上，与阿多诺相比，后现代主义的批判似乎得了一点便宜。在阿多诺那里，和解哲学的前景代表着在非理性主义面前捍卫理性，代表着某种努力不懈的辩证尝试：在蹩脚的理性中彰显某种略胜一筹的理性的微弱印记。

P111　在成熟期的黑格尔和马克思那里，总体化理性奏响了新的凯歌：对资产阶级社会及其知性理性（Vertandesrationalität）的批判浓缩为一种历史辩证法，马克思同时还拾起了浪漫派的乌托邦旗帜并使之"理性化"。历史辩证法的总体化知识最终成为现代化的精英们服务的用于确认合法性和实行统治的知识。

P117　我们今天之所以必须反对资产阶级社会中的民主普遍主义，是因为只要民主没有渗入社会生活的毛孔中去，那么这种民主就是非现实的；我们之所以不同意马克思和无政府主义，是因为它们不可能意味着一种具有普遍的直接性以及和谐的状态；我们之所以必须反对所有的理性主义，是因为我们既不能从那里获得最终的合法性，也不会得到最终的解决办法。但这并不意味着应该让民主普遍主义及其自律的主体、马克思关于自律社会的规划、理性退出历史舞台了。恰恰相反，这意味着我们必须重新思考个人和共同自决的观念、重新思考理性和历史。如果尝试着这样去做了，我会从中看到一种真正的理性自我超越的"后现代"脉动。

艺术和工业生产——论现代和后现代的辩证法 P126－148

P128 通过对手工业产品的考察，我们就会明显地发现一个在工业社会中悬而未决的问题：随着艺术变得自律，对生活世界的审美加工就变得愈加粗糙。抵御这种由工业生产所造成的审美粗糙化，这就是工厂联合会的方针。

P132 模拟马克思对机械唯物主义的批判，我们也可以说存在着"机械功能主义"，可以将其和某种"历史功能主义"相对立起来，后者指的是一种对历史进行反思并收藏起来的功能主义。

P134 1965 年在工厂联合会所做的发言中，阿多诺再一次为现代主义建筑中的功能主义和构成主义元素做了辩护，他所反对的只是以粗俗功能主义的方式来实现现代主义建筑的构想。

P139－140 显然不必将后现代主义建筑对片面技术至上的现代主义的拒绝理解为是对现代性的抛弃，对启蒙传统的抛弃，人们可以将其理解为是对现代性进行的内在批判，因为现代性已经倒退到了自身的概念之后了。

P146 可以设想的或许是这样一种情形：工业生产重新遵循着某个目的，而这一目的是某种经过交往而获得澄明的；艺术和审美幻想两者的共同目的将在交往层面上获得澄清。只有这样，通过第三者（即借助某种获得启蒙的民主实践）的斡旋，艺术和工业或许可以聚集在一起，共同成为工业文化中的要素。

阿多诺——"非同一的特殊事物"的维护者 P149－184

P151 与他们相对，阿多诺的文本也很严密而错综复杂，就像能够听出每个微小区别的音乐作品一样，"用耳朵思考"是阿多诺的一句格言。这些文本像音乐作品一样组织紧密，它们基于这样的观念：通过语言表达出的思想和语言形式本身具有同样的价值。这一观念来源于阿多诺对日常的和科学的语言交际形式的深深不信任。确切地说，这种不信任是一种对语言的批判，从某种意义上说，这一不信任构成了阿多诺哲学的核心。

P152－153 霍克海默和他的朋友们并非正统的马克思主义者，但是他们遵循的是马克思对政治经济学的批判，并且他们寄希望于一场无产阶级革命，虽然他们对布尔什维克式的革命已经不抱什么幻想了。德国工人运动的破产、对法西斯主义和斯大林主义的恐怖统治的体验迫使他们尝试新的理论定位，而《启蒙辩证法》便成为这一理论尝试的重要文件。作为资产阶级启蒙运动遗产的法西斯主义和斯大林主义已经无法用马克思主义的范畴来解释了。为了理解资产阶级启蒙和社会主义启蒙为什么会转变为赤裸裸的恐怖统治这一问题，就必须将潜藏在启蒙这一历史运动自身之中的、预示着这一转变可能性的恐怖元素指出来。

P157　阿多诺和霍克海默认为，资本主义社会的交换理性本身只是形式理性和工具理性之间的某种极端统一形式，他们要将两者统一的源头一直追溯到理性和概念性思考的史前史中去。

阿多诺和霍克海默的核心命题是，在概念性思考中存在着形式理性和工具理性两者的统一，我想首先采取间接的方式来诠释这个命题。

P163　只要人的主体性作为技术和科层体制的干扰因素起着决定作用，这也就距离有组织的大屠杀和那些战争策略游戏不远了，其中就包括继续核战争的打算，而在此之前，机器人的出现已经导致了人类生命的终结。

P168　阿多诺和霍克海默不是非理性者，作为马克思主义者，同时也是黑格尔主义者，他们坚信这样一点：无论如何，文明的进程是一个启蒙的进程，只能将自由或"和解"设想为这一进程的结果。

P169　阿多诺将社会的解放设想为担负着具体化任务的精神对自我的超越，同样，在概念性思考的自我超越中，他也看到了哲学真理的可能性。哲学必须"通过概念从而超越概念"指的就是这一点。在《否定的辩证法》中，阿多诺试图将概念的这一自我超越解释为在概念性的思考中纳入了某种"模仿"的元素。为了将理性从其非理性中拯救出来，理性和模仿必须同时出现。

P178　阿多诺试图将唯物主义的历史希望和救世的希望合二为一，将永久和平的观念和肉体再生联系在一起。

P182　为了对抗工具理性和科层理性，即对抗现代社会中占主导地位的理性形式，现代艺术似乎释放出了现代性为获得自身解放而积蓄的潜能，产生了良好的效果。

───【参考文献】───────────

[1] 阿尔布莱希特·维尔默. 后形而上学现代性 [M]. 应奇，罗亚玲，译. 上海：上海译文出版社，2007.

　　[2] 王晓升. 马克思思想中的意识形态批判和科学批判：评维尔默对马克思的历史唯物主义的理解 [J]. 天津社会科学，2005（3）.

　　[3] 白刚. 马克思批判的辩证法的时代回响：读阿多诺《否定的辩证法》[J]. 天津社会科学，2006（6）.

　　[4] 张秀琴. 意识形态理论的"辩证"阐释模式：阿多尔诺、霍克海默与马克思意识形态理论比较研究 [J]. 学术研究，2007（7）.

　　[5] 李潇. 马克思和海德格尔技术批判思想比较分析 [J]. 唯实，2008（8）.

　　[6] 王凤才. 后现代语境中话语伦理学的困境及其意义 [J]. 哲学动态，2005（2）.

　　[7] 谢永康. 被误读的阿多诺：否定辩证法与后现代主义关系辨正 [J]. 哲学研究，2007（9）.

　　[8] 陆扬. 关于后现代话语中的现代性 [J]. 文艺研究，2003（4）.

　　[9] 马龙闪. 苏联战后的意识形态批判和政治清洗运动 [J]. 东欧中亚研究，2001（6）.

　　[10] 赖骞宇. 现代性话语与现代性批判 [J]. 江西社会科学，2003（8）.

　　[11] 汪行福. 现代性与后现代性辩证法的重建：论韦尔默对哈贝马斯现代性理论的内在批判 [J]. 现代哲学，2010（2）.

　　[12] 李健. 当代批判理论的审美反思：论维尔默的现代性美学理论 [J]. 天津社会科学，2012（2）.

三、《我们的后现代的现代》

[德] 沃尔夫冈·韦尔施　著

洪天富　译

商务印书馆，2008 年

——【作者简介】————————————————————

　　沃尔夫冈·韦尔施（1946—　　），德国耶拿席勒大学理论哲学教授，当代最知名的德国哲学家之一。少年时期的韦尔施就特别喜欢读书，兴趣广泛，十五岁就已经读了伏尔泰、尼采、莱辛和海克尔的著作。关于为什么最终选择了哲学，他这样解释："在自然科学中，我寻求的关于什么是世界最最内在奥秘的答案，实际上是一个真正的哲学问题。"所以他最终选择了哲学。韦尔施昔年在慕尼黑和维尔茨堡大学攻读哲学、艺术史、心理学和考古学，受亚里士多德、利奥塔和维特根斯坦的哲学思想影响相当大。1974 年在维尔茨堡大学获博士学位，1982 年获大学执教资格。1992 年，他获德国马普研究奖。韦尔施曾在德国多所大学任教，并在世界各国的许多大学讲过学。1999 年，韦尔施应中国社会科学院邀请，访问过北京和上海。在上海期间，他还与上海社会科学院哲学所的学者们进行了一次座谈。座谈中他表达出对中国文化的浓厚兴趣，认为可以同今日文化的后现代走向展开对话。

　　韦尔施的著作均多次再版，被翻译成多国文字，主要著作有：《感官性：亚里士多德的感觉论的基本特点和前景》（1982 年）、《我们的后现代的现代》（1987 年）、《审美思维》（1990 年）、《理性：同时代的理性批判和横向理性的构想》（1995 年）、《重构美学》（1996 年）等。

【写作背景】

近些年，"后现代"的概念在世界上广为流传。但是当人们谈起"后现代"的时候，几乎并不知道这个词的确切含义。后现代的理论家们在不同的领域维护后现代，不同的人对它的接受程度也是不同的：日本人赞成后现代，是因为日本的文化在其整个历史中是折中主义的文化；而对于南美来说，后现代早已是他们的生活方式，后现代理论不过是对已经历知识的证实。韦尔施认为，应该避免轻率地给后现代贴标签，正确的方法应该是——重构"后现代"这个词语的谱系，通过不同的领域追寻这一词语的发展轨迹，以电解后现代这一五花八门的现象的广度，避免把它当作一种口号和统计学的对象，这样就能获得和证实后现代的概念。塑造后现代这一概念就是韦尔施写作的根本目的。他强调：后现代绝不是一种超现代和反现代，其基本内容——多元性早已被 20 世纪的现代宣传，更确切地说，后现代是 20 世纪的从前的秘传的现代的公开的兑现形式。可以说，后现代是 20 世纪的现代的一种转换形式，它属于现代。《我们的后现代的现代》从各个层次上阐明了这一点。

韦尔施写这本书时个人的处境是，当时他取得了在大学的执教资格，但无法从德国的科学机构获得任何资助，面临失业的危险。这时，出版社提议写一本这方面的书，他便答应下来。他在本书的序言中讲到这样的处境是形成他文章风格的一个重要原因，也正是在这样的处境下他才有可能真正自由地写作，发表自己的意见。

【中心思想】

本书是德国著名哲学家沃尔夫冈·韦尔施阐述后现代问题的代表作。作者用科学的眼光考察这个问题，即从基本的历史联系中，从文学、艺术、建筑、哲学等领域出发，考察后现代这种现象在历史上怎样产生，在发展中经过了哪些主要阶段，并根据其发展预测其未来。作者认为，后现代是现代的批判地继承和发展。本书对于关心中国现代化进程的读者，从学理上弄清楚现代与后现代的关系，不仅具有理论意义，而且尤有现实意义。

本书的主要论点有以下几个方面：第一，把后现代主义理解为彻底的多元性的构想并加以捍卫。后现代的多样性有它自己的特点：这种多样性是一种彻底的多样性，它影响了视野的多样性，导致不同的框架概念，它从事于本体，它追根溯源。第二，后现代的基本情况是：它承认高度不同的知识形式、生活计划和行为模式享有不可超越的权利。理性的不同具体形式也就是不同的合理性被证实是独自行动着的和富有意义的。第三，这种多元性彻底反对极权主义。它认识到，任何专一性要求只会把实际上个别的东西升格为绝对的东西，抵制任何形式的霸权主义的狂妄要求。第四，这种多元性是后现代的焦点。后现代现象不仅在文学、建筑、艺术领域里，而且在经济、政治这些社会现象以及在科学理论和哲学反思里都是明显一致的。第五，后现代并不像人们通常理解的那样是一种超现代或反现代，其基本内容的多元性也正是现代所愿望的。第六，后现代的多元性不仅和自由的获得相联系，而且和一系列困难而尖锐化的问题联系在一起，这些问题同时具有实践和伦理的性质。此外，多元性对理性的问题采取了新的态度。多元性是作为合理性形式的多元性出现的。

本书包括序言、导论和十二章正文，共约 38 万字。

【分章导读】

在本书的导论中，韦尔施讲了两个方面的问题。首先是"确定界线"，即要将混乱的、蔓延的、模糊的后现代主义和准确的、有效的、多元的后现代主义区别开来。其次是概括了本书的六个要点：（1）捍卫彻底多元的后现代构想；（2）承认高度不同的知识形式、生活计划和行为模式享有不可超越的权利，这是后现代的基本经验；（3）反极权主义的选择；（4）后现代的统一焦点是多元性；（5）后现代不是一种超现代和反现代；（6）后现代的多元性与自由以及一系列尖锐而敏感的问题相联系。

第一章 "后现代" 韦尔施考察了"后现代"这个术语的谱系、含义。自 20 世纪 90 年代以来，后现代概念在世界范围内广为流传，但这个概念的确切内涵却是非常模糊的，很值得争论。原因在于人们对于这一概念的合法性、运用范围、时间的开始及内容等似乎有不同的意见，也不希望去弄清楚这一现象。为此，韦尔施提出，通过在不同领域追寻这一词语的发展轨迹，以便了解后现代概念的广度，以获得和证实后现代概念，重构后现代这个词语的谱系。

1870 年前后，美国沙龙画家约翰·瓦特金斯·查普曼曾说过他和朋友们打算向"后现代绘画"进军，这是"后现代"这个术语的首次出现，但没有产生直接的后果。这个词于 1917 年第二次出现在鲁道夫·潘维茨的著作《欧洲文化的危机》里，它通过"后现代人"的观点的提出否定了当代以及治疗当代疾病的常用的药方，但"潘维茨的整个思想不过是尼采思想的一种改写"①。后现代这个词于 1934 年独立地出现在西班牙文艺学家费德利科·德·奥尼斯的著作里，他认为，后现代主义是指从 1905 年至 1914 年的一个修正阶段，它发生在现代主义之后。

韦尔施指出，后现代这个概念作为一种范式在北美文学辩论中形成。文学领域的后现代概念借用了汤因比的形式，但却赋予它完全不同的内容。文学家爱尔文·豪提出后现代概念后，开启了与哈里·赖文有关后现代的论争。此后，又有费德勒、桑坦格等参与后现代的论争。在这次文学辩论中后现代获得了一个名副其实的概念的轮廓，并发展成为一个具有肯定意义的词。

后现代不同于后历史。后历史理论的首倡者是德国社会学家格伦在 20 世纪 50 年代提出来的。后现代与后历史在本质上是不同的，它们相信的东西也是不同的，后现代所要求的，只是对现代的相信，而后历史所要求的，是对整个历史的相信；后现代相信一种未来的发展步骤，而后历史相信一切发展步骤的终结。此外，二者在感情问题上也不同，后现代的预后诊断是积极的、彩色的，而后历史的预后诊断是消极的、灰色的。

1975 年，"后现代"这个词在建筑领域得到采纳和承认。文学的后现代概念和建筑上的后现代概念如出一辙。后现代表示一个不受种类界限约束的统一的结构。在绘画领域，意大利艺术史家和展览会组织者奥利维于 1980 年提出"超—先锋派"这一概念。这一名称和"后现代"很类似，因为它意味着超越审美现代主义，在这个意义上它是一种后现代的立场。

1968 年，"后现代社会"这个概念在社会学领域由阿米泰·艾特齐奥尼提出。在社会学里还出现了一个与后现代有关的词，人们通常不说"后现代社会"，而说"后工业社会"。韦尔施认为，后工业社会的特点是：理论知识居于首要地位，科学与技术相结合，社会发展的规划与控制。

在哲学领域里，"后现代"这个词作为一种名副其实的概念和经过加工的构想，于 1979 年由法国哲学家利奥塔在《后现代状态：关于知识的报告》中提出，他主张一种"值得尊敬的后现代"。他抨击到处流传的、宣扬松弛和疲劳的后现代主义，以精确反思的哲学后现代主义来反对这种后现代主义。按照利奥塔的构想，后现代哲学有三方面的任务：合法告别统一的强迫观念，

---

① 沃尔夫冈·韦尔施. 我们的后现代的现代 [M]. 洪天富，译. 北京：商务印书馆，2008：19.

阐明有效的多元性结构，彻底的多元性的内在问题。韦尔施认为，带有后现代气质的哲学除利奥塔，还有很多哲学家，大体上可以把后现代气质的哲学构想分为四派：第一派是具有类似利奥塔构想的哲学家；第二派是宣传多样性的理论家；第三派是以维尔默为代表的倒戈者；第四派是以普特南为代表的对后现代这一概念缺乏明确的认识的理论家①。

综上，韦尔施得出如下结论：后现代是在整体瓦解的地方开始的，它反对整体的复归，是一种多元性的想象，"后现代的主要特点是，它积极地充分利用整体的毁灭，并力图确保和发展正在显露出来的、具有合法性和特点的多样性。这就是后现代的实质所在"②。后现代处在两种偏向的中间，一种是不明确的后现代主义。其特点是：它不坚持构成多元性的精华的分歧，而是抹杀分歧，生产出一种大杂烩，从而勾销了后现代的多元性。第二种偏向是追求和宣告一种整体。整体论普遍反映了当代人的向往，"后现代"不喜欢四分五裂的现代，而向往一个新的整体性的时代。

第二章 现代—后现代的含混的对极 探究了现代的概念和现代诊断以及后现代预后诊断的镜像。后现代概念的不确定性往往是现代概念的不确定性的反映。因而，首先要确定现代的概念内涵，这可以按照年代顺序、内容、领域、功能等来区分现代。再者，后现代所依据的是哪一种现代，依据的是一种如何被解释的现代。

韦尔施认为，在不同文化观念中有不同的现代概念，进而对后现代的理解，有完全不同的现代作为对立面在起作用，不仅现代和后现代之间存在着差异，而这些差异却又是互相对立的。现代的这种多样性是一种普遍的现象，但是，我们还是可以通过个别的领域重新找到作为整体的多样性。在审美领域，不管从美术史，还是从文学史抑或是从造型艺术里，甚至在其他领域里，都存在着相互非常对立的"现代"。现代不仅包括技术化，而且包括审美的东西。审美的能力既表现为爱好技术的，也表现为害怕技术的。针对后现代所强调的多元性问题，韦尔施指出我们不应该采取漠不关心的态度，而应该采取区别对待的态度。

韦尔施还向读者介绍了人们提出的对现代的不同诊断以及相应的后现代构想。他说："在对后现代的各种不同的看法当中，总是一再地出现一种独特

---

① 沃尔夫冈·韦尔施. 我们的后现代的现代 [M]. 洪天富，译. 北京：商务印书馆，2008：59.
② 沃尔夫冈·韦尔施. 我们的后现代的现代 [M]. 洪天富，译. 北京：商务印书馆，2008：61.

的对立：一部分人主张多元性，另一部分人支持新的完整性。"① 因而，现代的危机因素或弊病一方面被诊断为现代的分化倾向，另一方面被诊断为现代的一律化性能。所以，"后现代超越了这种对立：整体只有通过差异才能兑现"，一种诊断治疗建议是，针对现代的分化危机，后现代主义提出新的一体化；另一种治疗建议是，针对现代的一律化倾向，后现代主义选择差异，寄希望于日益增强的多元性。韦尔施认为，只有多样性构想才能够符合整体的这一概念。另外，施佩曼主张重新采纳现代以前的思维方式，尤其是形而上学。哈贝马斯提出了一个由社会实施的一体化方案。

第三章 近代—现代—后现代 主要从哲学的角度探讨分析近代、现代和后现代的关系。

从哲学的角度上看，近代这一重大转折是从笛卡尔开始的。黑格尔在其哲学史中已明确指出，笛卡尔是近代哲学的真正创始人。但人们对笛卡尔开始的新的内容却存在着不同看法，一条是通向黑格尔思维至上性的唯心主义原则路线，一条是通向我们的路线，在近代这个时代里，科技文明从普遍数学模式的精神中诞生，并且开始统治世界。现象学派的胡塞尔与海德格尔很早就向我们指出，近代哲学发生的普遍的数学模式这一观念构成近代的相互关系。法兰克福学派的霍克海默、阿多诺也很早就揭示了这种相互关系，近代使工具理性占据统治地位，近代是这种统治地位的相互关系。近代思维有两个形式上的特征，第一个形式上的特征是彻底的重新开始的激情。这种创新的激情来源于对时代的最深刻的信念。第二个形式上的特征是要求普遍性，这是近代哲学的明显的特点。"近代随着彻底的重新开始必然无情地引起统一化、普遍主义和极权主义。"②

近代除了科技合理化这一主要倾向，还有不少坚决与之对抗的运动。例如，维柯写于 1725 年的《新科学》是以反对笛卡尔的科学、反对理性主义和反对以数学和物理为取向的。1750 年，卢梭发表的《论科学与艺术》断然否定了科学和艺术，认为随着科学臻于完善，我们的灵魂败坏了。同在 1750 年，鲍姆加登的《美学》问世，这是一部旨在反对笛卡尔的近代的有首创精神的著作，这也是一部具有首创精神的纲领性的美学著作，它充实和改进并补偿了美学，尤其是对由科学决定的近代的说法从美学上加以修正和变革。

---

① 沃尔夫冈·韦尔施. 我们的后现代的现代 [M]. 洪天富，译. 北京：商务印书馆，2008：79.
② 沃尔夫冈·韦尔施. 我们的后现代的现代 [M]. 洪天富，译. 北京：商务印书馆，2008：109.

所以，韦尔施指出："近代的主流表现为科技文明的形成，近代的支流表现为对科技文明的反抗。近代具有两重性：一方面是合理化疗法，另一方面是反合理化疗法。"① 这些反抗运动的酵素性质表现为它们的被接受不仅导致原来的纲领部分地被修正或被扩充，而且导致原来纲领的加速发展。正是出于这个缘故，近代变为近代的现代，那就是说，变为一个通过自我批评使自己变得生机勃勃和进步的时代。但这种情况随着 20 世纪的到来发生了根本性的变化。在 20 世纪，多元性不仅可以想象，而且起主导作用和具有约束力。这一点不仅表现在哲学里，而且更加清楚地表现在科学和艺术里。

韦尔施认为，后现代的哲学是一种彻底的多元性的哲学，利奥塔的《后现代状态：关于知识的报告》具有典型示范意义。这部著作的基本论点是告别元叙事，这种哲学后现代主义激烈地反对一切的极权主义，追求一种彻底的多元性哲学。同时，后现代主义还有另外两种形式：匿名的和混乱的后现代主义。匿名的后现代主义者虽然不宣布也不承认自己的立场是后现代的，但实际上他们的思想来源于后现代的基本意识，其代表人物有维特根斯坦、温齐、库恩、费耶阿本德等。混乱的后现代主义者草率地把自己称作"后现代主义者"，他们虽然从严格的现代主义的破产中得到好处，但没有或并没有充分地发展出这种突变的理论。最后，韦尔施指出了后现代和现代的区别、后现代和近代的区别，还有我们不应该把后现代和现代对立起来，它根本不是现代后，后现代是现代的非秘传的形式，是 20 世纪的激进现代，它脱离了早期的和古典的近代。

第四章 为大家的后现代：后现代建筑 借助后现代这个最知名的表达领域——后现代建筑，描述了后现代性的各种不同的动机、构想、机会和危险。建筑虽不是表达后现代最早的领域，但却是后现代用以表达自己的最知名的领域，对认识后现代的新结构富有启发意义。审美现象一直是现代的开路先锋，其普遍带头作用是启蒙运动的一个普通概念，但审美现象只有到后现代才在建筑领域起到信号作用。在法国，启蒙运动明显地具有感性和审美的色彩，狄德罗的唯物主义是一种感觉论，其《哲学思想录》热情地为激情辩护，猛烈地抨击那种严格理性主义的愚蠢。在德国，启蒙运动的审美成分获得了术语的表达形式，这体现在鲍姆加登的美学概念中。

20 世纪的现代也是第一次在建筑里行使着先驱者的功能，体现了一种民

---

① 沃尔夫冈·韦尔施. 我们的后现代的现代 [M]. 洪天富，译. 北京：商务印书馆，2008：112.

主的理想，但却走向了解放的反面即独裁的现实。现代建筑走向自己反面并非偶然，现代的主导建筑追求形式划一，本质上是规范式的。后现代反对现代的划一化和规范式的行动，它也构造形式，但不是划一而是多元的形式。20世纪审美的现代全面地和在其每一个领域里的传统进行决裂的同时，现代的建筑同样和以往的义务彻底决裂，它不仅认识到当代的特征是工业化、机械化和资本化，而且要求与它们合作，赋予它们以表现形式。但是，20世纪的现代对传统的否定太彻底无情，导致人们虽然摆脱了传统的约束，但为此却换来了新的约束，即现在起作用的是基础的专一性束缚。这种新基础是由功能主义决定的。

功能主义导致一种统一的风格，它作为一个标签，掩盖着其他东西。建筑师的功能主义座右铭是生活服从于建筑，这种规划的一种有效方法是通过公布一项法令，规定和简化功能。由此，功能变成了发号施令者，解放变为了专制。因而，米斯提出了放弃功能的专横的规划的主张，他在最后的作品柏林国家美术馆的建造上，所关心的是形式主义而非功能主义。但这种形式主义也存在危险，克利、康定斯基等一直在与之斗争。因为，形式主义长此下去，会变为一种遍及全球的追求形式划一。

在功能主义与形式主义运动中起作用的是技术精神，或者说，功能主义与形式主义是技术至上主义的一种委婉表达。现代建筑的技术逻辑的基本方向使它有可能和工业联合。现代建筑的内在技术性，表现为一种计划信念、功能主义与集权主义的恐怖图景。工业建筑和一种古老的建筑类型——希腊的庙宇式建筑有着亲属关系，传统因素对后现代建筑来说也是非常重要的。一些后现代的建筑采纳传统的建筑形式，并使之和现代的形体融为一体。例如菲利浦·约翰逊在1956年设计和建造的犹太教堂、马里奥·博塔于1981年设计的名为"卡萨·罗通达"的住宅。后现代用传统的因素丰富了现代，它虽未超过现代的水平，但却有可能扩大现代的视野，成为一种"具有后现代轮廓的现代"。

在对后现代概念的理解上，存在着哈贝马斯与维尔默、克罗茨之间两种不同的看法，维尔默与克罗茨在反对哈贝马斯的《现代性的哲学话语》时共同提出："后现代是现代的面向未来的变化形式。"[①] 韦尔施认为，后现代建筑应优先考虑多元的造型，他举出了两个形成强烈对照的例子：一个是"意大

---

① 沃尔夫冈·韦尔施. 我们的后现代的现代 [M]. 洪天富，译. 北京：商务印书馆，2008：161.

利广场"，另一个是斯图加特新国家美术馆。斯特林的建筑是真正具有多元性的建筑，这种真正的多元性是在不否定多样性的条件下争取达到的统一。为了强调指出这种多元性及其统一问题，韦尔施举了另外两个例子：一个是罗马国家档案馆，另一个是维也纳卡尔斯教堂。进而，作者认为整体必须是开放性的，但他同时提出要警惕完全放弃整体而转向时髦的随意性的危险。最后，韦尔施提出了后现代的多元性表现出来的三种典型方式：一种是代表多元性的单一类型，代表是奥斯瓦尔德·翁格斯；一种以詹姆斯·斯特林为代表，遵循互相对立的配器原则；一种以汉司·霍莱因为代表，让不同的建筑语言相互渗透和相互重新解释。

第五章　哲学后现代立场概观　专门从哲学上研究了后现代，主要介绍除利奥塔以外关于后现代主义的立场及其特点，提出，后现代不是超现代和反现代，后现代并没有和现代一刀两断，它一方面有别于现代，另一方面对现代又有所继承和发展。

1985 年意大利当代著名哲学家瓦提莫发表了《现代的终结》，该书提出，后现代不可能是对现代的克服，后现代不是超现代也并没有抛弃现代而是采纳现代以及在此基础上的修正和发展。福柯在《词与物》里阐述和研究了从16 世纪到当代的知识状态，指出在这段时间内发生的两次知识的彻底断裂。其知识考古学关注的是差异意识。后来，德勒兹和夸塔里一道，用"根茎"这个隐喻进一步阐明了差异的思想。德里达关于《人的终结》的语义双关的报告着重讨论人的终结这个问题，另外还有纠缠后现代的各个问题，如多元性、延异、播散等。在鲍德里亚看来，当代是一个现代的所有的乌托邦得以兑现的时代，但是这并非幸事，人们不再需要乌托邦，因为所有的问题均已得到实现，但是乌托邦的实现招致灾难，因为乌托邦本身就是灾难。罗蒂、詹姆逊等后现代主义批评者的观点各异，哈贝马斯把现代说成是一项未竟的事业，罗伯特·斯佩曼的立场是对本质的东西的回溯和主张一种新的本质主义的话，他所勾画出的后现代的图像就是对近代的否定和对前现代的肯定。

第六章　利奥塔的纲领性著作或后现代的哲学视野　专门讨论利奥塔所代表的哲学后现代主义。

韦尔施认为，人们一再地指责后现代为非理性主义、唯美主义和无政府主义，这些指责对利奥塔并不起作用。《后现代状态：关于知识的报告》认为元叙事的合法性已经失效，这些元叙事已经不再具有普遍的约束力和合法力，但是起决定作用的不是元叙事的内容业已过时，而是其形式业已失效。黑格尔以后的哲学不再相信元叙事，而后现代是这种倾向的代表。后现代主义与民主、多元性密不可分，也具有幻想性质。后现代告别乌托邦，不是它不再代表乌托邦或抛弃乌托邦，它只是对传统的乌托邦进行修正和改革，它主张多样性的乌托邦，不使某一个个体极权化。

第七章　20世纪的现代和后现代或从轰动一时的事件到不言而喻的事　说明后现代在这种构想背景的基础上，怎样可以理解为20世纪的现代特殊成就的兑现形式。在紧接着的两个幕间插曲里，韦尔施讨论了这种后现代同与之竞争的相对当代的确定，即海德格尔的后形而上学和关于手工艺时代论点的关系。

继承和兑现是本书的一个主要论点，也是本部分的一个主要论点。后现代正在兑现现代，尤其是20世纪的现代的特殊成就。韦尔施试图主要从科学的、社会的、艺术的生活等几方面来看这种"继承和兑现"。

后现代思维与20世纪各方面发展的一致性，首先表现在它与科学进程的一致，共经历了三个阶段：告别垄断主义整体性和专一性是第一阶段的特征，向那些似是而非的反面和新的现象过渡是第二个阶段的特征，产生更新的科学理论是第三个阶段的特征。在第一个阶段科学完成了向整体的告别，在这方面有代表性的是三个革命性的定理：爱因斯坦的相对论、海森伯德（海森堡）测不准定理以及歌德尔德的不完全定理。另外需要注意的是，后现代思维与20世纪现代科学的基础革新基本一致，并非说哲学采纳了科学的这些知识，而是说20世纪的科学终于实现了哲学的较早认识。事实上，后现代的基本范畴：多元性、不连续性、对抗性和特殊性等已经侵入科学意识的核心。总而言之，后现代和20世纪的科学现代的基本定理相一致。

就海德格尔及其有关后形而上学的构想，代表性地说明"后现代恰恰兑现了20世纪的现代所范示的变化"。人们一般把海德格尔说成是后现代思想的先驱、中心人物，而在韦尔施看来，这是不同民族哲学的理解偏差造成的。因而，引出了海德格尔与利奥塔之间的虚构争论，指出二者理论后形而上学与后现代的基本幻象是对立的，并非兄弟姐妹。因为，海德格尔天地人神四重交织的游戏世界，"仍然是一个没有离开统一和整体的轨道的世界"[①]；而利奥塔的世界是多样性和异态性世界。

韦尔施还讨论了后现代与工艺时代的关系问题，认为后现代和工艺时代之间确实存在着严重的彼此对立关系。因为，后现代试图克服一元论，而工

---

① 沃尔夫冈·韦尔施. 我们的后现代的现代［M］. 洪天富，译. 北京：商务印书馆，2008：321.

艺时代预示着目标明确与有效干预。但这种矛盾对立关系是复杂的，不能用简单的肯定或否定来表示，必须具体问题具体分析，从各家后现代哲学中加以讨论。

第八章　争异或一种后现代的正义构想　探讨了利奥塔后来的关于"争异"的构想，同时阐明了这种思维的尖锐性问题。

韦尔施深入地讨论了《争论》这部著作。他认为，《争论》中提到的问题可以看作是《后现代状态：关于知识的报告》中尚未解决问题的探讨。利奥塔在《后现代状态：关于知识的报告》中强调了这种语言游戏的竞技性，但是他在《争论》中不再提语言游戏，而是提语句规则系统和话语种类。利奥塔再次用语言哲学的观点阐明多元性的题目，借助于语句规则系统和话语种类这种语言分析，阐述了后现代的多元性和生活行为思维等方式的异质性及其问题。利奥塔在《争论》中的构想旨在扩大正义的范围，而且其中还有马克思主义的成分。

韦尔施还分析了利奥塔的哲学政治观。利奥塔把哲学的政治和知识分子的政治以及政治家区别开来，认为政治家和知识分子都推行一种有立场的政治，哲学家不是立场政治而是争异政治，哲学的政治既是一种元政治，也是一种基本的政治。同时，韦尔施还解读了利奥塔在《争论》中对启蒙运动的看法，他不同意某些人的看法，即认为利奥塔是反启蒙运动、反解放和反现代的代表，而认为在《争论》中恰恰体现了"启蒙运动的今天修改为后现代的形式"。在《争论》一书中，语言的异质性一直是利奥塔关注的问题，所以语言问题也一直是韦尔施关注的问题。关于事件与语言的关系问题，利奥塔强调反对人类中心主义。

第九章　目前关于理性的争论　展示了在当代更大范围内展开的有关理性的讨论中尚未解决的一些问题。

韦尔施认为，目前关于理性的争论很多。首先是理性多元化的争论，认为必须改变传统的关于理性统一性的看法，多关注理性的多样性，把合理性与多元性结合起来。不仅仅科学内部有多元性即有多样的合理性，科学以外的合理性也日益增多，并且各个合理性之间的鸿沟变得越来越深，于是"不可通约性"兴盛起来。"不可通约性"是指各种不同的可能性并不是同一个东西的形态而是根本不同的，所以不能用一个共同的标准来衡量它们。各种合理性虽然都是理性的形式，但从根本上说是不可通约的。"不可通约性"并没有放弃理性，争论的焦点转到了能否找到一个统一的形式，这也是现代主义者和后现代主义者之间争论的焦点。哲学家们的任务在于找到各种各样合理性的一种统一的形式。

第十章　合理性类型的多样性——理性的统一，传统的模式　回顾了传统上对这个问题的示范性的处理。

哲学史上讨论合理性、多样性问题经历了几个发展的阶段，这几个阶段示范了三个立场：多元性原理的发现，多元性原理的极端化，不同理性形式的联系①。其中包括：亚里士多德、帕斯卡尔和康德。亚里士多德认识到合理性原则上的多样性，指出这种多样性是哲学的中心问题，最早明确认识到合理性原则上的多样性。他把合理性形式分为三种：理论理性、实践理性和创造理性，而且指出三种形式的差别是根本性的差别，否定了形式之间的过渡，认识到各种形式间的一些联系，但是并不赞同理性形式的统一。帕斯卡尔在他关于秩序的学说中体现了他的多样性原理。三种秩序是爱的秩序、精神的秩序和肉体的秩序。他反对不同理性类型之间的干涉，提出秩序间是异质的，要禁止这样的干涉。康德则开始研究合理性类型之间的过渡问题，他在《判断力的批判》中，把判断力解释为第三种理性形式，而且特别指出判断力是理论理性和实践理性之间过渡的能力。

第十一章　横向理性　指出后现代的标志和义务。韦尔施认为，横向的理性是指以联系和过渡的方式与整体建立联系的理性，它是对理性的一种更确切和新型的理解；横向理性可从一种合理性形态过渡到另一种合理性形态，可以表达不同合理性类型之间的区别，也可以传递他们之间的联系。韦尔施通过进一步分析各种合理性类型如经济的、伦理的和审美的合理性，看到合理性类型的自主会导致专业范围定义之间的矛盾冲突，不同合理性类型客观上最初存在着相互联系和交织。这说明不同合理性类型之间实质性过渡是可能的。另外，作者也从个别合理性范式的发生和形成过程上证明了这一点。最后还有一系列更为特殊的联系上的补充，即个别专业范围的产物可以和其他专业范围的内容发生联系。对此，作者归纳出三种过渡方式：专业范围内部的过渡、超专业范围的过渡、超媒介的过渡，并举例证明了三种过渡形式。而理性本质上是这样的过渡能力和实施，理性在三个层次上起作用：对合理性形式的状态和各种过渡的可能性进行反省，实践这样的过渡，作为解决异质要求之间冲突的手段。韦尔施还介绍

---

①　沃尔夫冈·韦尔施. 我们的后现代的现代［M］. 洪天富，译. 北京：商务印书馆，2008：413.

了横向理性的三种结构特征：横向理性像任何一种理性一样不可客观化和具体化；横向理性和传统上的"判断力"的反思形式接近；这种过渡和黑格尔所理解的过渡并不相同。

第十二章 后现代的前景 对于如何对待"后现代"这个术语，韦尔施提出了自己的看法。他认为这个术语在语义上背离了实际情况，但是这个术语却预示着实际情况的方式。他提出，只有借助于后现代人们才能更加深刻地理解现代；后现代摆脱了现代的束缚，提出的多元性的构想。这种多元性的基本特征可以理解为现代的基本特征的极端化，而并不是推翻现代。他坚信：多元性在实践中会造成混乱和随意性，但毋庸置疑它们是有创造性的。

──【意义与影响】────────────

此书是对 20 世纪下半叶兴起的现代与后现代关系论争的回应，从新的视角与广泛的视域得出了富有启发性的概念与思维方式，对国内外学界产生了较重要的学术影响。首先，韦尔施在此书中系统梳理了后现代概念在绘画、文学、艺术、美学、建筑等多领域中的使用，进而阐述了近代、现代与后现代的关系，得出了"后现代的现代"（即把后现代看成是现代的、把后现代看成是多元多样）的新观念。这对人们研究后现代与现代的关系是富有启发意义的，引起了学术界的理论争鸣。在此书中，韦尔施对海德格尔、利奥塔、福柯、德里达、德勒兹、加塔利、哈贝马斯等思想家关于后现代问题论争的分析也是富有启发意义的。

其次，韦尔施在此书中把合理性与多元性结合起来，主张理性的多样性，提出了"横向理性"的新观念。这种对理性的新构想对人们理解后现代的现代的多元性、多样性，破除理性专制与暴力，具有一定启发意义，而且对重建历史理性具有重要学术价值。正如有论者所说："德国哲学家沃尔夫冈·韦尔施（Wolfgang Welsch）提出了一种新的理性构想——'横向理性'（Transversale Vernunft）。后现代主义史学理论家安克施密特（F. R. Ankersmit）借助于这个概念对当代西方历史写作和历史意识进行了思考，在'历史理性'问题上提出了新的洞见。韦尔施和安克施密特的相关思想资源对于我们在后现代语境下重建'历史理性'概念具有借鉴意义。"[1]

---

[1] 董立河. 韦尔施的"横向理性"与"历史理性"的重建 [J]. 史学史研究，2013 (4).

　　最后，在对后现代主义文化的讨论中，韦尔施创新性地阐述了后现代艺术、绘画的美学思想，提出了日常生活的感性美学新思维，即一种后现代的美学。通过对鲍姆嘉通、黑格尔、海德格尔、阿多诺美学思想的批判继承，韦尔施提出了"认识论审美化""超越美学的美学"等感性美学新思维，已克服美学合法化的危机。有论者评价说：韦尔施"赋予了美学在全球化时代以新的使命"，"有助于厘清中国当代美学和文化研究的问题症候，并能给中国当代美学建设提供新的思想参照"[1]。还有论者评价说："作为韦尔施美学思想的核心要义，感性学思维既包含了个性化的方法论内涵，又表达了一种全新的知识论构想，应被视为韦尔施在化解美学的合法性危机方面所做的一次富有成果的理论努力。"[2]

─【原著摘录】─────────────────────

第一章 "后现代" P13－66

　　P16－17　"后现代"标志着一个多方面的变化过程，它不仅涉及美学和建筑学领域里的变化——欧洲人和德国人在对这个问题的讨论中常把它局限在这两个领域——这种变化也涉及社会学、经济学、科技、哲学等领域。

　　P39　对后现代艺术来说，起决定性作用的是它的严格地遵守多元性的个人主义。后现代艺术的个人主义拒绝任何的统一方案，它始终是不连续的和零散的。

　　P40－41　在社会学里，"后现代社会"这个概念最初是由阿米泰·艾特齐奥尼于1968年提出来的。

　　P42　后工业社会这个概念是由美国社会学家戴维·里斯曼于1958年提出来的；法国社会学家阿兰·图雷纳于1969年着手研究这一术语；从1973年起，美国社会学家达尼尔·贝尔在自己的著作中全面地阐明后工业社会这一概念。

　　P48－49　严格意义上的后现代主义者是这样一个人，他无保留地承认多元性，认识到它的基本的建设性，完全从它出发进行思考，并且坚决地捍卫它——不仅反对内在的危害，而且反对外来的攻击。这便是哲学后现代主义的纲领和任务。

───────────────

　　[1]　章辉. 论韦尔施的后现代美学思想［J］. 上海交通大学学报（哲学社会科学版），2008（2）.
　　[2]　潘黎勇. 重建美学合法性的一种路径：论韦尔施的"感性学思维"［J］. 社会科学辑刊，2013（2）.

P51 近代（Neuzeit，指从 1500 年至今——译者）或者现代（Moderne）产生了三大元叙事：启蒙运动提出的人类的解放，唯心主义所主张的精神的目的论和历史主义所主张的意义阐释学。

第二章 现代—后现代的含混的对极 P67-97

P69 物理学的例子最终说明，人们对现代的理解随着时间的不同而不同，在 19 世纪，笛卡尔代表着现代，而在 20 世纪，现代却和牛顿的名字联系在一起。

由此可见，"现代的"这个形容词，由于它的时间的因素以及它和各种不同内容的联系，必然引起人们持续不断的争论。

P81-82 一种治疗建议是，针对现代的分化危机，后现代主义提出新的一体化；另一种治疗建议是，针对现代的一律化倾向，后现代主义选择差异，寄希望于日益增强的多元性。前一种——几乎可以说是同性恋的（homophil）——后现代主义主要源于德国，后一种——几乎可以说是异性恋的（heterophil）——后现代主义主要源于法国。

P89 对"新的中世纪"的这两种不同的看法不仅证实这样一个普遍的经验，即历史是一面哈哈镜（在哈哈镜里人们能发现各种不同的东西），而人们所偏爱的那些时代大多只是一些哈哈镜而已（在这样的镜子里，人们准确地找到人们所寻找的东西），而且人们以此再次认识到对立的现代诊断和后现代治疗的这种双重性。

P95-96 因此，多样性的构想实际上是整体的构想。从内容的角度上看，统一的构想也不占优势，因为恰恰是作为内容上的统一的构想，它们不可避免地归入多样性状态。因为统一的构想在内容上始终是特定的，所以它们不可能实现它们的整体的要求，换句话说，它们在内容上总是有其他的和它们并行的而且同样合法的竞争者，所以内容（die Inhaltlichkeit）不会成为整体的兑现点，而会成为通向多元性之门。

第三章 近代—现代—后现代 P98-128

P110 一般说来，18 世纪不仅是启蒙运动的时代，而且是对抗启蒙运动的时代。也许那些最优秀的启蒙运动者恰恰是一只脚也站在另一个阵营里的人。

P111 卢梭提出的动机是一个与笛卡尔的动机相对立的恬淡寡欲的动机，它意味着从总体上坚决否定这个近代的过去与未来，即不仅否定业已实行的合理化，而且否定未来通过科学给人类带来解放。

P113　卢梭不仅反启蒙运动，而且早已是启蒙运动的一部分。

P115　席勒不再赞成法国大革命的近代的实际激情（Realpathos），但是他的审美国家仍然被看作为整个人类的理想。

P126　因此，我的基本论点意味着，后现代其实是 20 世纪的激进现代，也就是说，它根本不是现代后（nach-modern），准确地说，它是那个被我们明确而毫不含混地称为"近代"的现代后。"后现代"恰恰由于它脱离了近代及其后继形式而获得此定义。

P128　其中的一个——而且无疑是最伟大的后现代主义者之一——是狄德罗。他从理论上为方法的多元性辩护，在实践中使用了各种不同的话语类型。多一些狄德罗，少一些达朗伯，这就是后现代主义者的一种愿望。

第四章　为大家的后现代：后现代建筑 P129－203

P129　审美现象的普遍带头作用是启蒙运动的一个普通概念。所以，后现代虽然强调了建筑的带头作用，但这并不意味着埋葬现代，而意味着以变化了的形式继续发展现代。

P130　启蒙运动决不仅仅是理性主义的。它恰恰批判了理性的片面性和教条主义。但是，它也告诫人们不要片面地求助于理性的反对力量，即告诫人们不要滑入非理性主义。属于启蒙运动的不仅是理性，而且是理性和感情的双重性。这才是启蒙运动的概念和原则。用康德的话说，启蒙运动意味着"人类从自己造成的未成年中走出来"，即从人类用一种纯粹的理性主义为自己规定的未成年中走出来。对此，人们在启蒙运动中提出了一些特殊的审美纠正措施。

P140　由于人们拆除通向传统的所有桥梁，否定属于现代的所有备用方案，所以这个现代本身按照发展趋势是绝对的。人们虽然摆脱了传统的束缚，但为此却换来了新的束缚：现在起作用的基础的专一性的束缚。

P160　后现代的概念意味着：后现代绝不是反现代和超越现代，而是超越现代的自我限制和严肃主义的现代。

P161　后现代是现代的面向未来的变化形式。这是维尔默和克罗茨在反对哈贝马斯时共同提出的命题。

P184　后现代心目中的多样性，并不是不同的事物的心平气和的相处，而是各种事物的高要求、充满矛盾和争斗的、把人搞糊涂的组合。

第五章　哲学后现代立场概观 P204－256

P204　后现代哲学的代表们不同意这样一种陈腐的看法：后现代是一个

很快取代和否定现代的时代。

P205－206 后现代并没有和现代一刀两断，就像现代和以前的历史并没有一刀两断一样。

后现代一方面有别于现代，但另一方面它恰恰不可能是反现代和超现代。如果它是反现代和超现代的话，那么它恰恰继承了现代主义的创新主义（Novismus）。

P207 后现代压根儿不想克服过去，而只是想在变化中继承过去。

P209 《现代的终结》一书中所提出的基本论点：后现代并没有抛弃现代，而是采纳现代。

P214 从类型学的角度看，近代的较弱的倾向，即差异意识——近代的占统治地位的倾向是整体性意识——在福柯的知识考古学中充分地显露出来。如果说的结构主义集中代表了近代的普遍数学模式（Mathesis universalis）的传统，那么后结构主义和后现代则代表了近代的差异意识的传统。

P215 根茎思维不是单子式的思维（monadisch），而是游牧式的思维；根茎式思维产生出没有系统的和出乎意料的差异；它分裂和张开，离弃和联系；它同时是区分和综合。

P219 德里达因此断言，多元性和延异的确是后现代的基本现象。

P245 维尔默抛弃了哈贝马斯的整合性战略，转而遵循利奥塔提出的原则。……当然，维尔默并不主张一种无政府主义的后现代主义，而主张后现代的多元性和现代的普遍主义相结合。

P253 在今天发生的有关后现代的辩论中，法国学者们代表激进现代的后现代主义，德国学者们则代表前现代的或超现代的后现代主义，前者的特点是强调差异，后者的特点是强调整体。

第六章 利奥塔的纲领性著作或后现代的哲学视野 P257－281

P258 人们一再地指责后现代，说它是非理性主义，或者像那些把日常和社会现象看作为科学的库存（Wissenschaftsbestände）的人一样，说它是唯美主义和无政府主义。

P263 归根到底，黑格尔以后的整个哲学已不再相信这种元叙事。后现代主义恰恰可以被看作为黑格尔以后的哲学发展的结果和顶点。

P279 后现代是一种完全民主的精神，因为它比现代更加固执地坚持异质性的原则。

P280 后现代也并非像有些人所指责的那样是悲观主义的。把后现代说成是悲观主义，这是一种目光短浅的判断……后现代告别乌托邦并不意味着它不再代表乌托邦，而意味着它代表与传统的乌托邦截然不同的乌托邦，即一种修正和超过传统的乌托邦的乌托邦：多样性的乌托邦。

P281　从这个意义上说，利奥塔在《后现代状态：关于知识的报告》的末尾所提出的视野恰恰是一种幻想的视野，或者说后现代的乌托邦的视野。

第七章　20世纪的现代和后现代或从轰动一时的事件到不言而喻的事 P282－339

P287　从社会学的角度看，后现代也继承了现代，而且是以极端化的形式。因为对于现代社会来说——而不是对于它之前的其他社会——多元性已经具有约束力。

P300　整体业已过时，多元性变得必不可少。这一点通过社会学的和政治学的分析以及哲学的奋斗目标显示出来。

P304　对后现代来说，不存在"反理性主义"。后现代否定了一种整体合理性的假设，揭示和承认不同的合理性形式的特征。在批评后现代的人们看来，这当然意味着理性的瓦解，但是事实上这意味着告别一种偶像般的假理性，意味着向许许多多非常精确和非常鲜明的合理性形式过渡。

P328－329　后现代并不拒绝和否认当代的工艺的特征，相反地，它以最迫切的形式接纳和承认当代的工艺的特征。

第八章　争议或一种后现代的正义构想 P340－393

P348　非正义之所以是不可避免的，原因在于语言的可能性是非现实化的——虽然语言的可能性和已经得到实现的语言的可能性一样有权要求得到实现。不公正这种基本情况以两种法则为依据。一种是时间和确定性的法则：人们必须把说话继续下去，但是只能用一种可能性继续说话。另一种是多样性和元规则—不在场（Metaregel-Absenz）的法则：这些可能性是异质的，所以它们不可能相互代表，尤其是它们之间缺少一个能正确地和有根据地做出抉择的元规则。这种元规则（诸如一种最高的原则、一个上帝、一个国王、一种末日审判或一种可尊敬的话语警察）的不存在，构成了利奥塔的构想和后现代主义的核心。

P349　利奥塔同时指出，正是由于语言的状态基本上是异质的，所以必然导致冲突，而且冲突是无法调解的。解不开的冲突——不可避免的不公正——是语言本身的这种状态的一个后果。基本的异质性和真正的正义是彼此不相容的。

P358 哲学家（他在这里获得一个基本的道德使命）不再需要给人们提供一种"公正的"裁决办法，相反地，他要设法认识到争异的逻辑，发觉和重视具体的争异，不把争异单纯地看作为一般的争论。

P362－363 利奥塔最后说，此书的目的在于"建立哲学的政治"。这是什么意思？利奥塔把哲学的政治和知识分子的政治以及政治家的政治区别开来。政治家代表一种公开宣称的政治立场。知识分子同样代表一种立场，但这立场最初不是政治的立场，而是以另一种真理的要求为标志的立场，这种立场当然有政治的含义和政治的后果，也就是说，知识分子最终干预政治。政治家的立场来自政治内部（Politikintern），知识分子的立场来自政治外部（Politikextern），但政治家和知识分子都推行一种有立场的政治。

哲学家不同于政治家和知识分子。原因有二：哲学家不仅认识到立场原则上是不够的，而且认真地对待这一点。哲学家从广义上理解政治。凡是有人群共同生活的地方，就有政治的参与。

人们同时认识到，哲学家在语句的联结这一基本的和广泛的形式中发现了政治问题，所以他不可能是立场政治家，而必须成为争异政治家。

P364 哲学的政治既是一种元政治（Metapolitik），也是一种基本的政治（Elementarpolitik）。……利奥塔所设计的哲学的政治正是能够接受多元化的政治。

P369 某些顽固的因循守旧者满足于把利奥塔归入反启蒙运动、反解放和反现代的专栏里，但是，如果他们读一读利奥塔的著作，就会发现他们这样做是一个极大的错误，因为利奥塔在其著作《争论》的末尾所表达的思想恰恰是启蒙运动的今天的、修改为后现代的形式。他的历史构想的榜样是理想的人类……

P371 所以，后现代和康德对正义和政治的看法毕竟有所不同：后现代不把正义和政治看作为促成和谐的形式，而把它们看作为"公正地"和有裨益地跟无法消除的不和谐打交道的方法。这正是利奥塔的构想的核心。

第九章　目前关于理性的争论 P394－412

P394 理性只有一种，从来理性的角度上看，一切都是一码事，这是哲学的一个古老的命题。当然，对这个命题历来都有争论。……但是在现代，在理性的问题上，一元论显然是不可信的。

P410－411 现代主义者和后现代主义者之间的争论是一场关于理性的争论。这场争论目前成为哲学注意的中心。这场争论不能简单地看作为理性之友和理性之敌的争论，而必须理解为理性的不同的构想之间的争论。此外，这场争论也不能简单地理解为理性的多样性理解和理性的统一性理解之间的争论，因为接受多样性是所有必须认真地对待的对手的共同基础——至少后现代主义和以前的严格的现代主义者都承认多样性。

这场争论的焦点在于除了多样性之外理性类型是否还有一个统一的形式，如果有的话，是哪一个统一的形式。

哲学家们清楚地知道，纯粹的多样性这个论点是站不住脚的。

第十章　合理性类型的多样性——理性的统一，传统的模式 P413－440

P415－416　亚里士多德不仅揭示了哲学的中心问题即是的问题的多样性，而且最早明确地认识到合理性类型原则上的多样性。他区分了三种合理性形式：理论理性、实践理性和创造性理性。

而当哲学终于也把具体的人的生活纳入自己的研究对象，即哲学变为实践的哲学的时候，它仍然是理论的哲学，因为它继续以理论理性的传统方式处理实践的问题。

P435　理论的立法和自然即现象世界有关，而实践的立法和自由以及德行的领域有关。康德完全而明确地意识到这两种立法或秩序的异质性。

第十一章　横向理性 P441－477

P443　在今天的条件下，在合理性形式日益增多的这种"后现代"情况下，理性的这种横向的类型学变得十分重要和必不可少。它将证明是后现代的现代的特殊的理性形式。

P462　横向理性和传统上被称之为判断力的东西，尤其是和康德所描述的判断力的反思形式接近。

第十二章　后现代的前景 P478－491

P478　可以期待，"后现代"这个术语的迷惑性已经消除了。这个术语从一开始就被认为是无效的，被证明是意义模糊的，被说明是可以放弃的。

P479　可以说后现代是对现代的一种挑衅，因为借助于后现代人们致力于更加广泛地和更加自觉地理解现代。

──【参考文献】────────────────────

[1] 刘宗坤，姜静楠. 后现代的生存 [M]. 北京：作家出版社，1998.

[2] 欧阳彬，周霞. 日常生活的审美化：社会理论的视角 [J]. 青海师范大学学报，2006（1）.

［3］李荣海. 后现代哲学的所谓"死亡"及其真实命运［J］. 广东社会科学，2006（2）.

［4］石天强. 虚拟与真实：数字技术下的主体分裂［J］. 郑州大学学报，2006（3）.

［5］逄增玉，李跃庭. 理论与实践："日常生活审美化"研究述评［J］. 社会科学战线，2006（4）.

［6］张杰. 追问模式的三种范型与两种主义［J］. 社会科学战线，2006（5）.

［7］梁嘉殷. 后现代机遇与文化创新［J］. 新视野，2006（5）.

［8］张贞. 日常生活审美化：中产阶层大众文化的意识形态表述［J］. 黑龙江社会科学，2006（5）.

［9］李国华. 现代性批判与现代认知结构的嬗变［J］. 理论学刊，2005（4）.

［10］单世联. 全球化时代的文化多样性［J］. 天津社会科学，2005（2）.

［11］杜书瀛. 生活的变异［J］. 社会科学战线，2005（4）.

［12］董立河. 韦尔施的"横向理性"与"历史理性"的重建［J］. 史学史研究，2013（4）.

［13］章辉. 论韦尔施的后现代美学思想［J］. 上海交通大学学报（哲学社会科学版），2008（3）.

［14］潘黎勇，重建美学合法性的一种路径：论韦尔施的"感性学思维"［J］. 社会科学辑刊，2013（2）.

四、《后现代精神》

[美] 大卫·雷·格里芬　编

王成兵　译

中央编译出版社，1997 年

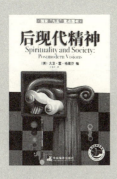

───【作者简介】───────────────

　　大卫·雷·格里芬（1939—　），是科布的高足，是美国加州克来蒙特神学院和克来蒙特研究生院宗教哲学教授，现任后现代世界研究中心主任、过程研究中心执行主任。后现代世界研究中心，是由大卫·雷·格里芬创立的独立的非营利机构，位于美国加利福尼亚州。其宗旨是推动后现代世界观的发展和探索，鼓励从各个方面对后现代世界进行思考，包括后现代艺术、精神、教育以及后现代世界秩序。其主要工作是发起一项合作研究，为后现代世界观提供有力的证据，并描绘出一个现实的后现代秩序的景象。过程研究中心是克来蒙特神学学校和克来蒙特大学中心及研究生院下属的一个研究机构，其创始人为小约翰·B. 科布和大卫·雷·格里芬。该中心鼓励对阿尔弗雷德·诺思·怀特海、查尔斯·哈茨霍恩及相关思想家的过程哲学进行研究和思考，致力于对这一世界观在其他所有领域的思想和实践中的应用和检验。

　　格里芬在俄勒冈州的一个小镇长大，并在那里加入了耶稣教会。后来他进入西北基督教学院学习。格里芬还参加了由蒂利希在加利福尼亚研究生联盟举办的系列神学讲座。在那个时候，他做出了自己的决定，将重点放在哲学神学研究上。同时，格里芬也深受怀特海哲学的影响。1970 年，他在克莱蒙特大学获得博士学位。

格里芬的主要著作有：《过程神学：一个引导性的说明》（1976 年）、《自然之心》（1977 年）、《物理学和时间的终极意义》（1986 年）、《科学的反魅》（1988 年）、《后现代精神》（1988 年）、《后现代世界中的上帝和宗教》（1989 年）、《上帝、权力与罪恶》（1991 年）、《超越解构：建设性后现代哲学的奠基者》（1993 年）、《后现代科学——科学魅力的再现》（1995 年）、《心理学，哲学和灵性：一种后现代的勘探》（1997 年）、《后现代宗教》（2003 年）、《新珍珠港回顾：9 月 11 日在掩盖和揭露》（2008 年）等。

【写作背景】

本书的英文版是在 1988 年由纽约州立大学出版社出版的、由大卫·雷·格里芬主编的"桑尼"丛书的第二卷，另外两卷分别从科学和宗教方面对后现代世界观进行研究。

20 世纪 60 年代，后现代主义在西方发达资本主义国家产生后，迅速在世界各地流行开来。后现代主义把现代性问题作为其批判反思的对象，讨论的话题涉及哲学、文学艺术、历史、政治学、法学、经济学、建筑学以及科学技术等领域。后现代主义在其演进过程中逐渐形成一种泛文化思潮，它在不同领域有不同的表现，在不同文化传统中也有不同的表现。这一思潮流派纷呈、观点相异，是当代思想领域极为复杂的思潮。从哲学角度看，后现代主义从德、法哲学家们所倡导的对现代哲学进行摧毁、否定的解构后现代主义哲学逐渐演进到以美国大卫·雷·格里芬、小约翰·B. 科布等人为代表的建设性后现代主义哲学。建设性后现代主义哲学是在回应解构后现代主义哲学的过程中产生的，它在对现代性进行批判的同时，更注重为现代社会寻找出路，力图以有意义的方式拯救支离破碎的世界秩序，通过有创造性的全新运动，建立一种与现代秩序有天壤之别的后现代世界。后现代精神则是建设性后现代主义的重要表现。从根本上说，后现代精神并没有结束和超越现代精神。但是，它为我们进一步认识人与自然、个人与社会的关系，深入探讨当代人类的困境，拓展了新的视野。

【中心思想】

《后现代精神》所讨论的是后现代世界的性质，本卷作为"桑尼"丛书的第二卷，所关注的是，对于依据这种后现代世界生活的个人和社会来说，后现代世界究竟意味着什么。因而它与分别从科学和宗教方面对后现代世界观的本性进行研究的第一卷和第三卷形成了鲜明的对照。此书是建设性后现代主义的重要著作，全书收录了格里芬、斯普雷特纳克、霍兰德、凯勒、福柯、科布、达利、弗罗伊登博格、费雷九位美国学者从不同的角度探讨后现代世界的论文，包括一篇编者格里芬写的导言。

本书由中文版序言、十章正文组成，约18.8万字。

──【分章导读】────────────────────────

本书中文版序言是由王治河先生撰写的，题为《后现代主义与建设性》，从后现代主义的建设性维度阐释了后现代思潮。王治河认为，在后现代主义思潮中，创造的旋律始终占据着一个十分重要的地位，尽管后现代主义哲学的代表人物福柯、德里达、德勒兹、罗蒂等的创造性与现代人所理解的不同，但从理论到实践的创造性始终是后现代主义的一个极为重要的特征，格里芬甚至将创造性视为人性的一个基本方面。后现代主义建设性向度另一个表征是对多元的思维风格的鼓励，这与他们对"本体论的平等"概念的信仰密不可分。后现代主义建设性向度的第三个表征是对世界的关心爱护。此外，后现代主义的否定、摧毁不同于常识所理解的否定与摧毁，不等同于否定主义、虚无主义与怀疑主义，它对直面人生、反夜郎主义具有肯定意义。这种建设性后现代主义的建设性源于其时代性，其思想家们是时代问题的反思者，与现代主义是一种既爱又恨的关系。尤其重要的是，格里芬建设性后现代主义思想对现代化进程中的中国具有很大启发意义。

1　导言：后现代精神和社会　是由格里芬撰写的一篇文章，分为四个方面的内容：现代精神、现代社会、后现代精神、后现代社会。本文主要关心的是现代社会和精神向后现代社会和精神的转变，格里芬的讨论偏重于二者的相异之处而非一致之处。格里芬认为，主要的相异之处有现代精神开始于一种二元论的、超自然的精神，结束于一种虚假的精神性或反精神；而后现代性则是向一种真正的精神的回归，这种精神吸收了前代精神的某些成分。不过，由于后现代精神并不是向前现代精神的简单回归，它的社会类型必须既有别于前现代社会，也不同于现代社会。尽管这种后现代社会将保留并且发扬现代世界的许多特征，但是，它将改变现代性的个人主义和国家主义，不再让人类隶属于机器，不再让社会的、道德的、审美的、生态的考虑服从于经济利益，它将超越于现代的两种经济制度之上。

关于现代精神的本质，正如格里芬所看到的，现代性的解释者们突出强调了主体性即个人主义的中心地位，这成为现代精神之首。个人主义思想为什么能被早期的现代社会所接受？学者们曾展开过各种解释。对此，格里芬从多个角度深入地展开了新的分析与解说。他认为："无论如何解释，现代性总是意味着对自我的理解由群体主义向个人主义的一个重大转变。"① 现代性没有把社会共同体看成首要的东西，社会只是为达到某种目的而自愿地结合到一起的独立的个人的聚合体。因此，以个人主义为中心的现代精神形成了一个独有的特征就是：把自我利益当作生活中可接受的基础。再者，格里芬认为，现代精神与自然世界是二元论关系。现代性社会中重契约轻习俗、重知觉轻直觉、重客观轻主观、重事实轻价值等都是男性优于女性的表现形式。因而，这种现代性为把妇女排斥于职业之外、种族歧视是合理的提供了理论依据。最后，格里芬认为，现代精神对待时间的未来主义与现代性的个人主义和二元论一样是空前绝后的。现代的进步神话是通过把现代科学和原始的以及中世纪的迷信加以对照的办法来诋毁过去和传统，把现代性说成是启蒙，而把过去说成是"黑暗的时代"。现代未来主义这种刻意追求新颖，割断历史，对历史抱着一种遗忘的、漠不关心的态度是一种极端反传统主义，也是个人主义的另一种表现。

关于现代社会的本质，其特征是二元化、分离、机械化和实利主义。这是从社会的、社会学家的、政治哲学家的、经济和社会历史学家的角度出发所做的探讨，也就是说，在现代社会出现了个人与社会的二元对立，"个人的'社会关系'越来越受制于大型工厂、国民经济、大城市和民族国家等仅涉及人们生活的极抽象部分的大型非人格化群体"②。同时，当代社会出现了分离的特征，随着政教分离、经济与政治的分离，神圣的东西变成了世俗的东西，权力在市场自由主义面前屈膝。随着现代科技的发展，在社会生活各领域日益为技术所控制，日益机械化，经济日益发展，社会、道德也越来越向实利主义发展。这使得现代社会的发展可以不通过暴力革命来实现。

关于后现代精神，其特征是有机主义。与现代精神的个人主义相反，后现代精神强调个人与他人、自然、社会的关系是内在的、本质的、构成性的。后现代精神强调内在关系的实在性、有机主义，导致了"一种具有改革能力的保守主义"，"包含着未来利益的基础"③。由此可见，建设性后现代主义是

---

① 大卫·雷·格里芬. 后现代精神 [M]. 王成兵，译. 北京：中央编译出版社，1997：5.
② 大卫·雷·格里芬. 后现代精神 [M]. 王成兵，译. 北京：中央编译出版社，1997：13.
③ 大卫·雷·格里芬. 后现代精神 [M]. 王成兵，译. 北京：中央编译出版社，1997：24-25.

想重建人与人、人与自然的关系。在人与世界的关系上，建设性后现代主义主张消除现代性所设置的人与世界的对立，主张人类不要再为满足自己的利益而机械地操纵世界，而应像对待自己的至爱之人一样呵护它，成为我们不可侵犯的一部分。在人与人的关系上，建设性后现代主义摒弃了现代激进的个人主义，主张通过倡导主体间性理论来消除人与人之间的对立，将人看作是一种关系的存在，倡导男女平等。

与持二元论的现代精神相反，建设性的后现代精神信奉有机主义。这也是建设性的后现代主义思想家把怀特海的有机哲学作为后现代哲学理论基础的原因所在。所谓信奉有机论，就是要改变现代人的机械论世界观，建立一种与自然融为一体的后现代观。建设性的后现代精神具有一种不同于现代精神的时间观。建设性的后现代精神倡导对过去和未来的关心，充满了对过去、现在和将来的关怀情结。现代精神充满着"享受主义"，人也成了单纯的"经济人"，体现了一种疯狂的占有欲、支配欲。后现代精神认为未来与现在是相互联系在一起的，强调的是一种可持续发展的观点。因而，后现代精神非常推崇生态主义和绿色运动，也正是在这个意义上，格里芬说"后现代思想是彻底的生态学的"。

关于后现代社会。后现代思想家们想要努力克服现代社会的二元对立，欢迎一种宗教多元化的社会，建立一个健全的可以维系的社会，超越目前的资本主义社会与某些形式的资本主义。进而，他们还试图克服致使现代社会机械化的方法，反对以"实利主义信条所驱动的追求无限增长的政策"①。后现代思想家们的理想社会是有机的统一，对近代社会政治理想充分肯定，当然也对现实资本主义社会政治的非理想性展开批判，但对马克思主义、社会主义的批判多于肯定。

2　**后现代的方向**　是由美国学者查伦·斯普雷特纳克撰写的，主要探讨了现代思想的发展过程及其引起的后果，并提出了"绿化"现代社会政治、经济以及生活各个方面需要考虑的问题。斯普雷特纳克以家乡小镇矗立的一座巨大的反映现代价值观的纪念碑为例开篇，指出它是一座以绚丽多彩的壁画大胆展示工业进步、对自然的控制以及作为经济动物的人的时代文物库。这些壁画是联邦公共艺术规划处委托制作的，它们被装饰在考特塔的基座的内壁上，由 26 位艺术家描绘的人们所期待的现代生活图景。然而，现在人们

---

① 大卫·雷·格里芬. 后现代精神［M］. 王成兵，译. 北京：中央编译出版社，1997：31.

日益清楚地看到，现代性并没有能够从许多深层意义上实现它的创造"更美好生活"的诺言。

对此，20世纪80年代的知识分子和政治活动家开始探究造成这种状况的原因，到底是什么使现代生活中的人类承受着由于永久的同一性的危机而带来的折磨。斯普雷特纳克考察了社会学家和考古学家的分析，认为在前现代时期，宗教对人们的信仰、生活意义与秩序的维系发挥着重要作用。但从16世纪开始，我们受到了关于确定性的虚假承诺，完全陶醉在现代科学的神奇魅力之中，认为现代科学几乎可以代替一切已经消亡的东西。再有，现代民族国家的产生，肆意掠夺式的工业革命的出现，以及全球范围内的现代战争带来的恐怖，都是造成"现代状态"的重要原因。我们失去了在一个完整的世界中所有的那种安全感和在宇宙中的自我方位感，然而，从前现代的启蒙运动中我们却获得了维护人类尊严和权利的观念。现在，我们已经失去了不受核灾难威胁的未来，并且正在失去生物圈的生态支持系统。由于对现代合理性的执迷不悟，我们正在做着将导致人类自我毁灭的非常荒谬的蠢事。

如何才能消除对现代意识的焦虑和引起这些焦虑的恼人的现实状况呢？斯普雷特纳克认为，后现代的拯救努力的第一阶段的重心应该放在以下两个方面：恢复意义和在社区中规定人们的权利。在任何社区中，教会都可以在这两个方面起带头作用，只有它能勇敢地迎接挑战，恢复人在宇宙中的根基和在当代生活中的意义。斯普雷特纳克还提出生态政治、绿色政治的现实办法，并详细阐述了美国最大的绿色政治组织——通讯委员会提出的十种关键价值，即生态智慧、基层民主、个人责任和社会责任、权力分散化、社区性经济、后家长制价值观、尊重多元性、全球性责任、未来焦点。

3　后现代精神和社会观　是由美国学者霍兰德撰写的，分为三个方面的内容：现代进步的危机、后现代精神、后现代社会观。第一方面的内容，讨论了现代文化的危机，其中包括核象征与女性象征的冲突，以及它们在现代意识形态危机中的地位。对于"现代进步的危机"，霍兰德认为，以美国为代表的第一世界的首要社会问题是文化危机，以苏联为代表的第二世界的首要问题是政治危机，而那些正处于工业革命中的亚洲、非洲地区，即第三世界的突出社会问题是经济危机。其中，第一世界的文化危机居于根本的主导地位，是根本性的，现代进步的文化危机对第二、第三世界的经济和政治发展具有深远的意义。对于"现代世界的终结及核象征"，霍兰德提出，20世纪末应定位为现代世界的历史终结。从16世纪到18世纪的现代工程所展示出的最终目的，是将人类从自然和宗教的束缚下解放出来，它最终追求的是建立一个完全自动化的科学世界。然而，现代性却以对人类造成毁灭性威胁的结局而告终，今天，我们不仅面临着生态遭受到缓慢毒害的威胁，而且还面临着突然爆发核灾难的威胁。与此同时，人类进行剥削、压迫和异化的巨大能量正如洪水猛兽一样在三个"世界"中到处肆虐横行。对于"精神的危机和女性象征"，霍兰德提出，现代文明向大众社会的转变，以及它对生态的破坏都同精神与妇女象征的脱离有着密切的关系。正因为如此，对现代文化的变革来说，在文化上恢复作为宗教神秘性之核心的女性象征是至关重要的。然而，即使这是古典精神的理想，它从来也没有完全得到实现。古典精神对超俗境界的追求如今正逐渐转向对生态的现代破坏。对于"信念及现代意识形态"，霍兰德提出，晚期现代世界的两种实利主义意识形态——工业资本主义和工业社会主义"都贬抑物质"，"都未能尊重物质的精神核心"①。无论是左派还是宣称反现代的右派，都以不同的方式承担着现代性的重负。事实上，它们是现代性的独立的两翼，两者都使技术力量的破坏性达到了登峰造极的地步。因而，我们应当向一种整体的后现代社会和精神世界观迈进，包括对同社会公正观密切相连的精神生活的返魅。

　　第二方面的内容，探讨了这一危机的创造性方面，即它孕育了后现代精神。霍兰德提出了后现代精神的四个原则：精神能量的首要性，即上帝的在场，他随时向人类显现其创造性的力量；具体化的精神，即我们从自己的躯体中认识上帝创造性的存在，具体表现就是恢复男性与女性的协作融合；作为精神外化的自然要求我们保持一种生态精神，并将其贯彻到社会领域；作为自然精神的人类扩展的社会。精神能量的首要性是第一原则，所有的社会能量即经济的、政治的和文化的能量都是以精神性为基础的。它和社会组织形式构成了一个独立整体，是使一个社会合法化或变革一个社会的最深刻根源。后现代精神可以看成是一种具体化的精神，它同非具体化的古典超绝理想形成了鲜明的对照。作为一种治疗性措施，后现代关于精神能量外化的观点承认并赞美它与自然的其他所有部分的一体性，并使自己对有根基的历史能量保持开放。我们必须时刻记住，我们乃是扎根于自然之中，人类永远不可能脱离自然；我们同时也扎根于社会的历史和制度之中，我们的个人特征永远也不可能同它们相分离。而自然和社会又深刻地扎根于那位伟大的创造

---

① 大卫·雷·格里芬. 后现代精神 [M]. 王成兵，译. 北京：中央编译出版社，1997：69.

者。我们必须不仅要以被创造者的身份与上帝相遇，而且要以共同创造者的身份同他相遇，因为我们与生态的、人类的和神的生命进行着创造性的交流。

第三方面的内容，简要地勾勒了一种后现代的世界观，它包括经济领域适当的技术和社区合作社；政治领域的社区和网络化；文化领域则是脱离机械主义观点回到有机协调的生态学的观点，即所谓的"根基隐语"。霍兰德提出，后现代社会的主导政治原则就是保卫和重建有根基的社区，并在这样的社区之间建立密切联系的大型国际网络。尽管机械主义观点仍然具有某些价值，但是，作为一种占支配地位的文明观点，它已走到尽头。它的巨大能量已经耗竭了。未来的文明的文化框架将拥有另一种观点。

4 走向后父权制的后现代精神　是由美国学者凯勒撰写的，分为四个方面的内容：女巫记号与现代世界，重造不可穿透的自我，宇宙、神、精神，天启式的尾曲，从女权主义的角度探讨了后现代世界的探索与追求后父权制的妇女运动的关系。

第一方面的内容，分析了现代思想和它所影响并塑造的社会如何改变了关于妇女的社会想象及其社会地位。在父权秩序下，女性被"自然"化了，而自然也被"女性"化了，二者都作为客体成为父权统治的对象。父权制社会对女性的统治与对自然的统治之间有某种必然的联系。父权制的理性主义传统有着强烈的二元论的区分，诸如理性与感性、人与自然、男人与女人，这种两极化的倾向是通过否定人与自然的联系来达到的。而且在二元对立中，被统治的一方往往成为统治者的工具和手段。因此，在父权社会中，自然和女性都成为男性的工具和手段。现代科学的胜利，即使它最终有助于结束早期现代性对女巫的迫害，也仅仅完成了对女性智慧中这种反文化的消除。人们通常认为，科学的现代性维护了女性的尊严，并使得我们逐步从"过去"的束缚和迷信中摆脱出来。事实并非如此。16 世纪末期和 17 世纪早期在妇女的社会和经济权利方面未取得任何进步。

第二方面的内容，说明了现代范式如何塑造男人与女人并分析了男性与女性的不同本质。女性是与自然紧密相连的关系存在物，而男性则是与现代机械观相联系的孤立自足的存在物。现代家庭的历史不仅影响了性别关系社会学，而且影响了人们的自我意识，由此形成了两性间的自我认同差异。女性自我不再像男性自我那样要求摆脱顺从，妇女对联系和关系的关注，表现为她们被紧紧限制在由她们的生育抚养能力所规定的狭窄的关系领域中。女性对关系的体验是以丧失自我为代价的。但是，透过压制女性自我力量的重重屏障，我们还是能从妇女的联系性当中看到一丝希望的曙光。凯勒认为，要想摆脱二元论、机械论和现代的等级制度，必须有女权主义的以及我们同女权主义之间的更积极的合作。

第三方面的内容，通过对女权主义问题的分析，探讨了后现代精神的重要观念即有机联系的观念。凯勒认为，"联系（关系）的观念并不是女性或女权主义者们的先入之见，它乃是对宇宙本质的最好的隐喻"①；认识到宇宙是一个错综复杂地交织在一起的关系之网之后，我们就应该看到妇女运动中的精神乃是一股促成世界转变的巨大力量；恢复妇女的本质精神就是还原宇宙精神的本质，使世界从孤立的、理性化的男性精神统治中恢复到互相联系互相渗透的本真。

最后，凯勒畅想，如果说现代技术侵略的目的完全是为了求得生存，那么，我们将会发现，后现代的相互依赖和富裕将来自密切交流。在心里、社会及宇宙领域，女性符号代表着一扇通向光明的大门。这扇门已遥遥在望，并由日益紧迫的全球妇女状况和由妇女与妇女、妇女与男人结合成的关系统一体打开。这种关系统一体中的无限的政治、社会和精神能量绝不能被新的迫害女巫运动所驱散。

5 追求后现代 是由美国学者福柯撰写的，分为九个方面的内容：现代概念和后现代概念、两个文本、反对虚假的后现代主义、又一次轴心剧变、走向后现代伦理学、走向后现代政治、现代主义的一些成就、后现代主义探索、结论。第一方面，福柯再次解释了"重构"的后现代主义，即通常所说的建设性的后现代主义。它不是抛弃现代性积极的一面而是取消其消极的一面，重新发现能够给人类存在赋予意义的合理性精神基础，即恢复统一性，取消集权性和等级性。为说明这种取向，福柯在第二方面的内容中列举了《乌托邦之路》和《人的变迁》中的两段文本，来加以佐证。第三方面，福柯提出了反对虚假的后现代主义，即那些仅停留在口头上而不付诸实践的，以商业为目的的，片面强调整体性忽视多样性的以及西方中心主义的后现代主义。福柯肯定了现代性的一些成就，如作为政治忠诚之核心的国家，作为鼓动性意识形态的国家主义，作为资源配置基础手段的市场等。同时提出，我们必须提防陷入几种虚假的希望陷阱，如蒙混过关的乌托邦主义、技术装置的乌托邦主义、原教旨主义等，并指出了虚假后现代主义五个方面的表现。

---

① 大卫·雷·格里芬. 后现代精神［M］. 王成兵，译. 北京：中央编译出版社，1997：114.

第四方面，福柯把从现代向后现代的转变看成又一次轴心剧变，并且尝试说明了这次轴心剧变的一些表现："自发地反对暴力、官僚体制、中心化技术、等级制、父权制、反对模式生态。"① 第五方面，福柯提出构造后现代伦理的几个特点：反对不可容忍的事情，拒绝说谎或对他人不信任，把个人关系看作一个良好社会的雏形，未来即是现在，良心的首要性，未来之旅，相应女性秩序的召唤，培养公民流浪者理想，没有救世主等。第六方面，福柯对如何构造后现代的政治提出了自己的一些看法，即把前现代主义、现代主义和后现代主义的社会政治相互联系起来、相互渗透。第七方面，福柯总结了现代主义的九点成就：中国对人口的控制，实现了人口与资源的平衡；印度与孟加拉国实现了基本食品的自给自足；苏联希望削减核武器；希腊、新西兰、菲律宾对核大国特权的挑战，限制核力量之渗透；阿根廷等国家完成了向宪制国家的平稳过渡；玻利维亚等国显示出克服通货膨胀的能力；一些政府不再依靠毒品来赚取外汇；联合国及其专门机构获得了全球性的参与；在贸易、控制污染、反恐等领域，政府间建立起了合作。第八方面，他对后现代政治提出了六点看法：新社会运动、民众主权蒸蒸日上、世俗的至上性受到挑战、重申法律、跨国救济、跨国信息。最后一方面，福柯总结说，后现代精神依赖人类的首创精神，要想走向后现代，我们就必须去发现和培养现实地存在于或潜在于前现代、现代和后现代王国中的实践和意识。

6 后现代社会政策 是由美国学者科布撰写的，从个人与社会关系角度论述了后现代的社会政策。科布认为，社会政策是社会理论的反映，近现代社会理论的焦点是个人与国家的关系。现时代是国家主义的时代，"国家主义具有两大特征：首先是它从政治组织的等级制中选择了某一特定等级，赋予它全部政治权利。其次，它力图让所有社会成员都服从并效忠于国家"② 。值得注意的是，个人的社会本质并不意味着国家就是唯一的社会，或者是主要的社会。因此，我们所需要的新经济政策应是共同体经济学。经济政策方面的这一变化将会涉及政治政策的变化。目前，转向全球经济的变动产生了巨大力量，它远远超出国家所能控制的范围。最后，后现代社会理论将表明，对于由个人参与组成的无数社会类型进行全球性协调是至关重要的，后现代社会应该是社区主义的，而非国家主义的。

---

① 大卫·雷·格里芬. 后现代精神 [M]. 王成兵，译. 北京：中央编译出版社，1997：136.
② 大卫·雷·格里芬. 后现代精神 [M]. 王成兵，译. 北京：中央编译出版社，1997：152.

7 稳态经济：治疗增长癖的后现代良方 是由美国学者达利撰写的，批判了现代的经济增长模式，指出后现代的经济应该是以环境为考量的稳态经济，而不是以增长为信条的经济。所谓稳态经济就是一种使人口和人工产品的总量保持恒定的经济。而目前，无论是社会主义国家还是资本主义国家，其主要目标都是要促进经济的增长，认为经济的增长可以治愈贫穷、失业、债务、通货膨胀、赤字、匮乏、人口爆炸、犯罪、离婚和吸毒等。简言之，经济增长既是灵丹妙药，又是至高至善，这就是增长癖。更严重的是，现代社会还患有过度增长癖、晚期过度增长癖。而后现代社会坚持这样两个信念："增长型经济是没有出路的""稳态经济是一个可取的方案"①。

8 后现代世界中的农业 是由美国学者弗罗伊登博格撰写的。首先作者指出了现代农业中存在的问题很严重，已从经济蔓延到政治、军事与文化领域，已陷入了全球紊乱状态。对此，弗罗伊登博格提出了自力更生的再生性农业概念来加以治理，即"再生性农业出于对社会和未来利益的考虑，力图寻找一条可以把生物的再生机制建立在可持续的基础之上的道路"②。最后，弗罗伊登博格指出一个农业系统要想成为后现代的，必须按照再生有机统一的三条原则运作，还指出了再生性农业概念各国有机统一、生态协作的八项具体内容。

9 走向后现代科学与技术 是由美国学者费雷撰写的，分为三部分：由前现代技术世界到现代技术世界，从现代技术世界迈向后现代技术世界，后现代性的悖论，指出后现代的科学技术应当走向有机主义而非机械主义，它应该为世界的有机统一和谐运转而服务。

10 和平与后现代范式 是由美国学者格里芬撰写的，分为四部分：力量的本质、自然的本质、人性的本质和关系的本质，讨论了现代世界观的错误认识，以及后现代世界观如何纠正这些错误认识，让人类过上幸福美好的生活。

现代思想的根本失误，在于它对于我们来说在很大程度上是一种"宗教性的"存在物这一点估计不足。后现代意识的一个重要方面是重新发现了如下事实：我们的宇宙观、世界观必然决定着我们的伦理观和生活方式。现代范式的第一个灾难性的特征，是它使得强制性的力量成了一切变化的基础。

---

① 大卫·雷·格里芬 [M]. 后现代精神. 王成兵，译. 北京：中央编译出版社，1997：183.
② 大卫·雷·格里芬 [M]. 后现代精神. 王成兵，译. 北京：中央编译出版社，1997：1190.

从有神论阶段全知全能的上帝到无神论阶段科技理性取得至高无上的地位，因而，现代范式使强制性的力量成为一切变化的基础。

对世界和平带来消极影响的现代范式的第二个特征是它的唯物主义自然观。由此，产生了人类中心主义的伦理学，工具理性带来的掠夺性的伦理学导致对自然、对他者尤其是"未开化者"和妇女当客体对待的倾向。在科学的名义下，用理性的方式来解剖自然就成为人们的思维定式。根据热力学第一定律即能量守恒定律，物质既不能够被创造，也不能被消灭，它只能被重新安排。在这一原则的指引下，人对自然的无节制的索取和对财富的无限制的追求，都被看成是合理而无害的，是人类进步的标志。人们越来越不是通过与自然的律动保持和谐的方式，而是通过对自然的控制和支配来寻找这种意义。

现代范式对世界和平产生消极影响的第三个特征是它的片面人性观。人这种经济动物更坚定地将改造自然的活动进行到底，世界也被推上了一条自我毁灭的道路。这就要求"世界的反魅"，后现代范式有助于这一理想的实现；现代范式片面的人性观也使得人的创造性本质被忽视。这种人性观造成小到忽视工人参与企业的能力，大到国际关系，大国忽视弱小国家独立处理本国事务的愿望，伤害别国的自尊心。

现代范式对世界和平带来各种消极后果的第四个特征是它的非生态论的存在观。后现代思想是彻底生态主义的，它为生态学运动所倡导的持久的见识提供了哲学和意识形态方面的根据。

【意义与影响】

此书对后现代的建设性诠释引起了学术界广泛的反响，它宣称自己与解构性的后现代不同，是一种建设性的后现代。后现代哲学是对现代哲学的批判与超越，解构性后现代侧重的是反思与批判精神，建设性后现代侧重的是继承与超越精神。格里芬主编的《后现代精神》一书带给我们的重要启示是，它以一种积极的建构性的态度与精神思考现代性的危机，在现代性充分展开的地基上不断清理前行，以走向后现代，完成精神上的超越。

此书所宣扬的后现代精神，批判继承了解构性后现代的合理内核而建立起来，进而主张整体有机论。解构性后现代的特征在于其激进的否定性及彻底的反传统精神，传递着一种否定、虚无与消极的情绪，而建设性后现代精神则着眼于积极重建人与自然、人与社会、人与人的关系，具有乐观进步主义的色彩。从表面看来，二者似乎水火不容、互相矛盾，实际上却是一体两面的问题。都是对现代机械还原论世界观的批判。

为重构和谐的世界整体各要素之间的关系，克服现代机械论的缺陷，格里芬把整体有机论作为其理论的核心与方法，以延续现代性的发展观。他倡导人与自然为一体的有机论，强调个人与他人、个人与社会的关系是内在的、本质的、构成性的，要恢复生活的意义并回到团体中去，并倡导对过去和未来的关心。对此，有论者评价说："面对现代世界所产生的一系列严重危及人类生存的问题，美国著名哲学家大卫·雷·格里芬教授认为，现代世界机械论的、还原方法的世界观是产生这些问题的根源。由此他提出了建设性后现代思想，即用整体有机论的世界观看待和解决人类的问题，设想构建更加和谐、更加合理的社会秩序。"① 还有论者评价说："格里芬在对现代科学观重新思考的基础上，提出了其后现代科学观，即后现代整体有机论，使人们对人与自然、人与世界以及现代世界关系重建的探讨获得新的启迪与思路。"② 在此整体有机论的建设性后现代精神指引下，又引出了对传统问题的批判继承态度。这种辩证精神无疑对当下的文化发展具有建设性作用与启示。

虽然从社会政治哲学的角度来说，格里芬所持政治价值观在本质上是自由主义的，但其建设性的后现代精神对人与自然关系的和谐发展、对社会政治的稳定发展，乃至中国特色现代化发展，都是有借鉴意义的，故而才引起了我国学术界广泛的关注与影响。从处理人与自然关系的角度来看，格里芬屏弃现代机械征服自然观与狭隘人类中心主义，主张敬畏自然、与自然有机和谐统一，以达成人与自然的新和解。这无疑对当今的生态文明建设具有启发意义。从处理人与人、人与社会关系的角度看，格里芬在现代西方政治哲学理论的基础上继续前行，揭示了当代西方社会政治发展中的问题，试图通过进一步改良西方民主政治，建立一种新的人权观。对此，有论者评价说："格里芬的后现代人权观是一种整合了个人与集体、权利与责任，假定了西方价值与东方价值的统一，并强调生存权和生活权的人权观。从总体上看，这种人权是对现代人权观的反思、批判和超越，具有丰富的内涵和积极的意义，但也存在着某些问题。"③ 格里芬在此书中也关注

① 崔俊睿. 格里芬建设性后现代思想及启示 [J]. 中共山西省直机关党校学报，2009 (1).
② 许先国. 格里芬的后现代科学观及启示 [J]. 求索，2007 (5).
③ 曲跃厚. 评格里芬的后现代人权观 [J]. 理论与现代化，2001 (2).

了中国的现代化发展，希望中国能走出一条超越现代性陷阱的和谐的后现代发展道路。

───【原著摘录】────────────────────────

1　导言：后现代精神和社会 P1－46

P1　本书是"桑尼"丛书的第二卷，它所讨论的是后现代世界的本性。

P2－3　由于具有这种自主性因素，个人就不仅是由社会决定的，他也可以反过来决定社会。在对这种双重身份（即个人是由他们的社会关系内在地构成的，但又不全然是由社会关系所决定的）的陈述过程中，我已经从后现代观点出发，屏弃了现代观点。

P4　几乎所有现代性的解释者都强调个人主义的中心地位。……笛卡儿对实体（人的灵魂是实体的一个首要样态）所做的定义最简洁地表达了这种个人主义思想。按照他的定义，实体乃是无须凭借任何事物只需凭借自身就成为自己的东西。

P8　从超自然主义的二元论到无神论的唯物主义的转变导致了可分别称作虚无主义、相对主义、工具理性和选择主义（decisionism）等观点的出现。

P12－13　从社会学观点看，个人主义主要涉及的是集中化（centralization）过程中对小型的、亲密的、有机的社区和机构的破坏。从经济方面看，集中化就是工业化（有时是资本主义的，有时是社会主义的）；从社会学角度看，集中化就是城市化；从政治学角度看，集中化反映在国家主义之中。……也许二分化是一个比个人主义和集中化更好的词。

P14　另一个用来描述现代化的具体包容性的词汇是分离（differentiation）。……现代分离的特征之一就是世俗化。这种世俗化是一种生活的各个方面，如政治、艺术、哲学、教育等挣脱教会控制的过程。

P15　分离过程的第二个方面是经济领域同政治领域的分离。这种分离对于现代性来说至关重要，因为它对于作为政治哲学的自由主义和作为经济哲学的资本主义的形成是非常关键的，而自由主义和资本主义两者在许多解释者看来乃是现代性最核心的东西。

P17　如果我们把这种二分化与工业化、都市化、技术化、官僚化、科学主义、工具理性、世俗化、平等主义以及唯物主义一起作为现代社会的标志，那么，可以看到，工业社会主义比自由工业资本主义具有更充分的现代性。

P19　这种实利主义观点的第三个特征是它坚持这样一种信条……这种实利主义的信条是，"无限丰富的物质商品可以解决所有的人类问题"。这种信条与人是经济动物这种大众观点一起使我们作了这样的设想：物质财富与社会的普遍健康和福利之间的确存在着统一性。用最粗浅的话说，国民总产值（国民生产总值）成了衡量一个社会运行状况的标志。

P20-21　现代观点认为经济制度或具有假定自主性的技术等社会实践和物质因素具有首要地位，它除了诉诸暴力革命之外，不提供克服现代性之破坏性的任何希望。暴力革命之初本是试图跃出现代性的破坏性轨道，但事实上它恐怕是我们这个世界上比现代性还具有更大更迅速的破坏性的东西。与此相反，后现代的观点提供了更具希望的见解，即通过建立一种新的世界观以及与此相应的精神，通过产生新的利益、价值、方法和实践，我们可以从根本上改变世界的进程而无须求助于灾难性的革命。

P33　资本主义世界在实践中并没有成为全球自由的捍卫者，相反，却因为少数人的不受限制的经济自由损害了大多数人的经济和政治自由。……总之，虽然资本主义民主中实现的自由是实实在在的，但是，这些自由并不具有公认的理想性，这在很大程度上是因为首要的自由乃是富人保护和积累财富的自由。

P34　迈向一个后现代世界而不是试图回归到前现代的生活方式以逃避现代性带来的恐惧的观念，意味着要吸收现代性的优点并克服它的缺点。这些优点中包括共有、自由和平等的理想。

2　后现代的方向 P47-58

P52　现代民族国家的产生，肆意掠夺式的工业革命的出现，以及全球范围内的现代战争带来的恐怖，都是造成"现代状态"的重要原因。我们失去了在一个完整的世界中所有的那种安全感和在宇宙中的自我方位感，然而，从前现代的启蒙运动中我们却获得了维护人类尊严和权利的观念。现在，我们已经失去了不受核灾难威胁的未来，并且正在失去生物圈的生态支持系统。由于对现代合理性的执迷不悟，我们正在做着将导致人类自我毁灭的非常荒谬的蠢事。

后现代的拯救努力的第一阶段——这也许是一个很长的阶段——的重心应当放在以下两个方面，即恢复意义和在社区中规定人们的权利。在任何社区中，教会都可以在这两个方面起带头作用，只有它能勇敢地迎接挑战，恢复人在宇宙中的根基和在当代生活中的意义。

3 后现代精神和社会观 P59－93

P61 文化的核心是它的精神，从本质上讲，每一种文化都是关于现实的精神（或假精神）观。因此，似乎可以说，如果工业资本主义最深层的危机是文化危机的话，那么我们必然会在其核心之处发现一种精神危机。

P62 第一世界的文化问题是最根本的，因为第一世界在现代化向全球的扩张中处于一种特殊的地位。现代进步的文化危机对第二和第三世界的经济和政治发展具有深远的意义。在许多方面，第二和第三世界国家都完全不加批判地接受了占统治地位的西方技术进步模式。

P63 我提议把20世纪末定位为现代世界的历史终结。这意味着我们正处在所谓的现代文明这一巨大文化工程的终结点上。而现代文明主要集中在西方北大西洋国家中，而在20世纪，它尤其以美国为中心。

这一现代工程以16世纪到18世纪新教改革和理性主义启蒙运动为其文化形式；以18世纪后期美国和法国的自由革命以及这些革命在其他国家的传播为其政治形式；以18世界的工业革命和19世纪兴起的工业资本主义，以及20世纪兴起的工业社会主义为其经济形式。

P64 在接近20世纪末期的时候，我们以一种破坏性方式达到了现代想象（modern imagination）的极限。现代性以试图解放人类的美好愿望开始，却以对人类造成毁灭性威胁的结局而告终。今天，我们不仅面临着生态遭受到缓慢毒害的威胁，而且还面临着突然爆发核灾难的威胁。与此同时，人类进行剥削、压迫和异化的巨大能量正如洪水猛兽一样在三个"世界"中到处肆虐横行。

P86 启蒙时代的科学观主张对自然进行蹂躏和折磨。资本主义和社会主义都按照这种观点建立了与自然的敌对关系。在这一过程中，这两种形式的工业化都对我们的自然生态构成了威胁，使人类活动疏远了它的自然、社会和宗教根基。

P88 后现代社会的主导政治原则就是保卫和重建有根基的社区，并在这样的社区之间建立起密切联系的大型国际网络。

4 走向后父权制的后现代精神 P94－123

P103 人们通常认为，科学的现代性（scientific modernity）维护了女性的尊严，并使得我们逐步地从"过去"的束缚和迷信中摆脱出来。事实并非如此。

P110 "女性的自我意识是与世界血脉相连的，而男性的自我意识却是孤立于万物的。"不难发现，男性所具有的这种自我意识同牛顿的原子有着惊人的相似之处！……男人越是充分地体现出这种孤立性，他就越能有效地顺应现代父权制的机器经济（machine-economy）。与有机体不同，机器的组成部分从本质上说是彼此独立的，它们之间的联系仅仅是外在的。它们不能积极有效地参与其他部分的本质。由于它们彼此之间缺乏内在的联系，各自只是按照职能的不同保持着僵硬的联系。

P112 假如有什么东西可以用来替代将我们同他人、同我们的肉体、同我们的星球割裂开来的二元论的话，它难道不正是一种类似这种关系性自我（但必须适合于男女两性）的东西吗？它难道不正是我们必须从牛顿的原子观念统治下拯救出来的渗透性意识吗？……自我之间的内在联系同妇女们所具有的同肉体和地球之间的亲密联系感本质上是相通的。由于妇女已经被赋予一种把我们自己看作具有流动性的边界而非不可穿透的墙壁的关系性存在物的意识，妇女就——无论我们的人格一直如何被贬抑、如何发育不全和自我轻贱——拥有通向后现代人格这扇大门的钥匙！

P113 女权主义是以由现代性新近培养出来的许多价值为自己基础的。以启蒙运动对解放的笃信为例，正是这种思想在平等问题上为自由女权主义者提供了理论依据，尽管这种解放思想是在经历过漫长持久的延迟之后才逐渐地应用到女性身上。

5 追求后现代 P124－150

P125 本套丛书中的这种后现代精神是重构主义的（reconstructionist）、乐观的、合乎规范的。它不是要抛弃现代主义的积极的一面，而是试图取代其消极的一面。

P127－128 后现代精神的曙光将从一条完全不同的地平线升起：精神能量弥漫于作为一个整体的神圣宇宙之中，与此相联系，政治生活将女性主义化，它将从互相关系之中而非从统治和破坏的能力之中，从尘世的能量中而非从天国的能量中汲取力量。总之，要想设计一个具有理想的世界秩序的未来，就必须使新的统一体不再具有集权性和等级性。

P137 规范性观点和个人的特性共同构成了在世界上的行为基础。后现代的同一性（identity）是由与他人的深切统一感（E. 艾里克森把它称为类的同一性）以及与自然的深切统一感（一种共同演化的关系）组合而成的。它同时也是由自由感和对自己行为的责任感组成的，它拒绝无条件地接受任何外在的权威作为真理之源。这些公认的价值取向为后现代伦理学奠定了基础。

P141 我们必须探索：如何在减弱旧的、已被部分地取代的，但目前仍然处于支配地位的政治秩序的破坏性特征的同时，培养新的政治秩序。必须放弃两极分化的选择，即要么把旧的政治秩序当作颓废过时的东西加以抛弃，要么把新的政治秩序当成虚幻的不切实际的东西加以蔑视。暗藏在目前现实主义者和乌托邦主义者之间持续不休的争论背后的就是一种非此即彼的选择。

P147 要求建立全球统一秩序的呼声说明社会与社会之间的联系远比一个国家或社会内部的联系重要。

6 后现代社会政策 P151－160

P157 我们所需要的新经济政策应是共同体经济学。它所考虑的问题是，如何组织好经济，以便加强人类与土地之间、工人之间、邻里之间的联系。我们将寻求发展土地可承受并使所有有关方面都能最大限度地参加的生物区经济，以取代最初的全球经济模式。经济政策方面的这一变化将会涉及政治政策的变化。目前，转向全球经济的变动产生了巨大力量，它远远超出了国家所能控制的范围。

P159 最后，后现代社会理论将表明，对于由个人参与组成的无数社会类型进行全球性协调是至关重要的。

7 稳态经济：治疗增长癖的后现代良方 P161－185

P163 所谓稳态经济就是一种使人口和人工产品的总量保持恒定的经济。这两个总数（即人口和人工产品）是恒定的，但不是静止的，因为人会死亡，而人工产品会折旧，因而必须以生育来抗衡死亡，以生产来补偿折旧。

P165 目前，无论是社会主义国家还是资本主义国家，当然也包括第三世界国家，其主要目标都是要促进经济的增长。……他们以为，经济的增长可以治愈贫穷、失业、债务、通货膨胀、赤字、污染、匮乏、人口爆炸、犯罪、离婚和吸毒。简言之，经济增长既是灵丹妙药，又是至高至善，这就是增长癖。

8 后现代世界中的农业 P186－198

P191 一个农业系统要想成为后现代的，必须按照以下三条原则运作：（1）对可再生性能源的使用必须以既定的生物区域的再生能力为度。（2）所有重要的不可再生的东西都必须重新利用。（3）生物圈内所产生的废物量必须限制在生物区域的消解能力范围之内。

9 走向后现代科学与技术 P199－212

P205 问题的关键并不是去拒斥理论性智慧本身。只要不发生由自然界或技术造成的有可能把整个世界抛入野蛮状态或更糟境地全局性灾变，我们就应该做更多的努力来保持理论对实践的引导地位。

P206 在这种生态学中，包含着全新的科学思维方式的种子正在萌发，它把复杂性作为它的领域，把综合性当作它的认识目标，尽管它同样需要精确性，并且需要以现代的分析方法作为自己的工具。生态学的本性和它的任务要求它必须始终重视巨大而复杂的生态系统、相互作用的有机体及其无机环境，它的基本目的就是要理解整个生命系统。

10 和平与后现代范式 P213－230

P213－214 现代思想的根本失误在于它对我们在很大程度上是一种"宗教性的"存在物这一点估计不足。我的意思是说，我们总是在寻求生活的意义（无论我们自己是否意识到这一点），而且总是力图通过与我们所理解的世界的终极性本质保持一致来寻找这种意义。

后现代意识的一个重要方面是重新发现了如下事实：我们的宇宙观、世界观必然决定着我们的伦理观和生活方式。

P227 后现代思想是彻底的生态主义的，它为生态学运动所倡导的持久的见识提供了哲学和意识形态方面的根据。

───【参考文献】────────────────

[1] 格里芬. 后现代科学：科学魅力的再现 [M]. 马季方，译. 北京：中央编译出版社，1995.

[2] 格里芬. 超越解构：建设性后现代主义的奠基者 [M]. 鲍世斌，等译. 北京：中央编译出版社，2002.

[3] 吴伟赋. 论第三种形而上学：建设性后现代主义哲学研究 [M]. 上海：学林出版社，2002.

[4] 徐飞. 马克思主义哲学与后现代主义的比较 [M]. 北京：知识产权出版社，2006.

[5] 王治河. 论后现代主义的三种形态 [J]. 国外社会科学，1995 (1).

[6] 庄礼伟. 后现代主义对国际关系研究的启示 [J]. 世界经济与政治，2005 (7).

[7] 崔俊睿. 格里芬建设性后现代思想及启示 [J]. 中共山西省直机关党

校学报，2009（1）.

　　［8］肖显静. 大卫·格里芬的后现代科学成立吗［J］. 河北师范大学学报，2003（2）.

　　［9］张萍. 大卫·雷·格里芬的建设性后现代主义思想研究［J］. 吉林师范大学学报，2004（5）.

　　［10］黄瑞雄. 大卫·格里芬对科学与人文的整合［J］. 科学技术与辩证法，2000（3）.

　　［11］李东. 精神超越：走向后现代之路：读《后现代精神》［J］. 科学技术与辩证法，1997（3）.

　　［12］许先国. 格里芬的后现代科学观及启示［J］. 求索，2007（5）.

　　［13］曲跃厚. 评格里芬的后现代人权观［J］. 理论与现代化，2001（2）.

五、《后现代主义文化——当代理论导引》

[英]史蒂文·康纳　著

严忠志　译

商务印书馆，2002 年

───【作者简介】───────────────────────

史蒂文·康纳（1955—　），曾任英国伦敦大学伯克贝克学院英语与人文科学教授，2012 年后任剑桥大学教授，主要从事现代文学和理论的教学与研究。他出生在萨塞克斯的博格诺里吉斯，1966 年至 1972 年在基督医院学校学习。1973 年，他到牛津大学沃德姆学院读英语专业，伊格尔顿是他的导师。在以优秀的成绩获取学士学位后，开始努力获取哲学博士学位。1980 年博士毕业后，他在伯克贝克学院任教。

康纳的主要著作有《查尔斯·狄更斯》（1985 年）、《塞缪尔·贝克特》（1988 年）、《后现代主义文化——当代理论导引》（1989 年）、《理论与文化价值》（1992 年）、《英文小说的历史》（1995 年）、《詹姆斯·乔伊斯》（1996 年）、《目瞪口呆：文化历史的腹语术》（2000 年）、《图书的皮肤》（2004 年）、《飞》（2006 年）、《空气的物质：永恒的科学与艺术》（2010 年）、《一种哲学运动》（2011 年）等。

───【写作背景】───────────────────────

20 世纪 80 年代以来，在建筑、艺术、文学、电影和通俗文化领域中的后现代感性表现形式进一步促发了人们对后现代理论的思考。一些学者从社会学角度思考后现代现象，而康纳则是从更广泛的视角，即从文化的视角全方位地考察后现代现象。他在尼采、德里达、福柯、利奥塔、詹姆森和鲍德里亚等的后现代理论基础上，较全面吸取了当代艺术理论家的思想，使他对后现代主义文化的评说言之有据。

—— 【中心思想】

全书首先总括性地论述、考察了后现代主义，讨论了在法律、建筑、音乐、舞蹈、绘画、科幻小说、影视、通俗文化等领域出现的新后现代主义，并批判性地解释了让-弗朗索瓦·利奥塔、弗雷德里克·詹姆逊、让-鲍德里亚等后现代理论家的最新思想，详尽讨论了后现代批评风格和文化政治学。

本书分为第二版序言、鸣谢和三部分九章正文，共约 40 万字。

—— 【分章导读】

在此书的第二版序言中，康纳介绍了《后现代主义文化——当代理论导引》一书从开始写作到 1989 年第一版问世，再到第二版，后现代主义研究所发生的一系列变化，以及新版与旧版在内容方面的变化情况。在 1987 年，康纳开始撰写《后现代主义文化》时，觉得自己试图做的是写出一种关于它们的参考手册。自 1989 年此书第一版问世以来，最引人注目的变化是，第一种所谓系谱后现代主义被第二种所谓类推后现代主义的各种形式逐渐超过。全球文化发挥作用，揭示并且成倍增加这种亲缘性，强化了后现代主义的理论语言，加速了其流通和转换。康纳还提出，后现代主义与其说是一种关于世界的假说，还不如说是一门科学，在一些领域几乎是当之无愧的职业选择。它已经成为我们强烈的、无法减弱的反思性名称，成为我们对那种反思性进行反思的方式。本书新版包括了实质上的新内容，分析了近年来法律、音乐、文化研究、生态思想等方面的新发展，以及利奥塔和詹姆逊的一些新思考。

第一部分　语境　由第一章"后现代主义与学术机构"组成，重点探讨了后现代主义与学术机构的关联。

首先，康纳提出，经验与认识之间差别的特定观念始于一些称为现代主义的文化和哲学运动的文本中，或者至少说在那里达到使人重视的程度。我们必须重视研究现代性的历史，认识我们经验和认识观的历史和解释性本质。在此项研究中将要出现的问题之一是，在试图理解现代性及其大加宣扬后现代性的过程中，我们被迫使用从所考虑的阶段和概念派生而来的理解模式，被迫重复我们可能希望避免的概念的历史。就是说，后现代性是对现代性的自我意识、反思，在试图理解现代主义和后现代主义争论的过程中，我们必须考察一些争论的内容及形式，必须努力认识它所产生的那些重点问题，而那些问题是作为其自我认识模式的问题，会伴随正在讨论的问题而出现。

其次，康纳探讨了围绕后现代主义和后现代性的争论。后现代主义这一术语在20世纪50年代和60年代就被使用过，后现代主义的概念大约在70年代中期得以成形。那时在不同文化领域、不同学科的内部以及跨学科层次上，在哲学、建筑、电影研究及文学主题中，开始形成认可这一形式多样的社会、文化现象存在的要求。这一争论的合法性从两个方面得以确立，形成了一个概念上的立体观测。一是，每个学科提供了在各自文化实践中越来越多的后现代主义存在的证据；二是，实际上更为重要的是，每个学科越来越多地利用其他学科的发现和定义。这些争论的侧重点在于，后现代主义这一术语是否充分表述了当代文化的对象和实践。本书中的观点实际是，与后现代主义批评理论所提供的对当代文化的思考或描述相比，这种反思具有更重要的意义。后现代主义既不完全是在文化领域，也不完全是在批评制度领域，而是在两者之间的某种激烈争辩的空间中发现其对象的。

最后，康纳重点探讨了后现代论争与学术机构的关系。康纳指出，后现代理论家们将会强调，没有能够迫使人赞同的绝对价值基础。但是，在这样的条件下，价值和正当性问题不会消失，反而会达到新的强度；在当代学术机构中，生成和树立正当性的斗争在其他方面都没有在后现代主义引起的、围绕后现代主义的争论中这么激烈。这在很大程度上要求我们拒绝将后现代主义争论的种种问题与其具体语境分割开来，这包括学术和批评著述的写作出版，以及它们与文化、政治和其他领域的关系。这要求我们努力从权力领域，以及生成它们的相互关系的角度来看待产生于批评和学术机构之内并且与其并存的知识。在20世纪，学术机构所拥有的社会权力和声望似乎越来越小，同时，学术机构在调整当代文化过程中通常使自身成为讽刺叙事的对象。而在伊格尔顿看来，学术机构的专业化程度越来越高，是学术机构回避现实的标志，更是学术机构在那一阶段巩固和扩大自身影响的方式。再者，学科之间的连属关系在扩大，新的跨学科的理论追求相伴的是学术机构与其民族语境之间联系的解体。

第二部分 后来者 由第二至第七章组成，是全书探讨的重点内容，阐述了后现代文化的争论及其在各领域的表现。

第二章，"后现代性：后现代社会理论与法律理论"。围绕后现代社会理论与法律理论，康纳探讨了在政治、经济和社会方面有关后现代性论争的代表性人物利奥塔、詹姆逊和鲍德里亚的理论观点，以及后现代的法律论争。

法国著名的后现代主义学者利奥塔《后现代状态：关于知识的报告》一书，可以说是后现代的理论宣言书，大大推进了后现代理论的研究，在国际学术界产生了重大影响，成为后现代研究不可回避的著作。康纳认为，利奥塔的《后现代状态：关于知识的报告》一书概述了20世纪后期科学研究中知识和信息的特点，其中许多论点对这些理论工作者的兴趣来说似乎风马牛不相及。也正如詹姆逊所说，这部著作是政治、经济、美学等不同领域种种争论交汇的"十字路口"。利奥塔对科学知识及其方法本身的兴趣不大，而是更多地关注它们获得正当性或要求得到合法性所采取的形式。这就是科学必然回归叙事的要旨所在，因为科学工作最终只有借助叙事才能获得权威和目的。科学求助的两种主要叙事为政治叙事和哲学叙事。其中之一与欧洲启蒙运动相联系，在法国革命的理想中得以体现，是人类从奴隶制度和阶级压迫中逐步解放出来的叙事。科学作为知识的表述理应在这一过程中起到主要作用，因为知识一旦被所有人所掌握，将有助于绝对自由的实现。这两类叙事亦是元叙事，所有的局部叙事，无论是某一科学发现的叙事还是某一个人成长教育的叙事，均以其回应和确证人类解放或纯自我意识精神的实现这一宏大叙事的方式来获得各自的意义。利奥塔对元叙事的怀疑给科学造成的影响，是科学丧失了与那些元叙事有关的合法性。利奥塔与德勒兹、福柯的著作一道，揭示了从形而上学思维的时代性谬见转向纯粹差异的"游牧式"无管制自由的可能性。利奥塔还吸收了库恩、费耶阿本德的科学哲学观点，这两位哲学家已说明，在任何一个时代中，科学取得的成就必然是该时代指导科学思想的范式的作用。利奥塔的许多论述针对的是哈贝马斯，反对普遍理性，但他对任何普遍性或概括性原则的厌恶正是其理论得以存在的条件。或许是受到哈贝马斯关于交往行为理论的影响，或许受到言语条件内一致性乌托邦倾向的影响，利奥塔自己在1983年出版的《争论》一书中转向了话语分析。在其《非人时间漫谈》一书中，利奥塔试图摆脱他在《争论》一书中陷入的两难困境。

美国著名的后现代主义学者弗雷德里克·詹姆逊的《后现代主义与消费社会》一书在后现代理论研究中独具特色，也产生了较大影响。在康纳看来，詹姆逊对后现代争论的主要贡献是《后现代主义与消费社会》，该文改编后于

1984 年以《后现代主义：或晚期资本主义的文化逻辑》为题再次发表。詹姆逊正是在这篇文章中从社会经济学角度提出了对后现代性特征的论述。正如文章的标题所示，詹姆逊的目的旨在说明，在世界经济中出现了一种根本性转变。与此同时，他希望与某些论者，诸如保守的社会学者丹尼尔·贝尔提出的观点抗衡，即我们正处于后工业社会，世界已经超越了阶级冲突时代。他认为，这样的判断给马克思主义批评造成了严重后果。因此，詹姆逊希望描述的当代世界发展阶段不是资本主义衰落或被超过，而是资本主义的形成和力量的强化。在 1987 年发表的一篇关于实验性录像片的文章《没有解释的阅读：后现代主义与录像文本》中，詹姆逊力图从正反两方面辩证地把握后现代主义文化，但其后现代主义文化中有一个没有表达出来的矛盾：一方面，后现代消费资本主义代表了物化逻辑的最后阶段；另一方面，随着文化领域和社会经济领域的同一化，将会出现区分的绝对瓦解。在 1994 年出版的《时间的种子》中，詹姆逊继续其艰苦的工作，探讨如何描述全球跨国资本主义的完全统治权，如何描述其文化风格加速发展的多样性，以便帮助人们在概念上和政治上超越它。

另一位法国著名的后现代主义学者让-鲍德里亚在《生产之镜》与《消费社会》中的观念，更是把后现代观念推向更远。在康纳看来，鲍德里亚的研究最初是为了修改马克思的观点，以便对大众文化和成批生产技术的兴起进行考察。在《生产之镜》一书中，鲍德里亚提及了马克思的市场发展的三阶段系统及其区别特性即交换价值。与马克思对晚期资本主义的估计不同，鲍德里亚把晚期资本主义看成一个消费社会、符号的海洋，背离了马克思的生产决定论。

进而，康纳比较了利奥塔、詹姆逊与鲍德里亚三位后现代思想巨匠在理论与现实关系上的异同。康纳总结了三位思想家的后现代理论，他认为，并非所有关于后现代状况的论述都如此公开地表现出这种程度的反身性，并非每一反身特点都具有相同的形式、价值和效果。的确，关于后现代主义发展的独特叙事在与不同文化事件相关的学科——如建筑、艺术、表演艺术和电子传媒中站住了脚，对后现代主义的诊断带有被描述领域的特征；在转而探讨这些叙述时，给我们留下深刻印象的却是对这些方式的自觉意识的抑制。

在此理论铺垫基础上，康纳探讨了后现代法律。康纳提出，由于现代意义上社会的形成与出现在西方的法制形式具有密切关系，后现代状况和后现代主义批评在法律理论领域取得了特别强大的地位。法律被隶属于一种自治化过程，并借此与具体团体和社区的价值和信仰分离开来，然后重新解释为一种自足的、伦理上中立的机制。其驱动力大概是逻辑和理性的抽象命令，而不是具体的政治利益和目的。然而，由于法律不仅是一种惰性的规定体系，而且是一套对付违规行为的程序，因此法律的自身一致性永远处在威胁之下。康纳还评析了后现代法律伦理学和批判法律研究之间的关系，最后指出，后现代法律伦理学也必须是后现代法律美学，这证实了亚里士多德反柏拉图的命题：判断存在于感觉之中。

本书第三至第七章分别探讨了文学、建筑、视觉艺术、表演艺术、电视、电影、录像、通俗文化领域中的后现代主义。

后现代主义并不只是理论上的话语，它充分弥散于建筑、艺术和摄影中。因而，康纳探讨了建筑、艺术和摄影中的后现代主义。为此，康纳考察了后现代主义一词的含义，他认为，人们公认阿诺德·汤因比最早使用"后—现代"这一定语，康纳用来表示1870年以来西方文明衰落、转向非理性和相对主义这一特征。后现代主义的特征正是它与现代主义的这种独特的复杂关系，现代主义在其名义之下同时成为引用、羡慕、怀疑和否定的对象。

进而，康纳考察了现代主义建筑与后现代主义建筑中蕴含的现代主义与后现代主义。康纳认为，考察现代主义与后现代主义之间关系的最明显的切入点是在建筑领域。这可能是因为，建筑虽然与20世纪所有关于现代主义和现代性的争论密切相连，但却是一个在运动和风格要素方面比其他领域更为突出、同时又较少争议的文化实践领域。即使情况不是如此，建筑史学者和理论工作者也比其他人更愿做出这些明确的判断。康纳还分析了建筑后现代主义最有影响的倡导者詹克斯对现代建筑的思考，指出后现代主义建筑及其理论运动的特点是从一价转向多价。在后现代主义建筑中，最明显的、最常得到评论的多元形式是其对过去的开放性。现代主义建筑竭力排斥所有形式的古风，似乎在公布它同过去的决裂；后现代主义建筑表现出拯救和研究历史风格和技术的新愿望。

康纳还考察了与建筑领域密切相关的艺术领域，及其中蕴含的现代主义与后现代主义。他认为，与建筑领域的情况相似，现代主义在绘画中的显著表现也是不容置疑的，且与建筑领域中的后现代主义之间有着相当程度的重叠。接下来，康纳分析了美国艺术理论家格林伯格现代艺术理论的特点及贡献。此外，还有弗里德、卡维尔、詹克斯、梅尔维尔、约翰斯、克劳斯、理查德·朗、戈兹沃西等艺术理论家对后现代主义艺术的贡献。最后，康纳指出，我们可能期望一种对艺术与非艺术的争议性界线具有浓厚兴趣的后现代主义理论，从而清楚地探讨代表现代文化，而且其自身也处于高雅艺术和通俗文化实践之间的文化形式。

现代摄影中也蕴含着现代主义与后现代主义。康纳认为，作为典型的现代艺术，摄影已经成为对 20 世纪绘画的完整性最具威胁性的对手之一。因此，摄影是一个特别能够说明现代主义的有限领域同后现代主义的扩充领域之间斗争的例子。前者强调个性、纯粹性和本质，后者接受伴随作为社会实践摄影的偶然性条件。

后现代主义在文学领域中的影响更是广泛且巨大。因而，康纳探讨了文学领域中的后现代主义。康纳认为，在文学研究中，关于现代主义的衰落或被取代的叙述，或许是最不清楚的，但是其渗透性却毫不逊色。这与学术机构中文学和文学批评发挥的影响是成反比的。这是因为，如果说 20 世纪 30 年代以来的文学研究和教学已经稳步专业化，对知识形式及表现的组织和传播已经更为详细，那么其结果是在学科的独立性方面远远比不上建筑学和艺术史。

在美国著名学者哈桑的著作《肢解俄耳甫斯：走向后现代文学》中，蕴含着现代主义与后现代主义思想。在康纳看来，在哈桑的作品中，现代主义已经成为迟钝的逻各斯中心主义的过去名称，所表达的是集权主义的绝对权力意志。康纳还比较了哈桑与怀尔德作品的不同，哈桑从美学角度使文学与世界保持距离，从而努力保护文学不受冲突和污染的侵害；怀尔德的后现代主义只是通过将文学置于世界的非美学对立物之中来绕过冲突。康纳指出，在文学领域，现代主义和后现代主义美学最突出的重点之一是时间问题。通过对麦克黑尔、哈钦等人作品的比较研究，康纳还提出，现代主义小说的主要关注点是个人意识的限度和可能性，或者说，是不同主体之间的困难关系。在后现代主义时期，这种认识论的关注已让位于本体论关注。当代流行的科幻小说与电脑网络小说叙说着"可能的世界"，康纳指出，后现代主义创作和关于后现代著述的创作方面，在 20 世纪 80 年代最显著的进展之一是科幻小说与电脑网络小说地位的提高。科幻小说这种体裁至少在时间上属于现代主义兴起的时代。正是由于这一原因，对后现代主义理论来说，它是一个特别有意思的个案。正如詹姆逊所宣称的，电脑网络小说如果不是后现代主义的最高文学表达，那么也是晚期资本主义自身的最高文学表达。

在当代艺术表演领域，如戏剧、舞蹈、哑剧和音乐中，更是漫散着后现代主义思想的影子。关于戏剧中的后现代主义，康纳提出一种存在于可被称为"家系"和"类推"后现代主义之间的奇妙的混合体是戏剧，还具体分析了后现代戏剧理论家阿尔托、篷布里、福尔曼、谢克纳、奥斯兰德、布劳等的理论。关于舞蹈中的后现代主义，康纳分析了巴内斯从现代主义和后现代主义分析范式角度就舞蹈的发展进行的论述，以及 20 世纪 60 年代以来舞蹈风格的多样化和后现代主义元素。关于哑剧中的后现代主义，康纳以著名的哑剧艺术家马索尔为典型，介绍了哑剧的后现代发展。关于音乐中的后现代主义，康纳介绍了一些著名的现代和后现代音乐家的作品和音乐理论家，他提出，与艺术和文学领域所见的情形类似，现代主义音乐也经历了同样的分解和重构过程，伴随音乐现代主义出现的新潮冲击尤其具有渗透和创伤作用。后现代表演的思想范式越成功，表演的自我承认、明白无误的力量，与那种自由力量对该范式所发挥的示范或展示功能之间交流的回路就越短。

在当代电视、录像和电影中，后现代主义以各种方式展现。对此，康纳展开了探讨。关于电视和录像中的后现代主义，康纳提出，电视技术在全球的普及，使现代与后现代的超越与结合问题激烈、持久而反复地出现。区分超越与结合的问题是许多分析后现代主义录像文本的论者迟早都要遇到的问题。后现代电视和录像论述以两种形式出现，被分别看作"超越假说"和"结合假说"。第一种形式旨在辨识电视领域之内的后现代主义特征，或者说辨识和促进后现代录像版本之内的进步可能性。怀韦尔的文章《电视与后现代主义》对此给予了说明。第二种形式是摇滚音乐电视，它也是其他后现代理论家们所青睐的电视形式，其中突出的有撰写专著探讨音乐电视台的卡普兰，那家美国电视台在开播之初每天播放 24 小时摇滚音乐电视。卡普兰将摇滚音乐电视分为浪漫的、具有社会意识的、虚无主义的、古典的和后现代主义的五种。而赫布代纪则对摇滚音乐电视提出了否定。康纳介绍了后现代主义录像激进观点的提出者詹姆逊，詹姆逊在《后现代主义与录像文本》中强调了观看主体对录像媒介的机械结构的绝对吸收等问题，揭示了晚期资本主义的特点。此外，康纳还探讨了格罗斯伯格关于摇滚音乐，鲍德里亚关于电视，克罗齐和库克关于电视的后现代评说。关于电影中的后现代主义，通过介绍了本杰明的《机械复制时代的艺术品》、梅斯的《现代电影与叙述性》，以及詹姆逊、登任、梅仑坎普等的电影评说，康纳提出，正如在后现代电视领域中出现的情况一样，风格的多样性也是整个当代电影文化的特征，老片子越来越多地以录像形式供人观赏，并且继续在电视节目中播放。后现代主义电影理论在这一点上显然与后现代主义的建筑理论非常接近，即对现代主义"单价性"的替代同样也在破碎性节俭的建筑中得到宣扬，风格上的等次在那过程中被废除。

在当代通俗文化——摇滚乐与时装中也充满了后现代主义的影子。关于"摇滚乐"中的后现代主义，康纳认为，在更广泛的意义上，摇滚乐当然可以称得上后现代主义文化最有代表性的形式。首先，它极好地体现了当代大众文化的核心悖论，将以下两者统一起来：一方面听众和影响遍及全球，另一方面包容和产生了多种风格、媒介和种族特点。许多对后现代摇滚乐或通俗音乐的论述赞扬强调两个相关因素，一是其表达多元文化的能力，二是其对模仿、混合、风格多样性和种类变动原则的崇尚。透过詹姆逊、赫布代纪、利普西茨、格罗斯伯格对摇滚乐的论述，康纳还提出，从前的权力机构是通过使人们无所作为来实现其统治的，后现代新保守主义——以及通过后现代新保守主义来达到自身目的的发达的全球资本主义——则通过使人们采取行动来达到同样的效果。如果一切均按新保守主义所期望的进行，社会将会发生巨大变化，意义将会分解为感觉，语义因素将会变为身体的因素，政治将会庸俗化而成为表演。关于风格与时装中的后现代主义，康纳提出，后现代主义通俗文化理论最突出、最有代表性的领域之一是时装。时装研究虽然从惯例的观点看仍然是没有组织成形的，但是作为文化实践已经在社会文化生活中成为人们最熟悉、最普遍、感受面最广的领域，也成为人们分析了后现代主义引人瞩目效果的领域。康纳还介绍了沃伦、福斯乔、赫布代纪、克林斯、弗劳等对时装评论中隐含的后现代主义思想。

第三部分 结果 由第八至第九章组成。

第八章，"后—谨慎：否认与崇高"。探讨了后现代主义文化批评中的两种倾向。他认为，在后现代争论中，最有意义的核心决定因素的标志正是对所感觉到的批评传统角色的改造，即对文化领域与文化的接受、管理、传播和传输的不同领域之间的关系进行重铸。后现代主义文化批评的两种方式可以称为否认方式和崇高方式。否认方式在后现代转变观念最坚定的倡导者哈桑的系列著作——《肢解俄耳甫斯：走向后现代文学》《超批评》《正义的普罗米修斯》中得到了非常充分的说明。在哈桑的著述中见到的否认权威的方式已经在某些社会科学领域中，特别是在研究后现代主义大众文化的论者中流行起来。与此同时，在后现代理论中，消极否认不是突出风格的行为产生作用的唯一方式，像赫布代纪、乌尔默、普福尔等人的作品中还有追求崇高的方式。

第九章，"后现代主义与文化政治学"。在康纳看来，影视文学领域是现存政治的抵抗空间，在此文化政治学获得了发展。他认为，左翼文化政治学与传统马克思主义不同，不是着重于将文化形式与决定和生产它们的更"基本的"政治经济基础联系起来，而是主要研究被视为物质实践形式的文化领域自身。后现代文化政治学的发展主要体现在两个方面：一是话语理论与权力，二是从存在于社会各处的权力关系网络的微观政治意义上来认识权力。此外，还有种族、性别、核政治、绿党政治、老人和动物权利等，都作为文化政治学探讨的问题。

当代世界方兴未艾的女权主义运动与后现代主义在理论上有着勾连性，是文化政治的重要场域。康纳提出，对女权主义著述中边缘问题的探索将女性视为父权制对立物的场所，与每个极性的黑暗的、被怀疑的负面一致，如身体与心灵、疯狂与理性等。为此，康纳还考察了雅尔丹、克里斯蒂瓦和欧文斯关于女权主义的论述。

后现代文化还蕴含着一种"后殖民性"，康纳考察了后现代文化理论中的殖民性，即在面向普遍理性化、工业进步和市场全球性扩张的努力中，后现代对普遍化的元叙事的抨击无情地抹去了具体历史、局部历史或者民族历史。

在关于"后现代主义、先锋派艺术和伦理可能性"的论述中，康纳提出后现代理论试图发展超同一化态度所用的最重要方式之一，是复兴先锋派的角色和作用。文化先锋派的概念是大多数现代主义叙事和从它发展而来的后现代主义叙事的一个主要成分。普遍价值基础的消失，最终要么导致对理论的非理性主义接受，采纳强权即是公理的普遍原则；要么导致实用主义的乐观自得。

最后，对于当今世界的生态运动，康纳提出，生态学思想是后现代思想。因为它不是要我们将文化与自然之间的关系设想为统一的、附属的或对立的，而是要我们将其设想为动态的、差异的、相互交流的。如果不认识主体及其生态维护方式的这种持续的、带有悖论性质的必要性，就会奇怪地导致其自身在感情上原始主义的或极端人类中心论的生态计划。后现代生态学所要求的是带有悖论性质的本领，以便去创造我们在世界上的继承方式，决定我们通过自然进行决定的性质，创造我们的特定性生存条件。

【意义与影响】

本书被西方学术界公认为讨论后现代主义问题的最全面的导引性著作。此书论域宽广，考察了西方后现代主义文化的各个领域，以跨学科的目光梳理了西方后现代主义文化研究的最新动态，并进行了深入分析，其中的许多真知灼见颇具启发意义，在世界范围内产生了较大的学术影响，成为研究文化问题的一部重要理论参考书。首先，除了对现代性与后现代性关系以及后现代性在各文化领域的影响进行分析之外，此书重点对后现代主义与学术机构的关联进行了探讨，以此说明后现代文化影响的新维度。这是此书的一个新亮点。康纳认为，后现代冲击与瓦解了文化机构的权威性，促进了学科间的交叉融合。这也是后现代文化理论在学科领域广泛论争的理论语境与背景，对我们深入理解后现代文化提供了新维度与新视野。

其次，从分析后现代代表性思想家利奥塔、德勒兹、福柯、詹姆逊、鲍德里亚等的理论入手，此书探讨了后现代文化在建筑、摄影、文学、音乐、舞蹈、戏剧、电视、电影、时装、摇滚乐等众多领域的广泛影响。从中我们既可以借鉴此书对后现代思想家理论的独特理解与思路，又可以深入理解众多文化领域的后现代文化的具体影响。可以说，我国文化研究各领域关于后现代研究的许多著作都在某种程度上参考了此书的相关内容。

最后，此书对后现代文化政治学的分析独具一格，发人深省。在康纳看来，后现代的文化政治学表现在当代的左翼影视文学、绿党政治、女权主义、动物权利、生态运动等诸多社会生活领域，是对当代西方社会政治展开的新文化政治批判。这对我们了解与分析当代西方社会政治文化生活的最新动向，深入理解当代西方的文化政治学、文化批判、社会政治批判，进而深入理解西方马克思主义的新发展，都无疑具有启发与借鉴意义，成为相关研究的重要理论参考。

【原著摘录】

第二版序言 P1—4

P1 自从本书第一版1989年问世以来，最引人瞩目的变化是，第一种所谓系谱后现代主义被第二种所谓类推后现代主义的各种形式逐渐超过。

P3 后现代主义与其说是一种关于世界的假说，不如说是一门科学，在一些领域几乎是当之无愧的职业选择。它已经成为我们强烈的、无法减弱的反思性名称，成为我们对那种反思性进行反思的方式（以及其他令人兴奋的东西）。

第一部分　语境 P7－32

1　后现代主义与学术机构 P9－32

P9　这种构成依赖于一种经验与认识之间的内在分裂，即这一信念：在我们处于生活之中时，我们只能部分地认识它；当我们试图认识生活时，我们其实已经不再处于那段生活的经历之中了。根据这一模式，认识注定过迟地出现在经验当场。

P12　虽然"后现代主义"这一术语在 20 世纪 50 年代和 60 年代就被若干论者用过，但是后现代主义的概念大约在 70 年代中期才得以成型（形）。那时在不同文化领域、不同学科的内部和跨学科层次上，在哲学、建筑、电影研究及文学主题中，开始形成认可这一形式多样的社会、文化现象存在的要求。这一争论的合法性从两个方面得以确立，形成了一个概念上的立体观测。首先，每个学科提供了在各自文化实践中越来越多的后现代主义存在的证据；第二，实际上更为重要的是，每个学科越来越多地利用其他学科的发现和定义。

P14　我在本书中的观点实际是，与后现代主义批评理论所提供的对当代文化的思考或描述相比，这种反思具有更重要的意义。后现代主义既不完全是在文化领域，也不完全是在批评—制度领域，而是在两者之间的某种激烈争辩的空间中发现其对象的。

P15　从现在起，后现代理论家们将会强调，没有能够迫使人赞同的绝对价值基础。但是，在这样的条件下，价值和正当性问题不会消失，反而会得到新的强度；在当代学术机构中，生成和树立正当性的斗争在其他方面都没有在后现代主义引起的、围绕后现代主义的争论中这么激烈。

我们被反复告知，后现代状况呈现在权力中心和活动中心的成倍增长中，呈现在每种总体叙事的解体中，而那样的叙事宣称控制整个社会活动和表达的复杂领域。

P19　20 世纪中学术机构在调整当代文化过程中兴起的经历通常使自身成为讽刺叙事的对象。

P21　学术研究的专业化程度越来越高，这一点被伊格尔顿视为学术机构回避现实的标志，而实际上是学术机构在那一阶段巩固和扩大自身影响的方式。

第二部分　后来者 P33－307

2　后现代性：后现代社会理论与法律理论 P35－103

　　P38　利奥塔认为，这就是科学必然回归叙事的要旨所在，因为科学工作最终只有借助叙事才能获得权威和目的。科学求助的两种主要叙事为政治叙事和哲学叙事。其中之一与欧洲启蒙运动相联系，在法国革命的理想中得以体现，是人类从奴隶制度和阶级压迫中逐步解放出来的叙事。科学作为知识的表述理应在这一过程中起到主要作用，因为知识一旦被所有人所掌握，将有助于绝对自由的实现。在黑格尔著作中开始并实现的一种哲学叙事与这种政治"解放叙事"相互交叉，但影响却广泛而巨大。在该哲学叙事中，知识是自我意识的精神从无知的自我意识的物质通过历史逐渐进化过程的主角。

　　P39　所有的局部叙事——无论是某一科学发现的叙事还是某一个人成长、教育的叙事——均以其回应和确证人类解放或纯自我意识精神的实现这一宏大叙事的方式来获得各自的意义。

　　P52　与后现代争论中的许多文本一样，《后现代状况》一书也可被视为当代世界学术知识和学术状况的一种隐喻。

　　P63　在其扩充后的文章《后现代主义：或晚期资本主义的文化逻辑》中，詹姆森回到了这一问题上来。詹姆森正是在这篇文章中从社会经济学角度提出了对后现代性特征的论述。正如文章的标题所示，詹姆森的目的旨在说明，在世界经济中出现了一种根本性转变。与此同时，他希望与某些论者（诸如保守的社会学者丹尼尔·贝尔）提出的观点抗衡，即我们正处于后工业社会，世界已经超越了阶级冲突时代。他认为，这样的判断给马克思主义批评造成了严重后果。因此，詹姆森希望描述的当代世界阶段不是资本主义衰落或被超过，而是资本主义的形成和力量的强化。

　　P85　并非所有关于后现代状况的论述都如此公开地表现出这种程度的反身性，并非每一反身特点都具有相同的形式，相同的价值和效果。的确，关于后现代主义发展的独特的叙事在与不同文化实践相关的学科——如建筑、艺术、表演艺术和电子传媒——中站住了脚，对后现代主义的诊断带有被描述领域的特征；在转而探讨这些叙述时，给我们留下深刻印象的却是对这些方式的自觉意识的抑制。

　　P86　法律被隶属于一种自治化过程，并借此与具体团体和社区的价值和信仰分离开来，然后重新解释为一种自足的、伦理上中立的机制；其驱动力大概是逻辑和理性的抽象命令，而不是具体的政治利益和目的。

P98　因此，后现代法律伦理学也必须是后现代法律美学；这证实了亚里士多德的反柏拉图命题：判断存在于感觉之中。

3　建筑与视觉艺术中的后现代主义 P104—154

P104　人们公认阿诺德·汤因比最早使用"后—现代"这一定语，他用它来表示1870年以来西方文明衰落、转向非理性和相对主义这一特征。

P105　我们可以说，后现代主义的特征正是它与现代主义的这种独特的复杂关系；现代主义在其名义之下同时成为引用、羡慕、怀疑和否定的对象。

考察现代主义与后现代主义之间关系的最明显的切入点是在建筑领域。这可能是因为，建筑虽然与本世纪（20世纪）所有关于现代主义和现代性的争论密切相连，但却是一个在运动和风格要素方面比其他领域更为突出，同时又较少争议的文化实践领域；即使情况不是如此，建筑史学者和理论工作者也比其他人更愿做出这些明确的判断。

P114　在后现代主义建筑中，最明显的、最常得到评论的多元形式是其对过去的开放性。现代主义建筑竭力排斥所有形式的古风，似乎在公布它同过去的决裂；后现代主义建筑表现出拯救和研究历史风格和技术的新愿望。

P122　后现代主义理论面对的问题是：怎样以不限制和抵消多元性的方式谈及并实现多元性。

P132　现代主义强调与建筑物自我生成的完整性相伴的艺术家风格的完整性；后现代主义却通过鼓励风格和方式的多样化来打破这个规范。

P148　因此，摄影是一个特别能够说明现代主义的有限领域同后现代主义的扩充领域之间斗争的例子；前者强调个性、纯粹性和本质，后者接受伴随作为社会实践的摄影的偶然条件。

4　后现代主义与文学 P155—194

P155　在文学研究中，关于现代主义的衰落或被取代的叙述或许是最不清楚的，但是其渗透性却毫不逊色。

P166　现代主义已经成为迟钝的逻各斯中心主义的过去名称，所表达的是极权主义的绝对权力意志。

P172　哈桑从美学角度使文学与世界保持距离，从而努力保护文学不受冲突和污染的侵害；怀尔德的后现代主义只是通过将文学置于世界的非美学对立物之中来绕过冲突。

P187　科幻小说这种体裁至少在时间上属于现代主义兴起的时代；正是由于这一原因，对后现代主义理论来说，它是一个特别有意思的个案。

5　后现代表演艺术 P195-250

P195　我们迄今所考察的后现代主义论述依赖于前后相接的线性叙事。但是，后现代诊断也转移到这样一些文化生活领域；在这些领域——如电影、电视、戏剧和摇滚音乐——中，看不到令人满意的、已经存在的"现代主义"。

P228　与艺术和文学领域所见的情形类似，现代主义音乐也经历了同样的分解和重构过程。伴随音乐现代主义出现的新潮的冲击尤其具有渗透和创伤作用。

P244　后现代表演的思想范式越成功，表演的自我承认、明白无误的力量与那种自由力量对该范式所发挥的示范或展示功能之间交流的回路就越短。

6　后现代电视、录像和电影 P251-281

P252　后现代电视和录像论述以两种形式出现，被分别看作"超越假说"和"结合假说"。第一种形式旨在辨识电视领域之内的后现代主义特征，或者说辨识和促进后现代录像版本之内的进步可能性。

事实上，摇滚音乐电视也是其他后现代理论家们所青睐的电视形式，其中突出的有撰写专著探讨音乐电视台的 E. 安·卡普兰；那家美国电视在开播之初每天播放 24 小时摇滚音乐电视。

P256　区分超越与结合的问题是许多分析后现代主义录像文本的论者迟早都要遇到的问题。

P262　当代文化理论表达了一种双重忠诚：其一，是对旨在填平精英高雅文化与大众或通俗文化之间鸿沟的民主力量的忠诚；其二，是对在一定程度上从现代主义文化及先锋派理论家那里继承下来的文化颠覆和解构的特殊词汇的忠诚。

P274　正如在后现代电视领域中出现的情况一样，风格的多样性也是整个当代电影文化的特征，老片子越来越多地以录像形式供人观赏，并且继续在电视节目中播放。

P275　后现代主义电影理论在这一点上显然与后现代主义的建筑理论非常接近：对现代主义"单价性"的替代同样也在破碎性借鉴的建筑中得到宣扬；风格上的等次在那过程中被废除。

7 后现代主义与通俗文化 P282-307

P282 与其他领域的情况类似，通俗文化中的后现代状况不是一些明显地存在于社会学和文本证据之中的现象，而是社会实践与对其形式进行组织、解释、使之合法化的理论之间关系的一种复杂结果。

P284 在更广泛的意义上，摇滚乐当然可以称得上后现代主义文化最有代表性的形式。首先，它极好地体现了当代大众文化的核心悖论，将以下两者统一起来：一方面听众和影响遍及全球，另一方面包容和产生了多种风格、媒介和种族特点。

P291-292 从前的权力机构是通过使人们无所作为来实现其统治的，后现代新保守主义——以及通过后现代新保守主义来达到自身目的的发达的全球资本主义——则通过使人们采取行动来达到同样的效果。如果一切均按新保守主义所期望的进行，社会将会发生巨大变化，意义将会分解为感觉，语义因素将会变为身体的因素，政治将会庸俗化而成为表演。

P293 后现代主义通俗文化理论最突出、最有代表性的领域之一是时装。时装研究虽然从惯例的观点看仍然是没有组织成形的，但是作为文化实践已经在这个方面——社会文化生活中人们最熟悉、最普遍、感受面最广的领域——引人瞩目地分析了后现代主义的效果。

第三部分 结果 P309-396

8 后一谨慎：否认与崇高 P311-343

P309 我认为，在后现代争论中，最有意义的核心决定因素的标志正是对所感觉到的批评的传统角色的改造——即对文化领域与文化的接受、管理、传播和传输的不同领域之间的关系进行重铸。

P331 后现代理论虽然可能始于使美学领域政治化的尝试，但是却能轻而易举地颠倒过来，对政治进行干扰和自我促进的美学化。

P338 在某种意义上，博德里亚对模拟的过高评价是后现代崇高风格学的终点；但是，它是一个显示潜在危险悖论的终点。

9 后现代主义与文化政治学 P344-396

P344 左翼文化政治学与传统马克思主义不同，不是着重于将文化形式与决定和生产它们的更"基本的"政治经济基础联系起来，而是主要研究被视为物质实践形式的文化领域自身。

P360 在这个语境中，对普遍化的元叙事的后现代抨击就展开（作为西方文明的不在现场的抗辩形象的）人的一致命运的压迫性故事提供了机敏的回答；在面向普遍理性化、工业进步和市场全球性扩张的努力中，那一故事无情地抹去了具体历史、局部历史或者民族历史。

P371 后现代理论试图发展超同一化态度所用的最重要方式之一是复兴先锋派的角色和作用。当然，文化先锋派的概念是大多数现代主义叙事和从它发展而来的后现代主义叙事的一个主要成分。

P379 普遍价值基础的消失最终要么导致对立论站的非理性主义的接受——用更简单的话来说，通过缺席方式，采纳强权即是公理的普遍原则——要么导致实用主义的乐观自得；在那种状态中，人们认为绝不能将自己的活动置于这样的伦理原则的基础之上：它们的力量不仅只是告诉人"这就是我们所做的事情，因为它适合我们"。

P382 人们已经以各种形式提出，生态学思想是后现代思想，因为它不是要我们将文化与自然之间的关系设想为统一的、附属的或对立的，而是要我们将其设想为动态的、差异的、相互交流的。

P389 如果不认识主体及其生态维护方式的这种持续的、带有悖论性质的必要性，就会奇怪地导致其自身在感情上原始主义的或极端人类中心论的生态计划。后现代生态学所要求的是带有悖论性质的本领，以便去创造我们在世界上的继承方式，决定我们通过自然进行决定的性质，创造我们的特定性条件。

── 【参考文献】────────────────────────

[1] 贝尔. 资本主义文化矛盾 [M]. 赵一凡，等译. 北京：生活·读书·新知三联书店，1989.

[2] 詹姆逊. 文化转向 [M]. 胡亚敏，等译. 北京：中国社会科学出版社，2000.

[3] 沃特森. 多元文化主义 [M]. 叶兴艺，译. 长春：吉林人民出版社，2005.

[4] 乔纳森·弗里德曼. 文化认同与全球性过程 [M]. 郭建如，译. 北京：商务印书馆，2003.

[5] 李金齐. 文化理想、文化批判、文化创造与文化自觉 [J]. 思想战线，2009 (1).

[6] 张明波，谢武纪. 试析后现代主义思维方式 [J]. 重庆广播电视大学学报，2006 (1).

［7］周效柱. 审美态度在当代大众艺术内容上的蜕变 ［J］. 江西社会科学，2006（4）.

［8］于晓凤. 当代中国大众文化的后现代性 ［J］. 东岳论丛，2006（3）.

［9］吴时红. 论海德格尔诗学的后期转向及其意义 ［J］. 长春大学学报，2006（4）.

［10］吴玉敏，郑丽娅. 后现代马克思主义评析 ［J］. 攀登，2005（5）.

六、《后现代的状况：对文化变迁之缘起的探究》

［美］戴维·哈维 著

阎　嘉 译

商务印书馆，2003 年

——【作者简介】

美国学者戴维·哈维（1935— ），是当代西方地理学中新马克思主义的重要代表人物。他于 1935 年出生在英国肯特郡，1957 年获剑桥大学学士学位，1961 年获该校博士学位。曾任教于英国布里斯托尔大学、美国宾州大学、英国牛津大学，现为美国约翰·霍普金斯大学地理学教授。从 1987 年到 1993 年，他在牛津大学主持哈尔福德教授的地理学讲座。

戴维·哈维的主要著作有《地理学的解释》（1969 年）、《资本的限度》（1982 年）、《意识和城市经验：资本主义城市化的历史和理论研究》（1985 年）、《资本的城市化：资本主义城市化的历史和理论研究》（1985 年）、《城市经验》（1989 年）、《后现代的状况：对文化变迁之缘起的探究》（1990 年）、《正义，自然和差异的地理学》（1996）年、《希望的空间》（2000 年）等。

——【写作背景】

后现代主义是 20 世纪 60 年代一场发生于欧美，并于 70 至 80 年代流行于西方的艺术、社会文化与哲学思潮，其要旨在于放弃现代性的基本前提及其规范内容。英国学者斯特里纳蒂曾做过统计，从 1980 年到 1983 年，英国还没有出版书名与后现代主义有关或者论述后现代主义的图书，但从 1987 年到 1991 年，这类书籍就出版了 241 种，这还不包括旁涉后现代主义的书籍以及报刊中的有关文章。在后现代主义艺术中，这种放弃表现在拒绝现代主义艺术作为一个分化了文化领域的自主价值，并且拒绝现代主义的形式限定原则与党派原则。其本质是一种知性上的反理性主义、道德上的犬儒主义和感性上的快乐主义。针对种种相互矛盾的后现代观念，与一般的西方新马克思主义理论不同的是，哈维研究后现代主义的著作，既没有走思想批判的道路，也没有走文化批判的道路，而是坚持从政治——经济批判的经典思路，得出了全然不同于新马克思主义的结论，令人耳目一新。

后现代思想的兴起极大地推动了思想家们重新思考空间在社会理论和构建日常生活过程中所起的作用，空间的重要意义成为普遍共识。后现代社会理论家试图从理论层面拓展人们对空间的认识与把握，这在一定意义上可以看成是后现代社会理论家对现代性论述的一种赌气般的反叛，希望恢复那些现存的社会理论与认识论所排除的东西，"空间"就是被排除者之一。哈维就是后现代视野下空间转向的代表性人物。

【中心思想】

全书力图从 20 世纪晚期资本主义社会的经济转变，即从大规模的流水线生产向小规模、灵活的生产方式的转变，来探讨资本主义文化从现代性向后现代性转变的根源。资本主义生产方式的这种转变所导致的文化上的表现，就是人们体验时间和空间方式的改变，是新一轮的"时空压缩"，造成了一个在文化特征上的"拼贴社会"。就是说，时空的压缩导致文化实践与政治经济实践出现剧烈的变化，这构成了后现代时期的一个重要特征，这一重要特征迫使人们调整空间观念且重新思考社会行动的形式。尤其在后现代时期，时空的压缩在城市生活之中表现得非常明晰，资本家规制城市空间以追求金钱，进而空间秩序方面的改变会通过货币收益而重新分配社会权力。空间的组织和运作的功效对所有资本家而言都是重要的，由此资本家获得附加优势。哈维认为，这种变化只是资本主义生产方式与文化的一种转移，而不是一个全新社会的出现，他强调空间重组是后现代时期的核心议题，空间与空间的生产是社会权力的源泉，掌握了资本循环的各个要素和阶段的空间动态正是资本持续积累的关键所在，由此，空间成为阶级斗争的重要议题。在任何社会形态里，空间的实践充满了微妙性和复杂性，要改变社会的任何规划就必须把握空间概念和实践之改变这一复杂问题。

本书共分前言、四个部分正文二十七章，共约 30 万字。

───【分章导读】───────────────────

在本书的前言中，哈维阐明了本书的主要论点，点明了本书写作的目的，即是对最近 20 年来流行于理论界的后现代观念进行一番探讨。因为，各种后现代主义概念相互矛盾，其话语方式及其破坏性令人深感不安。哈维也希望他的探讨能对人们认识后现代问题有所裨益。由此，哈维展开了四部分内容的阐述。

第一部分　当代文化从现代性向后现代性的过渡　包括第一章至第六章的内容。哈维探讨了当代文化从现代性向后现代性的过渡。哈维从乔纳森·拉邦的《柔软的城市》一书入手，探讨了后现代主义概念。他说，这本书预示了一种新话语，以其自身的资格将自身确立为一种文化美学，为那些担心城市沦为官僚们和企业精英们之极权主义牺牲品的人，所提供的不止是一种安慰。哈维认为，《柔软的城市》是一部有先见之明的文本，它本身不应被当作一种反现代主义的论点来理解，而应被理解为对于后现代主义时刻已经到来的一种至关重要断言。进而，哈维指出分裂和不确定性，对一切普遍的或"总体化"的话语的强烈不信任，成了后现代主义思想的标志。

第一，通过介绍波德莱尔、鲍曼、弗里斯比、哈贝马斯等对现代性的理解，哈维阐述了启蒙运动的现代性规划即理性、社会进步与人类解放的理想。但另一方面，这也正如霍克海默和阿多诺在《启蒙辩证法》中所说，启蒙运动的规划注定要转而反对自身，并以人类解放的名义把人类解放转变成一种普遍压迫的体系。两次世界大战、苏联的斯大林集权主义、日本的原子弹已经粉碎了这种乐观主义。因此，我们应当以人类解放的名义彻底抛弃启蒙运动的现代性规划。蕴含于现代性内部的现代性的破坏，是现代性规划面对现实时的实际困境，因为，如果现代派为了创造就必须破坏，那么表达永恒真理的唯一途径就要经过一个破坏的过程，最终它就容易使自己成为那些真理的破坏者。在知识和生产标准化的各种条件下，对于"线性进步、绝对真理和理想社会秩序的理性规划"的信念变得尤为强烈。结果，由此产生的现代主义在其充作计划人员、艺术家、建筑师、批评家和高雅趣味的其他保护者之精英主义的先锋派作品的同时，也成了实证主义的、技术中心论的和理性主义的。哈维说，在 1968 年至 1972 年之间的某个时候，我们看到了后现代主义的出现，它是一种成熟的、虽然还很松散的运动，出自 20 世纪 60 年代那场反现代运动的形成阶段。

第二，哈维描述并分析了后现代主义文化的特点。哈维对后现代主义界定的理论前提，是 20 年来关于后现代主义的建筑、文学、哲学等方面的激烈论争。如在哲学领域，实用主义和马克思主义逐渐兴起，产生了一种反对人本主义和启蒙运动遗产的狂热，它对抽象理性加以谴责，并对通过调动科学技术和理性力量来追求人类普遍解放的任何规划都心怀反感。通过考察哈桑所展现的现代主义和后现代主义之间的纲要性差异，哈维提出后现代主义的重要特征为多元化。并进一步通过对福柯、利奥塔、德里达、哈贝马斯的理论，以及对后现代的绘画的分析，哈维指出，从 20 世纪 60 年代初期以来，我们已经进入了一个新时代，即文化生产已经在总体上被并入了商品生产之中，以更快的周转速度疯狂地推动着生产外表更加新奇的商品的新潮，现在已经把日益增加的实质性的结构功能指派给了美学上的创新与实验。也就是说，后现代主义所标志着的就是市场力量向整个文化生产领域的合乎逻辑的扩展。

第三，哈维把城市中的建筑与设计看成是后现代主义的重要标记，并对此后现代主义的重要领域进行了介绍与分析。哈维比较了现代主义和后现代主义建筑的差异，用后现代主义来表示与现代主义的决裂。现代主义建筑认为，空间看成是某种独立自主的东西，要根据各种美学目的和原理来塑造；后现代主义建筑认为，计划和发展应当集中大规模、大都市范围以及技术理性的和有效率的城市规划之上，并得到了绝对没有虚饰的建筑（简朴与机能）。尽管现代主义建筑以市场为指向，但在城市建设中现代主义方法在一定意义上也是可取的。最后哈维指出，虚构、分裂、拼贴和折中主义，全部都弥漫着一种短暂和混乱感，它们或许就是支配着今天建筑和城市设计实践的主题。显然，它们与其他许多领域里的实践和思想有着很多共同之处，如艺术、文学、社会理论、心理学和哲学等。

第四，通过分析马克思《资本论》和《共产党宣言》两部著作中关于资本主义的现代化理论，哈维阐述了现代化与现代主义、后现代主义的关系。哈维认为，现代主义是对于由现代化的一个特殊过程所造成的现代性状况的一种不安的、摇摆不定的在美学上的回应；后现代关注的是能指而非所指，关注媒介（货币）而非信息（社会劳动），强调虚构而非功能，强调符号而非事物，强调美学而非伦理学，使人想到的是强化货币的作用，而不是像马克思描述的那样转变货币的作用；资本主义现代化的状况形成了现代主义与后现代主义思想家们打造其审美情感和实践的物质语境的基础，但向后现代主义的转折并没有反映出社会状况的任何根本性的"变化"。

第五，哈维从理论上区分了"后"现代主义与后"现代"主义，给出了对后现代主义的总体评价。他认为，后现代主义关注现代主义所忽略的各种差异，在关注利益和文化及类似东西的复杂性和细微差别方面，发挥了一种积极的影响，尤其是在承认"他者的多种形式"方面，后现代主义显得特别重要。哈维还认为，后现代主义者一笔勾销了现代主义的物质成就是错误的。还有，后现代主义迷恋于解构一切论证形式，迷恋分裂，否认元理论，而最主要的是剥夺了一部分人的发言权。后现代主义这种避免面对政治经济的现实和全球权利的情景的言辞是危险的。所以，在现代主义广泛的历史与被称为后现代主义的运动之间更多的是连续性，而不是差别。

第二部分 20世纪晚期的资本主义的政治—经济转变 包括第七章至第十一章的内容，从四个方面分析了20世纪晚期资本主义的政治经济中存在着某种转变，同时提出资本主义生产方式的基本规律仍在起作用，资本主义经济制度内部存在着两个广泛的困难领域，而晚期资本主义针对这两个领域进行了一系列政治经济上的调整，从福特主义向一种更灵活的积累体制转变。

第一，哈维分析了"福特主义"。他认为，福特主义标志性的开创年代是1941年，福特引进了一天5美元、工作8小时操作自动化汽车装配线，旨在提高生产率。两次世界大战期间有两道主要的障碍影响了福特主义的传播，一是资本主义世界阶级关系的状况，一是国家干预的方式和机制。1945年后福特主义走向成熟，直到1973年都完全没有受到触动，形成了资本主义世界战后长期繁荣的基础。战后的福特主义更应该被看成是一种全面的生活方式和国际性事件，从而影响了全人类的各行各业。当然，福特主义也具有一些根深蒂固的弊端，但不管怎样，二战后至70年代初，福特主义的兴盛从总体上看是利大于弊的。

第二，哈维分析了从福特主义到灵活积累的转变。他认为，从1968年到1972年遍及整个资本主义世界的经济和金融危机，使福特主义受到了前所未有的强力挑战。为了寻找摆脱危机的途径，一种更加富有弹性和灵活性的生产体制——"灵活积累"出现了，它标志着与福特主义的刻板的直接对抗。它依靠同劳动过程、劳动力市场、产品和消费模式有关的灵活性，作为其特征的是出现了全新的生产部门、提供金融服务的各种新方式、新市场，首要的是商业、技术和组织创新得到了极大强化的比率。"灵活积累"的生产体制还在发展过程之中，当务之急是建立相关理论进行解释。但有一点是明确的：生产方式方面的"灵活积累"已经进入到了学术、文学和艺术生活的下层角落。因为，资本更加灵活的流动突出了现代生活的新颖、转瞬即逝、短暂、变动不居和偶然意外，而不是在福特主义之下牢固树立起来的更为稳固的价值观。因而，后现代主义在文化上的种种表现，或多或少与社会经济生活中的这些转变有着内在的联系，尽管我们尚未有足够的证据和理论来对它们做出细致的剖析。

第三，哈维试图建立转变的理论。他认为，在理论上把握从福特主义向灵活积累的转变是比较困难的，因而他首先论述了资本主义生产方式的三个基本特点，也即资本主义是以经济增长为方向的，实际价值的增长依赖于对生产中活的劳动的剥削，资本主义必须在技术和组织上具有能动性。而这种固有的特点是一定会产生周期性过度积累的。从此出发，哈维论述了三种遏制处理周期性过度积累的方法，即商品、生产力、货币价值的贬值，宏观经济控制及通过实践和统检的转移。显然，哈维认为第三种方法即通过时间和空间转移是最有效的一种手段，而福特主义主要地就是利用第三种方法来解决过度积累的问题，但解决起来仍旧困难重重。灵活积累则通过两种基本策略的简单再结合来显示其在应对周期性过度积累上是一种新的体制。至少，灵活积累显得是一种新的结构。这样，就要求我们以马克思所提出的必要的细心和严谨、实用的却是理论的各种工具，来仔细考察它的各种表现形式。

第四，哈维列举并评析了当今针对灵活积累体制的三种不同观点。他比较赞同第三种观点。他认为，很多地方的生产体制是以福特主义和传统家长这两种体制混合并存为主要特征，而灵活积累体制并不占有统治性。在金融上解决资本主义危机趋势的企图导致了生产消费的灵活性。最后，哈维尝试性地得出了两个结论，其一是必须通过观察资本主义结构在金融上的方方面面及信用上的作用，才能观察当下任何独特的东西；其二是在时间和空间上修复的新的循环领域和各种形式之内，很有可能发现现存积累体制中的稳定性。

第三部分　对空间和时间的体验　包括第十二章至第十八章的内容，旨在探索后现代主义与经过空间和时间体验的中介，而从福特主义向更为灵活的资本主义积累方式转变之间的联系。他认为，空间和时间是人类存在的基本范畴。然而，时间有许多不同的意义，可能因此出现严重的矛盾。空间对于不同的族群也有不同的意义。所以，哈维坚持认为，我们认识到了空间时间可能表达的客观品质的多样性，强调独特的物质实践活动创造了独特的时间和空间的客观概念。哈维又论及美学理论中如何通过空间化使一件物品得以永恒，他指出，地理政治上的冲突总是意味着某种政治的美学化，同时与时间空间的性质和意义联系密切。

第一，社会生活中的个人空间与时间。哈维描述了哈格斯特兰德的时间—空间之路的图示表达，用来说明个人的日常生活是如何在空间和时间之中展开的，同时指出其理论之中的一些不足之处。哈维又概述了福柯和德·塞尔托、巴舍拉尔、布尔迪厄等前辈学者所提出的关于时空的社会心理学与现象学的探讨，引述了勒菲弗及居尔维什的观点，其目的是要找到某个切入点，更为深入地探讨现代主义和后现代主义在历史上变动着的对空间的体验。哈维指出，空间和时间的实践活动是微妙而复杂的，空间和时间实践本身可以将自身显现为"已实现了的神话"，因而成了社会再生产的基本意识形态的组成部分。而无论是研究社会变迁的历史还是改变社会的任何规划都必须把握住这类实践活动。因而，哈维认为应尤其重点考虑权力关系为何总是暗含在空间时间的实践当中。

第二，作为社会力量资源的时间和空间。哈维明确地提出了一个总论点，即在一般的金钱经济中，尤其在资本主义社会里，金钱、时间、空间的相互控制形成了我们无法忽视的社会力量的一种实质性的连接系列。据此观点，于是出现了两个非常普遍的问题，简要地说，是社会过程的客观品质靠什么来证实，以及空间和时间实践与"话语"是如何在社会行动中被彻底改变的。为此，哈维对作为相互联结的社会力量的资源的金钱、空间、时间之间的关系做出了一番考察。哈维据此得出结论，空间与时间实践在社会事务中从来都不是中立的，并且往往成为剧烈的社会斗争的焦点。缠绕着作为一种社会构成的资本主义的不安全，部分地源于围绕着它们而组织起来的社会生活在空间和时间原理方面的不稳定。在最大变化的阶段期间，社会秩序再生产的空间和时间基础都要受到最为严重的破坏。

第三，启蒙运动规划的时间与空间。哈维提出了时空压缩的概念。他认为，这个词语标志着那些把空间和时间的客观品质革命化了，以至于我们被迫、有时是用相当激进的方式来改变我们将世界呈现给自己的方式的各种过程，指出资本主义的历史具有在生活步伐方面加速的特征。哈维用这个词语证明资本主义的历史具有在生活步伐方面加速的特征，而同时又克服了空间上的各种障碍，以至世界有时显得是内在地朝我们崩溃了。哈维进一步指出在后现代社会里，对"时空压缩"的体验既有紧张、挑战性、令人兴奋的一面，也有使人深感忧虑的一面，因而能引起各种各样的社会的、政治的和文化的反响。这些论述旨在考察为启蒙运动的思想及有关空间和时间的思路做好准备。为此，哈维描述了在欧洲中世纪的时空概念以及文艺复兴是怎样对这种封建主义的时空观进行彻底重建的，并说明文艺复兴在空间和时间上的概念方面的革命在很多方面都为启蒙运动的规划奠定了概念上的基础。最后，哈维指出，启蒙运动的思想家们对于他们所关注的空间时间概念及其合理安排上都有一种略有差别的同感，以及整个 18 世纪在实践中对空间和时间的理性化，形成了启蒙思想家们提出自己的各种规划的语境。

第四，哈维探讨了时空压缩和作为一种文化力量崛起的现代主义。他认为，1847 年到 1848 年资本主义世界的经济危机造成了一种表达的危机，后一次经济危机本身起源于经济政治文化生活中时间与空间意义方面的一种根本性的重新调整。于是引起了现代主义思潮的出现，它被看成是一个整体的现代主义以各种各样的方式探索了与空间相对的场所，与过去相对的现在的辩证法。在现代主义盛行的时期，公共时间在空间中变得比以往更加同质和普遍。当然，普遍主义和单一主义并非相互分离，它们应当被视为是两种并行的情绪潮流，经常出现在同一个人身上，如维也纳的各种文化运动就是明显的例子。再者，哈维论述了应对时空压缩现象的两条思路：国际主义的和地方化的，在 1914 年至 1918 年的一战中是如何剧烈冲突的，以及 1920 年后的"英雄主义"的现代主义企图表明什么。哈维指出，"存在"与"形成"之间的对立，对于现代主义的历史而言是主要的，而这种对立在政治条件方面必须被看成是时间意义与空间焦点之间的一种紧张关系。

第五，哈维分析了时空压缩和后现代的状况。他首先肯定地指出，后现代的感受证明了对于某些混乱的政治文化和哲学运动的强烈同情。进而，他论述了加速资本的周转时间对后现代思维和感受，以及行为方式具有怎样的特殊影响和后果，即它使时尚、产品、劳动过程、各种观念都具有了易变性与短暂性。哈维分析并指出了其中的利弊，并指出后现代中作为表达价值的安全手段的货币的崩溃，本身就在发达资本主义之中造成了一种表达危机，并因时空压缩而被强化。进而哈维分析了后现代时空压缩的条件，说明了它在很多方面都夸大了过去一次又一次困扰资本主义现代过程的各种困境。

第六，哈维分析了后现代电影里的时间与空间。主要通过考察电影，即一种产生于文化上的现代主义第一次大爆发语境中的艺术形式，来阐释时空压缩的主题在后现代的各种作品里如何得到表达。哈维列举了两例电影《滑刀》和《在柏林的天空上》说明后现代主义的诸多特征，以及其特别关注时间与空间的概念化和含义的特点。哈维认为，在转向更加灵活的积累方式之下，各种文化形式如果对于表达空间和实践已经出现了危机，就必须创造出思考和感受的各种新方法来。

第四部分　后现代的状况　包括第十九章至第二十七章的内容，对后现代的状况做了总体性的描述。

第一，他把 20 世纪 60 年代晚期作为一种历史状况的后现代，进而概述了前几个部分的论点并说明了过度积累危机引发的一系列结果，特别是在后现代状况中美学运动对应时空压缩的重要性，并且提出后现代主义可以被看成某种历史——地理的状况。

第二，哈维叙述了美国前总统里根的经济复苏计划及公开的阶级扩张计划，以及里根政府如何充分削弱传统的工人阶级组织，描述了里根时代的美国民众特别是中下层的生活困境，阐述了政治竞争中的美学原则是如何战胜伦理学原则的。他指出，金融投机、虚拟资本和无家可归在美国并存。

第三，"作为镜子之镜子的后现代主义"，哈维指出后现代主义是时代的结果，这个时代的气候使魔法经济、政治形象建构与利用、新的社会阶级的形成；后现代主义试图解构工人阶级力量的传统机构，将贫穷与无家可归被利用来为审美愉悦服务，结果美学淹没了伦理学。

第四，"福特主义的现代主义对灵活的后现代主义"，还是对当作一个整体的资本主义的各种相反趋势的解释，通过比较两种相当不同的积累体制及其相联系的调节方式，介绍了两种积累体制的基本特点。哈维提出，后现代的灵活性似乎只颠覆了在福特主义的现代性中所发现的主导秩序，现代主义与后现代主义之间的范畴的差别并不鲜明，这种差别更应该被看成是对于当作一个整体的资本主义内在关系的不断变动的考察。

第五，"资本的转变逻辑与投机逻辑"着重分析了资本，指出资本应被看成通过商品生产而再生产社会生活的一个过程。资本主义始终都以投机为基础，并有很多创造利润的方式。资本主义的经济投机同其文化生活密切相关，因为资本主义是扩张性的和帝国主义的，所以越来越多领域里的文化生活都陷入了现金交易关系的掌握与资本流通的逻辑之中。

第六，"电子复制时代的艺术作品与形象银行"，主要阐述为了理解作为一个整体的后现代的状况必须重点考虑的两个问题：一是在后现代的生产和消费体制内部流行的阶级关系属于特殊的一类，在这方面很突出的是纯粹的货币力量成了支配的手段。二是全球范围的文化生产和市场营销的发展，本身已经成了时空压缩的一种主要力量。

第七，"对时空压缩的回应"，指出了对于时空压缩剧痛的四种主要回应：一是选择厌倦了享乐的或精疲力竭的沉默中去，在一切外在于个人和集体控制的事物前屈服。二是拒绝相信世界的复杂性，偏爱根据极为简单化的修辞学进行表达。三是要为政治生活和知识生活找到一个中间地位，以培植有限行动的可能性。四是企图通过建构一种能够反映并希望支配时空压缩的语言和意象而支配时空压缩。

第八，"历史唯物主义的危机"，描述了新左派的一些特征，新左派更多地与无政府主义和自由意志论有联系，而不是与传统的马克思主义有关。新左派放弃了对传统工人阶级和作为一种分析方式的历史唯物主义的信任。哈维还指出，对传统的马克思主义观点有必要进行质问，通过质问，形成了四个最重要的发展领域。

最后，"镜子中的裂缝，边缘中的融合"，指出后现代的状况正在经历一次微妙的演变，或许达到了自我分解为某种不同东西的一个点，新的启蒙规划也在复兴。同时，在知识文化领域里，可以看出相似的对立，这可以被视为一种历史—地理状况的后现代性会受到多方面的反攻，并在差异对立中寻求彼此的一致。

【意义与影响】

首先，哈维坚持马克思主义唯物主义的研究路向，从着重分析当代资本主义社会的政治经济关系入手去解释后现代主义文化现象，首先是把后现代主义当作一种历史状况而不是一系列令人眼花缭乱的观念，试图走一条从"解释世界"到"改造世界"的道路。哈维开创的"历史—地理唯物主义"或"时间—空间唯物主义"展开了对当代资本主义分析批判的新路向。这种"'历史—地理唯物主义'建构了哈维空间分析的基本框架，从'历史唯物主义'向'历史—地理唯物主义'的转变渗透了哈维对地理学传统的知识论反思和对传统历史叙述的话语批判"[①]。哈维由此解释后现代主义的文化现象，

[①] 李春敏. 大卫·哈维的"历史—地理唯物主义"及其理论建构 [J]. 天津社会科学，2013 (5).

在西方新马克思主义中是独树一帜的，把他的观点同哈贝马斯、詹姆逊等人的理论进行对比，更可见出其稳健、无可辩驳、具有充分说服力的特色。这一基本出发点和立场尤为值得中国学术界重视和参考。正如有论者所说："哈维在继承马克思思想的基础上，着力拓展理论的空间维度，构建了基于时间—空间视角的资本主义批判，形成了对资本的积累、运动，资本同政治的关系、资本主义修复机制以及斗争路径的新认识，对于我们坚持和发展马克思主义具有启发意义。"①

其次，哈维集中而深入地剖析了代表第二次世界大战之后西方社会主要生产体制的"福特主义"，以及自20世纪70年代以来出现的"灵活积累"的生产体制。这两种生产体制分别构成了作为文化现象的现代主义与后现代主义的经济和社会基础。哈维虽然着重分析了现代主义与后现代主义所由生产的社会经济生产体制的差异和不同特征，他却十分强调《后现代的状况：对文化变迁之缘起的探究》一书的核心观点之一："然而，在与资本主义积累的基本规律进行对照时，这些变化在表面上显得更像是转移，而不是某种全新的后资本主义社会甚或后工业社会出现的征兆。"对此，有论者评价说："哈维揭示了新自由主义在地理上的不平衡发展的现实，指出新自由主义的实质是以资本的积累和扩张为核心的经济理论与意识形态，其目的就是维护资本主义私有制和实现资本主义国家的霸权，是垄断资产阶级维护自身权力的工具。哈维对新自由主义的批判，加深了对资本主义及其发展形态的认识，具有重要的启示意义。"② 从此出发，我们会很自然地推论出：资本主义的生产体制从现代过渡到后现代不过是自身的内部调节机制在起作用的结果，两者并无性质上的根本差别，因而后现代社会并非一种社会转型；后现代主义在文化上的各种表现是与生产体制方面的转变相适应的。

此外，作为信奉马克思主义的杰出地理学者，哈维在此书中以图文并茂的方式对后现代主义文化、美学现象的考察也独具特色，坚持对现代社会的经济政治批判入手从事文化批判的经典方向，成为我国学界研究后现代文化与美学的重要参考书。

---

① 曾宪亢，隋立双. 浅析哈维时间—空间视角资本主义批判 [J]. 山西财经大学学报，2014 (S1).

② 吴宁，等. 大卫·哈维对新自由主义的批判及其启示 [J]. 中国人民大学学报，2013 (2).

──【原著摘录】────────────────────────────────

前言 P2－4

P2　不过，我必须对各种主导的观念进行一番考究，因为后现代主义被证明是相互矛盾的各种概念的一个雷区，那种规划被证明了绝非轻易就能进行下去。

第一部分　当代文化从现代性向后现代性的过渡 P5－157

1　导论 P7－16

P12　写于这个时刻的《柔软的城市》是一部有先见之明的文本，它本身不应被当作一种反现代主义的论点来理解，而应被理解为对于后现代主义时刻已经到来的一种至关重要的断言。

P14　由于现代主义的含义也非常含混，人们所知的"后现代主义"的反抗或分离也倍加含混。

P15　分裂，不确定性，对一切普遍的或"总体化"话语（为了使用受偏爱的词语）的强烈不信任，成了后现代主义思想的标志。

2　现代性与现代主义 P17－55

P22　无论如何，启蒙运动的规划注定了从一开始就把我们投入到了一个卡夫卡式的世界之中，无论如何，它必定会导致奥斯威辛和广岛，无论它还剩下什么通报和激发当代思想与行动的力量，都是至关重要的问题。……这是后现代主义哲学思想的核心——他们坚持认为，我们应当以人类解放的名义彻底抛弃启蒙运动的规划。

P25　"创造性的破坏"的形象对于理解现代性来说非常重要，恰恰因为它起源于面对实施现代主义规划时的各种实际困境。

P26　如果现代派为了创造就必须破坏，那么表达永恒真理的唯一途径就要经过一个破坏的过程，最终，它就容易使自己成为那些真理的破坏者。然而，如果我们要追求永恒与不朽，我们就要被迫努力把我们自己的印记打在混乱、短暂和分裂上。

P51　在知识和生产标准化的各种条件下，对于"线性进步、绝对真理和理想社会秩序的理性规划"的信念变得尤为强烈。结果，由此产生的现代主义在其充作计划人员、艺术家、建筑师、批评家和高雅趣味的其他保护者之精英主义的先锋派作品的同时，也成了"实证主义的、技术中心论的和理性主义的"。

P55　1968 年的这场运动虽然失败了，但至少按它本身的条件来判断，却必须把它看成是后来朝着后现代主义转折的文化上的和政治上的预兆。因此，在 1968 年至 1972 年之间的某个时候，我们看到了后现代主义的出现，它是一种成熟的、虽然还很松散的运动，出自 20 世纪 60 年代那场反现代运动的形成阶段。

3　后现代主义 P56－91

P56　在最近 20 年里，"后现代主义"已经成了一个受到曲解的概念，成了这样一个各种相互冲突的意见和政治势力的战场，以至再也不可能忽视它。

P84　具有高雅趣味的人们的权威性在 20 世纪 60 年代的文化趣味中的衰退，以及它被流行艺术、流行文化、短暂的时尚与大众趣味所取代，被人们认为是资本主义的消费主义没有头脑的享乐主义的标志。

P86　后现代主义因而标志着的，确实就是市场力量向整个文化生产领域的合乎逻辑的扩展。

4　城市中的后现代主义——建筑与城市设计 P92－132

P92－93　后现代主义者彻底脱离了如何对待空间的现代主义概念。鉴于现代主义者把空间看成是为了各种社会目的而塑造出来的某种东西、因而始终从属于一种社会规划的建构，因而后现代主义者便把空间看成是某种独立自主的东西，要根据各种美学目的和原理来塑造，它们与任何重要的社会目标都没有必然的关系，或许也避开了达到永恒和其本身作为一种目标的"无关利害的"美。

P97　我认为，把这些解决战后城市发展和再开发困境的"现代主义"方法说成是完全失败的，是错误的和不公平的。

P120　"面包和马稀"是进行社会控制的一个古老的和久经试验的处方。它经常被有意识地用来平定人群之中的动乱或不满因素。

P132　虚构、分裂、拼贴和折中主义，全部都弥漫着一种短暂和混乱感，它们或许就是支配着今天的建筑和城市设计实践的主题。显然，它们与其他许多领域里的实践和思想有着很多共同之处，如艺术、文学、社会理论、心理学和哲学。

5　现代化 P133－150

P133　现代主义是对于由现代化的一个特殊过程所造成的现代性状况的一种不安的、摇摆不定的在美学上的回应。因此，对于后现代主义之崛起的恰当解释，应该抓住现代化的性质。

P137　后现代关注的是能指而非所指，关注媒介（货币）而非信息（社会劳动），强调虚构而非功能，强调符号而非事物，强调美学而非伦理学，使人想到的是强化货币的作用，而不是像马克思描述的那样转变货币的作用。

P146　马克思在使自己无情地反对神话的力量和把政治美学化时，实际上肯定了它们是扼杀进步的工人阶级革命的值得注意的力量。……因此，马克思最终把后来法西斯主义以远为恶毒得多的形式取得的东西命名为政治的美学化。

P149－150　如果说资本主义现代化的这些状况形成了现代主义与后现代主义思想家们和文化生产者们打造其审美情感、原理和实践的物质语境的话，那么似乎有理由得出结论说：向后现代主义的转折并没有反映出社会状况的任何根本性的变化。

6　"后"现代主义，还是后"现代"主义 P151－157

P151　那么，应当如何从总体上评价后现代主义呢？我的初步评价如下，那就是它对差异的关注，对交流之困难的关注，对利益、文化、场所及类似东西的复杂性与细微差别的关注，它在这些方面发挥了一种积极的影响。

P154　那么轻易地一笔勾销了现代主义实践的物质成就，同样是错误的。现代主义者们找到了一种控制和容纳爆发性的资本主义状况的方式。

P155　我也得出了结论：在现代主义广泛的历史与被称为后现代主义的运动之间更多的是连续性，而不是差别。

P156　后现代主义的言辞是危险的，因为它避免面对政治经济的现实和全球权力的情景。

第二部分　20 世纪晚期的资本主义的政治—经济转变 P159－248

7　导论 P161－165

P162　在资本主义经济制度内部存在着两个广泛的困难领域，如果这种制度要生存下去，就必须成功地跨越这两个领域。第一个领域是由固定价格市场的无政府主义特质产生的，第二个领域则源于需要对运用劳动力来保证生产价值的增加，因而保证尽可能多的资本家有绝对利润的方式实施充分的控制。

8　福特主义 P166－184

P168　福特如此强烈地相信企业力量能够调节作为一个整体的经济，以至于他在大萧条开始之时就增加了工资，以为这将促进有效需求、激活市场、恢复企业信心。然而。竞争的强制性法则被证明了即使对强有力的福特来说也过于强大，他被迫解雇工人、削减工资。这造成了罗斯福和"新政"力图通过国家干预来拯救资本主义，而这却是福特曾经试图独自去做的。

P172　国家权力适当的结构和运用问题，只是在 1945 年之后才得到了解决。这把福特主义带向了成熟，成了羽翼丰满的和与众不同的积累体制。就这样，它接着形成了战后长期繁荣的基础，这一繁荣直到 1973 年都完全没有受到触动。

9　从福特主义到灵活积累 P185－220

P191　正如我将尝试着称呼的，"灵活积累"，标志着与福特主义的刻板的直接对抗。它依靠同劳动过程、劳动力市场、产品和消费模式有关的灵活性。作为其特征的是出现了全新的生产部门，提供金融服务的各种新方式、新的市场，首要的是商业、技术和组织创新得到了极大强化的比率。

P211　灵活积累显然更多地注意到了金融资本是其协调力量，而不是像福特主义所做的那样。这意味着形成独立自主的货币和金融危机的潜在可能性比从前要大得多，哪怕这种金融体制能更好地把风险扩散到更加广泛的方面，迅速地把资本从失败的企业、地区和部门转移到有利可图的企业、地区和部门。

P220　资本更加灵活的流动突出了现代生活的新颖、转瞬即逝、短暂、变动不居和偶然意外，而不是在福特主义之下牢固树立起来的更加稳定的价值观。

10　建立转变的理论 P221－237

P237　至少，灵活积累显得是一种新的结构，这样，就要求我们以马克思所提出的必要的细心和严谨、实用的却是理论的各种工具，来仔细考察它的各种表现形式。

11　灵活积累——稳定的转变，还是暂时的补救 P238－248

P242　我们可以把经济行为与政治态度方面很多表面上的变化追溯到福特主义劳动力控制体制同非福特主义劳动力控制体制之间的平衡方面的简单变化，加上前者的制约，或者通过与后者的竞争（被迫重组与合理化）、扩大了的失业，或者通过政治压迫（约束工会的权力）和在地理上安置到"边缘的"国家或地区，在一种不平衡的地理发展的"交替"运动之中返回到了工业中心地带（史密斯，1984 年）。

第三部分　对空间和时间的体验 P249－406

12　导论 P251－264

P253　从时间的这些不同意义之中可能出现严重的矛盾：开发资源的最理想的速度应当由利润率来确定，还是像环境保护主义者所坚持认为的，我们应当追求一种确保人类生存的生态条件持续到无限未来的可持续的发展呢？这些问题一点都不神秘。时间的视域意味着一种决定在实质上影响着我们所做出的那种决定。

P255 时间和空间的客观概念必定是通过服务于社会生活再生产的物质实践活动与过程而创造出来的。……简言之，各种独特的生产方式或者社会构成方式，都将体现出一系列独特的时间与空间的实践活动和概念。

13 社会生活中的个人空间和时间 P265－281

P272 我们在这里碰到了这一事实：空间和时间实践本身可以将自身显现为"已实现了的神话"，因而成了社会再生产的基本意识形态的组成部分。

14 作为社会力量资源的时间和空间 P282－299

P299 空间与时间实践在社会事务中从来都不是中立的。它们始终都表现了某种阶级的或者其他的社会内容，并且往往成为剧烈的社会斗争的焦点。情况之所以如此，当我们考虑空间和时间同金钱联系的各种方式，以及这种联系更为紧密地构成了资本主义的发展的情况时，就变得极其明显。

15 启蒙运动规划的时间与空间 P300－323

P309－311 文艺复兴在空间和时间概念方面的革命，在很多方面都为启蒙运动的规划奠定了概念上的基础。被许多人认为是现代主义思想的第一次伟大浪潮的是，把对于自然的支配当作人类解放的一个必要条件。

P312 启蒙运动的思想家们相似地指望通过科学预言的力量、通过社会工程和理性计划、通过把社会调节和控制的理性体系常规化来支配未来。……精确的地图和精密计时器在启蒙运动对于应当如何组织世界的看法中成了必不可少的工具。

16 时空压缩和作为一种文化力量崛起的现代主义 P324－354

P354 "存在"和"形成"之间的对立，对于现代主义的历史而言是主要的。这种对立在政治条件方面必须被看成是时间意义与空间焦点之间的一种紧张关系。1848年以后，作为一场文化运动的现代主义，经常以各种创造性的方式与这种对立进行斗争。

17 时空压缩和后现代的状况 P355－385

P365 短暂性越强，需要发现或者制造某种存在于其中的永恒真理的压力就越大。自20世纪60年代晚期以来已经变得越来越强大的宗教的复兴，和在政治之中追求本真性和权威性（以及它的所有民族主义和地方主义的装备，对那些具有超凡魅力的和"多才多艺的"个人及其尼采式的"权力意志"

的崇拜），都是这个问题的例证。

18　后现代电影中的时间与空间 P386－406

P386　后现代文化的人工制品，由于其概念的折中主义和其题材的混乱，变化太多。

P393　《滑刀》是一部科幻寓言，后现代主义的主题在其中设置了一个灵活积累和时空压缩的语境，这些主题在其中以电影所能控制的一切想象的力量得到了探讨。

第四部分　后现代的状况 P407－447

19　作为一种历史状况的后现代 P409－410

P409　审美实践与文化实践对于变化着的对空间和时间的体验特别敏感，正因为它们必须根据人类体验的流动来建构空间的表达方式和人工制品。

20　带着镜子的经济学 P411－418

21　作为镜子之镜子的后现代主义 P419－420

P419　后现代主义是时代的结果，这个时代的气候是魔法经济、政治形象建构与利用、新的社会阶级的形成。

22　福特主义的现代主义对灵活的后现代主义，还是对当作一个整体的资本主义的各种相反趋势的解释 P421－424

P423　福特主义的现代性远不是同质性的。这方面有很多东西与相对的稳定性和持久性有关——大批生产中的固定资本，稳定的、标准化的和同质性的市场，政治—经济影响和权力的固定机构，容易辨别的权威和元理论，物质性和技术—科学理性牢固的基础，以及类似的东西。

23　资本的转变逻辑与投机逻辑 P425－428

P426　正因为资本主义是扩张性的和帝国主义的，所以越来越多领域里的文化生活都陷入了现金交易关系的掌握与资本流通的逻辑之中。

24　电子复制时代的艺术作品与形象银行 P429－433

P432　文化大众的政治很重要，因为他们正在通过为每一个人生产形象而规定象征性的秩序。它越是转而面向自身，或者说它越是站在社会的这个或那个主导阶级的一边，象征性的和道德秩序的流行意义就越是有可能转变。

25　对时空压缩的回应 P434－437

26　历史唯物主义的危机 P438－441

27　镜子中的裂缝　边缘上的融合 P442－447

P446　我们可以开始把后现代性理解为一种历史—地理状况。在这种批判的基础之上，有可能发动一场叙事反对形象、伦理学反对美学、规划"形成"而不是规划"存在"的反攻，并在差异内部寻求一致，尽管是在一种清楚地理解了形象与美学的力量、时空压缩的各种问题以及地理政治学和他者之意义的语境之中。

——【参考文献】——

［1］杰姆逊. 后现代主义与文化理论［M］. 唐小兵，译. 西安：陕西师范大学出版社，1986.

［2］徐飞. 马克思主义哲学与后现代主义的比较［M］. 北京：知识产权出版社，2006.

［3］段忠桥. 20 世纪 70 年代以来英美的马克思主义研究［J］. 中国社会科学，2005（5）.

［4］张宗艳. 走进新世纪的后现代主义研究综述［J］. 党政干部学刊，2006（4）.

［5］刘进. 论空间批评［J］. 人文地理，2007（2）.

［6］肖建华. 近代哲学向现代哲学转向的内在逻辑［J］. 世界哲学，2007（4）.

［7］欧阳友权. 数字媒介与中国文学的转型［J］. 中国社会科学，2007（1）.

［8］袁媛，等. 城市生产方式转变、文化变迁与历史环境［J］. 热带地理，2007（2）.

［9］曹海峰. 利奥塔语用学与精神分析引论［J］. 求索，2007（1）.

［10］朱振林. 阿多诺与后现代主义哲学的理论关联［J］. 北方论丛，2007（1）.

［11］吴宁，等. 大卫·哈维对新自由主义的批判及其启示［J］. 中国人民大学学报，2013（2）.

［12］李春敏. 大卫·哈维的"历史—地理唯物主义"及其理论建构［J］. 天津社会科学，2013（5）.

［13］曾宪亢，隋立双. 浅析哈维时间—空间视角资本主义批判［J］. 山西财经大学学报，2014（S1）.

七、《消费文化与后现代主义》

[英] 迈克·费瑟斯通　著

刘精明　译

译林出版社，2000 年

────【作者简介】────

　　迈克·费瑟斯通（1946—　　），分别获得杜伦大学文学学士学位和硕士学位、荷兰乌特列支大学哲学博士学位，现在特伦特大学文化分析系担任社会学和传播学研究型教授，理论、文化和社会研究中心（成立于 1996 年）主任。费瑟斯通是后现代主义和文化全球化论争较有影响的参与者之一，其主要研究领域包括消费文化、全球化、身体、老龄化和生命过程、社会和文化理论、新的信息技术和社会变革。

　　费瑟斯通的主要著作有《全球文化》（1990 年）、《消费文化与后现代主义》（1991 年）、《身体：社会进程和文化理论》（1991 年）、《消费文化：全球化、后现代主义和身份》（1995 年）、《老年人形象》（1995 年）、《全球现代性》（1996 年）、《齐美尔论文化》（1998 年）、《爱情和性欲》（1999 年）、《空间的文化》（1999 年）、《身体的改造》（2000 年）、《承认和差异》（2002 年）、《汽车的用途》（2005 年）等，他的著作和文章已被翻译成 16 种语言，已经产生了广泛的影响。

────【写作背景】────

　　20 世纪 60 年代初，随着科技和经济的迅速发展，现代西方社会进入到了后工业社会发展阶段，而现代西方文化也经历了一次次新的裂变，随之整体全面推进到后工业时期。这个时期，各种文化哲学、伦理都陷入偏激的争执和论战之中，各种伦理群体和流派杂色纷呈，各种文化（艺术、文学、美学、哲学等）倾向更迭汰变。随着一次次理论撞击和兼容，后现代主义逐渐崭露头角并迅速崛起。

20世纪70年代，法兰克福学派及其他批判理论的倡导者们，有关文化工业、异化、商品拜物教和世界的工具理性化的种种讨论，将人们的兴趣从生产领域转向了消费和文化变迁的过程。迈克·费瑟斯通在对老龄化的研究中逐渐明晰了后现代主义和消费文化这些问题，而且当时的西方学者，如詹姆逊、鲍德里亚、布迪厄、韦伯、哈贝马斯等人就开始对西方社会现状和现象做了理论的论证和描述，他们的观点也对迈克·费瑟斯通都有很大的启发和帮助。

──【中心思想】

本书从消费文化着手，全面论述了后现代社会的特征，以及消费文化对后现代社会的影响，并且考察了布尔迪厄、鲍德里亚、利奥塔和詹姆逊等理论家的思想。费瑟斯通指出，消费文化是后现代社会的动力，以符号与影像为主要特征的后现代消费，导致了艺术与生活、学术与通俗、文化与政治、神圣与世俗间区别的消解，也产生了符号生产者、文化媒介人等文化资本家。消费所形成的消解，即使后现代社会形成一个同质，齐一的整体，又使追求生活方式的奇异性，甚至是反叛和颠覆合法化。

全书除前言外，总共十章，19.2万字，中心目的就是阐明西方资本主义国家在消费文化背景下，后现代主义是如何兴起的，又如何成为一个强有力的、富有影响的文化影像。因为本书是作者不同时期演讲稿的集子，所以各成系统，但内容又相互参照，有交叉重合之处，中心内容相近。

──【分章导读】

第一章　现代与后现代：定义与阐释　费瑟斯通分析了现代性与后现代性、现代化与后现代化、现代主义与后现代化主义这些关键词，同时阐释并界定了现代与后现代这两个颇有争议的词语。

正如费瑟斯通所说，谁要提到"后现代主义"这个词，就有可能招来被认为是在赶风头、追求肤浅、毫无意义的知识时髦的危险。通过对当下后现代主义理论研究的梳理，费瑟斯通认为，理论界对于后现代主义存在着两种倾向。一种认为"后现代主义"这个词没有意义，是一些理论家为生存不得不发明的新的运动；另外一种观点则认为这种策略不只是学术领域中的内在运动，而且还是"当代文化心灵深处之疯狂"的一个清楚的晴雨表和指示器。

费瑟斯通的观点则比较积极，他认为我们有必要把"后现代主义"作为兴趣点去研究，不应该仅仅把它当作一个短暂的摇摆不定的时尚加以抛弃，应该去探究那些理论家所演绎的知识，以及后现代的文化体验、实践范围。因此，通过综合各位理论家的观点和看法，费瑟斯通得出这样的认识，现代主义指的是，出现于世纪之交，并直到目前还主宰着多种艺术运动与艺术风格。至于现代主义的基本特征可以总结为：审美的自我意识与反思；对喜好声像同步与蒙太奇的叙事结构的拒斥；对实在的自相矛盾、模糊不清和开发的不确定性特征的探索；对喜欢强调解构、消解人性化主体的整合人格观念的拒斥。

又根据科勒和哈桑的考证，费瑟斯通梳理出"后现代主义"一词最早出现于 20 世纪 30 年代，当时奥奈斯用以表示一面反映现代主义的镜子。这个词的流行是在 20 世纪 60 年代的纽约。当时，一些年轻的艺术家、作家和批评家如劳申伯格、凯奇、巴勒斯、巴塞尔姆、费尔德、哈桑和桑塔格等人，用这个词来表示对"枯竭的"的、因在博物馆和学院中被制度化而遭人拒斥的高级现代主义的超越运动。在 20 世纪 70 年代，一些人用后现代主义理论来解释和判断艺术转向对范围更广的现代性的讨论。就这样，"后现代主义"的使用，在建筑、视觉与表演艺术及音乐当中更为广泛了。而在艺术中，与后现代主义相关的关键特征便是：艺术与日常生活之间的界限被消解了，高雅文化与大众文化之间层次分明的差异消弭了，人们沉溺于折中主义与符码混合之繁荣风格之中；赝品、东拼西凑的大杂烩、反讽、戏谑充斥于市，对文化表面的"无深度"感到欢欣鼓舞；艺术生产者的原创性特征衰微了，还有仅存的一个假设，即艺术不过是重复。

第二章　消费文化理论　费瑟斯通讲述了消费的生产、消费方式和消费梦想以及后现代社会影像与快感的理论，对消费文化作了非常精彩的论述。费瑟斯通区分了关于消费文化的三种主要视角。第一种视角认为，消费文化以资本主义商品生产的扩张为前提预设。第二种视角是一种更为严格的社会学观点。零和博弈，是人们通过对社会差距的表现和维持来实现自己对商品的满足、并取得某种社会地位的。第三种视角关心的是消费时的情感快乐及梦想与欲望等问题。费瑟斯通认为，当代西方社会中符号产品的过剩、文化失序与分层消解（其中某些东西被贴上了后现代主义标签）的倾向，表现为文化问题已经凸显，它为我们多文化、经济与社会之间的联系进行概念化提供了更为广阔的启示。这也不断激发了人民根据消费体验，而不仅仅根据一些心理操作的逻辑，去对欲望与快感、情感及审美的满足等问题加以概念化的兴趣。不过，承认大众文化理论对消费快感的消极评价，是社会学需要超越的。我们应该以一种更为超脱的社会学视角来研究这些萌芽趋势，而这不仅仅是反过来对大众快乐与文化的失序表明一种大众主义的态度。

从古典经济学的观点来看，消费成了所有产品的目的。可是，从 20 世纪的新马克思主义的观点来看，这恰好表明人们控制和操纵消费的机会大大增加了。资本主义的生产的扩张，构建新的市场，通过广告及其他媒介宣传来把大众"培养"成为消费者，就成为极为必要的事情。而且，当人们消费商品的时候，社会关系也就显露出来。出身、阶级、地位不同，一个人生命过程中时间的使用和分配上就有很大的差异。在社会结构底层的穷人，仅仅局限于为获得食物等主要消费品而辛苦奋斗着，他们毕生的时间好像几乎耗尽在为填饱肚皮而努力工作，或整日为此而忧心忡忡。与之相反，有产阶级的富人们，他们从一出生开始，就优于其他穷人，至少他们根本不或极少为生计而发愁过，他们的时间更多的是用在旅游、信息、商品、教育、艺术、文化与闲暇消遣上。他们可以一边悠闲地喝着咖啡，一边在网上冲浪，并从中搜索到有利的就业、财富等信息服务，这就更加提供了他们就业和向上攀升的资本。富人们不屑于与穷人进行财富多寡的比较，却耻于他们的文化修养、生活方式、消费观念、品味趣尚等，不愿与穷人们同流合污。在消费文化中，还一直存在着种种声望经济，因此通过解读这样的商品，可以将它们的持有者身份予以等级分类。

同时，经济价值的观念，已经是资本主义或社会主义社会中的一种强烈的文化影像或内在驱动力。资本主义也生产出了，或者根据后现代主义的修辞手法，叫作"过度生产"出了各种消费的影像与场所，从而导致了纵欲的快感。这些影像与场所，还混淆着艺术与日常生活的界限，就是后现代主义"无深度"的消费文化的直接性、强烈感受性、超负荷感觉、无方向性、记号与影像的混乱，或者似漆似胶的融合、符码的混合及无链条的或漂浮着的能指。在这样的"对现实的审美幻觉"中，艺术与实在的位置颠倒了。可以说，消费文化使用的是影像、记号和符号商品，它们体现了梦想、欲望与离奇幻想；它暗示着，在自恋式地让自我而不是他人感到满足时，表现的是那份罗曼蒂克式的纯真和感情实现。当代消费文化，似乎就是要扩大这样的行为被确定无疑地接受、得体地表现的语境与情境之范围。

第三章 通向后现代文化的社会学 费瑟斯通认为，后现代主义把审美问题抛到了社会学理论之核心，它为对文本的阅读和批判提供了审美模式和判断标准，也为生活提供了审美模型，即生活以审美的形式呈现了出来，艺术成了一种美好的生活。费瑟斯通指出，我们不必去赞成或反对后现代主义，而要从社会学的角度来分析后现代主义是如何可能的，人们又是怎样对与此相关的一系列观念感兴趣的。

在所有建筑、文学、音乐、艺术、摄影、表演艺术、哲学和批评领域里，还不存在统一的后现代主义观念，而且对后现代主义的认识有一个过程。20世纪60年代后现代主义的一个特征就是对制度化艺术的攻击，反对那种贵族式的、经典式的艺术。而在20世纪70年代的美国，人们发现了一种相似的过程，那就是与德里达用结构替代尼采的过程，它成了通过次级文本、杂志及杂志批评等更为密集的网络，来传播后现代理论的一个重要参照点。事实上，后现代主义表征的是知识分子们对自身筹划的普遍有效性潜能失去了信心。知识产品货币的自我贬值，同时也是更为普遍的社会贬值。因此，后现代理论所强调的，就是哈桑所发现和归纳的一些趋势：不确定性、开放性、多元主义、随机性、折中主义、非连贯性、谬论、文本间性、"多"对"一"的优越性；还有内向性，对我们内心世界的认知、我们自己晦涩的符号之自我构成，以及在传播和扩散那些丧失了现实意义的历史记号和所有其他元叙事时的陷阱。正如詹姆逊表明了的后现代主义的两个基本特征：有实在向影像的转化；时间如精神裂变式地碎化为一系列永恒的当下片段。

在后现代主义文化中心，一种被布迪厄称为"新型文化媒介人"群体的人，不得不引起我们高度的注意和研究。这些人从事符号产品的生产与符号工作。早些时候，这些工作被叫作市场销售、广告人、流行小说家及专门性服务工作，如社会工作者、婚姻顾问、性治疗专家、营养学家、游戏带领人等。他们通过养成自己生活的方式，一种风格化的、表意性的生活，使得几乎每一个人都拥有与众不同的位置、别具一格的游戏及其他个人财产的外在记号，这在以前，只是知识分子所独有。他们积极地促进并传播了知识分子的生活方式，与知识分子一起，致力于使诸如体育运动、时尚、流行音乐、大众文化等成为合法而有效的知识分析领域。这些文化媒介人为消解横亘在大众文化与高雅文化之间旧的差异与符号等级，提供了有效的帮助。这样，对知识产品与艺术的、知识分子的生活方式的心仪景仰，就有助于在形成中的中产阶级观众。而且，就产生新的符号产品与体验、知识与艺术的生活道路而言，其潜力还远胜于此。因为，它们可以为那些融汇、传播于后现代主义之中的感受性所接受。

第四章　文化变迁与社会实践　费瑟斯通详细论述了西方发达资本主义国家出现的文化变迁，即晚期资本主义与社会实践、体验与实践、权威与文化实践。

西方著名后现代主义理论家詹姆逊在《后现代主义与文化理论》一书中，提出资本主义发展经历了三个阶段：一是国家资本主义，形成了自由主义国家的市场，正是马克思写《资本论》的时代，这时候对应的艺术准则是现实主义，如巴尔扎克的作品；二是列宁所论述的垄断资本或帝国主义阶段，形成的艺术准则是现代主义，如波德莱尔、爱略特等人；第三阶段被称为晚期资本主义或多国化资本主义，出现了后现代主义，如品钦的《万有引力之虹》。因此，詹姆逊坚持把后现代主义看作是晚期资本主义的文化逻辑，并分析了诸如后现代主义表达了晚期消费资本主义或多国资本主义的社会系统中较深层逻辑的途径。他把战后国家资本主义，当作资本主义的第三阶段。这样，对詹姆逊来说，现实主义与市场资本主义相对应，现代主义与垄断资本主义相一致，而后现代主义就与晚期、多国、消费资本主义相匹配。但费瑟斯通认为，詹姆逊关注的是后现代主义体验，忽视了后现代主义的实践。

文化正是消费社会自身的要素，没有任何社会像消费社会这样，有过如此充足的记号与影像。一些评论家得出结论说，随着大众文化与高雅文化之间差别的消弭，向后现代文化的转轨，给知识分子带来一种特别的威胁。如鲍曼认为，后现代主义是面临地位与认同危机的知识分子体验的一种直接而详尽的叙说，而利奥塔同其他人一样，也指出了当时的知识分子的普遍性权威的没落。

第五章　日常生活的审美呈现　费瑟斯通详细论述了西方发达资本主义国家出现的日常生活审美呈现现象。从 2003 年以来，日常生活审美问题在中国学界，尤其是文艺理论界和美学界所引起的轰动和讨论是非同一般的。可以说，费瑟斯通是最先提出这一理论的西方学者。他是在西方的后现代语境下，尤其是后现代消费文化语境下针对西方资本主义国家的历史和现状提出的。

费瑟斯通发现，他力图勾勒以审美的形式呈现日常生活的一些特征，并非后现代主义所独有。在现代主义时代中，为生产大众文化，作为幻觉的艺术权力、艺术真迹的权威、"灵气"之源，都已转换到了工业之中，绘画进入了广告，建筑进入了工程技术，手工业品与雕塑成了工业美术。可见，与后现代的日常审美相关的这许多特征，在现代性中都有一定的基础。它可以追溯到 19 世纪中期波德莱尔、本雅明及齐美尔所描述的大城市的体验当中。而且，相似的审美体验，在中产阶级的狂欢与交易会中也产生过。达达主义与超现实主义打破常规的艺术形式，也可以追溯到中世纪的象征性颠覆与叛逆的狂欢化活动中。

费瑟斯通从三个方面谈论了日常生活的审美呈现。其一，指的是那些艺术的亚文化，即在第一次世界大战和 20 世纪 20 年代的达达主义、历史先锋派及超现实主义运动。对艺术作品的直接挑战，渴望消解艺术的灵气，击碎艺术的神圣光环，并挑战艺术作品在博物馆与学术界中受人尊重的地位。与之相反的过程认为，艺术可以出现在任何地方、任何事物上。其二，日常生活的审美呈现还指的是生活转化为艺术作品的谋划。就艺术家和知识分子及潜在的艺术家、知识分子来说，这一谋划的诱人之处是，它已经有了悠久的历史。日常生活的审美呈现的第三层意思，是指充斥于当代社会生活经纬的迅捷符号与影像之流。对这个过程的理论的概括，马克思关于商品拜物教的理论提供了很多思想观点，卢卡奇、本雅明、豪格、列菲伏尔、鲍德里亚及詹姆逊等人，也对此做了不同的阐发。日常生活审美化的第三个方面，当然也是消费文化发展的中心。

费瑟斯通对"日常生活的审美呈现"的探讨还是相当精彩的，而另一位对"日常生活审美化"进行详细阐述的是德国后现代哲学家沃尔夫冈·韦尔施。韦尔施赋予了"审美化"多层次的内涵，其一，锦上添花式的日常生活表层的审美化；其二，更深一层的技术和传媒对我们的物质和社会现实的审美化；其三，同样深入的我们生活实践态度和道德方向的审美化；其四，彼此相关的认识论的审美化。前两方面我们可以认为它是浅表的"日常生活审美化"，但在韦尔施看来，认识论审美化是最为根本的一种，它构成了当前审美化过程的实际基础，并解释了这些过程为何被人们广泛接受。

可见，费瑟斯通与韦尔施两人分析的，是已经进入后工业社会的欧美发达资本主义国家。审美泛滥是大众消费文化突飞猛进的必然结果，大众传媒、现代技术等使得艺术和生活、实在和影像之间的界限慢慢消失，审美因素向生活领域大举的转移、渗透和扩展。他们基本上是将日常生活审美化范畴的时间维度限定在消费文化时代，但是，韦尔施并不是在简单反对当前的审美化。他认为，当前的审美化既不应当不加审查就做肯定，也不应当不加审查就做否定。两者都是轻率且错误的。所以说，他反对的是把审美因素过分扩张到生活中，导致万事万物皆为美，什么都不复为美，流于形式的、表面的、肤浅的"漂亮""虚华""装饰"，最终又导致审美疲劳，冷漠和厌恶的审美现象。

中国现在处于一个前现代、现代与后现代杂糅的混合时代，所以出现被学界讨论得沸沸扬扬的诸如中国是否进入后工业时代和消费文化时代等问题，但不可否认的事实和现状是，中国的确出现了许多西方学界关注的审美因素向生活领域大举的转移、渗透和扩展，甚至呈现泛滥的现象。因此，中国学者陆扬等人翻译了沃尔夫冈·韦尔施著的《重构美学》之后，这一理论被陶东风等人本土化，并引起近几年学界的热烈讨论。

第六章 生活方式与消费文化 费瑟斯通引用了布迪厄有关"习性"的理论，分析了习性、身体作为一个人阶级品味的物化特征，这其实也是福柯的理论。

费瑟斯通指出，使用"消费文化"这个词是为了强调，商品世界及其结构化原则对理解当代社会来说具有核心地位；近来消费文化发展趋势有三个征兆，即"今天已没有风格，有的只是种种时尚""没有规矩，只有选择""每个个人都能成为一个人物"。对于习性，布迪厄指的是无意识的品位、分类的图式以及理所当然的嗜好。习性是个体对他在文化产品与实践方面的品位是否"得体"，是否有效的证据。习性不仅在日常生活知识层面上运作，而且还铭刻在人们的身体上。简言之，身体是一个人阶级品味的物化特征：阶级品味嵌入在身体上。

第七章 城市文化与后现代生活方式 费瑟斯通详细论述了西方发达资本主义国家出现的城市文化等引人注意和深思的后现代问题。费瑟斯通认为，每个城市都有它自己独特的历史文化积淀与底蕴，别具一格的文化产品、人文景观、建筑及独特的生活方式。而后现代城市，则是以返回文化、风格与装潢打扮为标志，但是却被套进了一个"无地空间"，文化传统意义的情境被消解了，它被模仿、被复制、被不断地翻新、被重塑着风格。所以后现代城市更多的是影像的城市，是文化上具有自我意识的城市；它既是文化的消费中心，又是一般意义上的消费中心。城市脱离工业化过程而成了消费中心，并汇聚起各种壮观场面、混合的符码使高雅文化与低俗文化融为一体，从而导致了一种面向后现代生活方式的转变。

费瑟斯通还论及了文化资本问题，提出文化的资本特性及其价值常常是隐含的，人们对它的认识也经常是错误的。布迪厄表明了三种文化资本形式：它可以以嵌入的形式存在，如表现的风格、讲话的方式；也可以以对象化的形式存在，如文化商品图画、书本、机器、建筑等；还可以以制度化的形式存在，如受教育的资格。在对城市的分析中，我们尤为感兴趣的是文化的物化形式。

新贵聚居的过程是饶有兴味的，因为它不仅表明了内城区域文化建筑的再开发，而且还为中产阶级各群体提供了高度简练的轮廓。而最能清楚地表述这个过程的，是已为人们广泛研究的纽约索霍区。就新型中产阶级的特殊阶层来说，他们有志于带有格调的生活，有志于将生活以审美的形式呈现出来。所以，他们就能够将最新的风格，如后现代主义的风格，传递到广大观众之中，而他们自己也就成了接受后现代商品与体验之阶层的一部分。费瑟斯通最后总结说，一些新的城市生活方式表明了认同中心的消解，人们更有能力从事放松了控制的情感活动及审美游戏。从全球水平上讲，可以说，我们正在见证着大都会中心支配艺术家与知识分子生活的终结。世界城市场域中不断出现的全球化过程，提供了新的文化资本形式和更广泛的符号体验，这些文化资本形式和符号体验更为容易获得。

第八章 消费文化和全球失序 费瑟斯通不再仅仅局限于对个别问题和现象的分析论述上，而是把眼光投放到全球化背景来透视后现代理论和消费文化理论，以更宽广的视野对前七个方面的理论进行总结、概括。在此，费瑟斯通主要想阐述的意思是，伴随着现代社会的工业化、理性化、城市化和社会分化的过程，尤其是消费文化强调的遵循享乐主义，追逐眼前的快感，培养自我表现的生活方式，发展自恋和自私的人格类型，对宗教具有极强的破坏性，导致宗教在社会中的影响渐趋衰微，因此如一些学者所言："现代性的真正问题是信仰问题。"宗教的衰落和社会内部制度性基础的蚀变，总会给个体和社会带来不良的影响，留下一片社会价值的真空。其结果便是，宗教化为了无形的宗教，大步跨入世俗事务的市场，被牢牢置于消费市场上。

然而，现代性需要用艺术来填补宗教的信仰真空，或用某种伦理来解释消费文化的观点，作者认为也是不对的。因为这无非是说，社会需要基本的信仰，或者说个人需要通过基本信仰来从事活动。作者认为应采取一种更为宽泛的文化定义，不仅包括正式的宗教制度及运动，也包括那些社会过程和实践活动，无论是国家仪式、摇滚音乐会，还是在小群体或朋友、爱人间进行的小型神圣性仪式，所有这些都在生产与再生产着神圣的象征。因此，他认为我们不能接受把消费当作直接的产品消费，从而以此来弃绝"大众"消费的方法。相反，我们不得不承认，虽然消费主义带来了商品的过度膨胀，但这并不意味着神圣被遮掩没了。若我们能注意到在实践中的商品所具有的象征意义，那事情就一目了然了。

在此基础上，费瑟斯通总结了后现代主义的五个特征。其一，后现代主义攻击艺术的自主性和制度化特征，否认它的基础和宗旨。其二，后现代主义发展了一种感官审美，一种强调对初级过程的直接沉浸和非反思性的身体美学。其三，后现代主义无论是处在科学、宗教、哲学、人本主义、马克思主义中，还是在其他知识体系中，在文学界、批评界和学术界，它都暗含着对一切元叙述进行着反基础论的批判。其四，在日常文化体验的层次上，后现代主义暗含着将现实转化为影像，将时间碎片化为一系列永恒的当下片断。其五，后现代主义喜好的就是对以审美的形式呈现人们的感知方式和日常生活。

通过对后现代主义特征的再次梳理，费瑟斯通得出这样的结论：其一，艺术和审美体验成为知识、经济及生活价值意义的主要范式；其二，象征性的终结，因为对消费文化中偶然且杂乱怪异的大拼凑排列所激发的任何意义的联系，或者对意义的淹灭，记号能自由地将它们表现出来。也就是说，我们走向了文化的失序。

第九章　共同文化或非共同文化　对于共同文化的观点，费瑟斯通认为可以追溯到歌德。歌德是第一个瞭望到"世界文学"产生的人，并且号召"每个人都应该努力促使它快一点来临"，他理解的"共同文学"不是把某一优选民族的文学强加于世界，把被统治的各民族文学全压下去，而是各民族文学相互交流，相互借鉴而形成的，各民族对它都有贡献，也都对它有所吸收。而马克思在论述了世界市场形成理论的同时，也瞻望未来的共同文学、文化实现的可能性。

而费瑟斯通理解的共同文化则有所不同。他认为过去的社会学家和人类学家力图说服我们，在社会世界"之中"存在着一种统整性共同文化，而文学理论家与批评家则承诺去创建一种"真正的"、整合的共同文化。他所指的共同文化，就不仅是内容层面上的一系列整合的信仰与价值，而更是形式层面上的一系列可以认知的原生性深层规范之变化的可能性。

────【意义与影响】────────────────────────

　　此书对我国学界研究消费文化、后现代主义文化及其美学，具有较重要的参考价值。

　　首先，此书重点考察了消费文化与后现代主义的关系，把后现代社会即当代资本主义社会看成是消费社会。正如有论者所解读的，"在当代英国著名社会学家费瑟斯通看来，当今社会从某种意义说就是消费社会，消费社会具有后现代特性"①。费瑟斯通对当今社会发展的指认，基于当今日常生活的经验考察与对鲍德里亚、詹姆逊等思想家的理论参照之上，分析了消费社会各方面带给当代人的生活影响，也在我国学术界产生了影响。我国著名文化学者王一川把费瑟斯通视为消费文化领域的"著名理论家"，指出了消费文化成为我国学术界研究一个热点，但"中国当前消费文化并没有简单地按费瑟斯通所铺设的'商品世界及其结构化'大道迈进，多重文化因子在其中起着复杂的拉动作用，形成彼此错时或错位关联，因而便出现了身体在热烈消费而头脑却在冷峻思考的悖谬现象"②。

　　其次，通过费瑟斯通深入浅出的介绍，我们了解到，后现代主义并非仅仅是失去了影响的知识分子为自己的权力潜能得以实现而精心设计出来的一个"人为的"东西。恰恰相反，它所提出的问题，涉及文化和知识的生产、传递、传播等各个方面。使我们对当代西方的现状和现象引起注意和反思。当代西方的一些社会现象，例如消费文化中梦想、影像与快感的生产，新型文化媒介人的符号操纵，日常生活的审美呈现，后工业城市变迁，以及小到个人的品位、习性背后所体现的阶级出身和消费实力等问题，都是我们需要关注的。中国当代社会处于一个前现代、现代和后现代杂糅的复合时代，所以西方的这些情况很大程度上契合了中国当代的一部分现状，介绍和研究西方的理论，对我们而言，可以更清楚地了解自己的文化和现状，扬长避短，为我所用。正如我国学者陆扬所说："消费文化的全球化面临着美国文化主导其中这个难以回避的问题，假如认为美国文化纯粹是由图像和声响刺激起来的消费主义，那将是过低估计了它对中国文化发扬光大自身民族传统构成的

────────────

① 张芳德. 费瑟斯通消费文化的审美维度［J］. 湖北民族学院学报（哲学社会科学版），2006 (1).

② 王一川. 中国消费文化中的悖谬：身体热消费与头脑冷思考［J］. 学术月刊，2006 (5).

挑战。"①

最后，在此书中，费瑟斯通还侧重分析了消费社会"日常生活的审美呈现"，指出了日常生活审美的后现代表现、内涵及其正负效应，尤其指出了各种文化媒介对当代文化生活的重要影响。这为我们分析当代研究当代消费社会日常生活审美提供了新视角。正如我国学者对费瑟斯通消费文化中审美维度的解读："在消费社会，日常生活具有审美特性，影像具有重要意义，文化媒介人成为新审美生活方式的创造者和传播者。"②

── 【原著摘录】────────────────────────────

第一章　现代与后现代：定义与阐释 P1－17

P4－5　现代性是与传统秩序相对比而言的，它指的是社会世界中进化式的经济与管理的理性化与分化过程（韦伯、腾尼斯、齐美尔），人们经常以鲜明的反现代目光来审视现代资本主义工业化国家的形成过程。

说起后现代性，就意味着一个时代的转变，或者说，它意味着具有自己独特组织原则的新的社会整体的出现，意味着与现代性的决裂。这正是鲍德里亚、利奥塔（某种程度上还包括詹明信）所叙说的一种变迁的秩序。……鲍德里亚强调，从生产性（productive）社会秩序向再生产性（reproductive）社会秩序转变的过程中，技术与信息的新形式占有核心地位：在再生产性社会秩序中，由于人们用虚拟、仿真的方式不断扩张地构建世界，因而消解了现实世界与表象之间的区别。……利奥塔假定了后现代运动的存在，他既提供了关于后现代运动的"宏大叙事"，同时也因坚持更为碎片化的"情绪"或"心灵状态"的观念……可对詹明信来说，后现代是一个更为明确的阶段化概念，他不愿意把后现代主义看作是一个时代的转变，而相反，它是起源于二战以后的资本主义第三大阶段，即晚期资本主义的文化支配或文化逻辑。

P8　发展社会学经常用现代化来表示在传统社会结构与价值之基础上的经济发展的结果。现代化理论也常常用来指涉以工业化、科学与技术、现代民族－国家、资本主义市场、城市化和其他基本结构要素的增长为基础的社会发展阶段。

---

① 陆扬. 消费文化与美国化问题［J］. 学术月刊，2006（5）.
② 张芳德. 费瑟斯通消费文化的审美维度［J］. 湖北民族学院学报（哲学社会科学版），2006（1）.

P10 现代主义指的是，出现于世纪之交、并直到目前还主宰多种艺术运动和艺术风格。

第二章 消费文化理论 P18－40

P25 在道格拉斯和伊舍伍德的讨论中，消费者的阶级定义与三类商品的消费有关：与第一产业相应的主类消费品（如食物）；与第二产业相应的技术类消费（如旅游与消费者的资本装备）；与第三产业相应的信息类消费（如信息商品、教育、艺术、文化与闲暇消遣）。在社会结构底层，穷人局限于主类消费，而在上层消费阶级中不仅要求较高水平的收入，而且为从消费到就业提供必要的反馈，他们还需要一种判断信息产品和服务的能力，这也是他们自身就业的一种资格。这就要求上层消费者，必须终生投资于文化与符号资本，并且为了维持消费活动而投入比下层多得多的时间。

P30 经济价值的观念，已经是资本主义或社会主义社会中的一种强烈的文化影像或内在驱动力。

P34 就是后现代主义"无深度"的消费文化的直接性、强烈感受性、超负荷感觉、无方向性、记号与影像的混乱或似漆似胶的融合、符码的混合及无链条的或飘浮着的能指。在这样的"对现实的审美幻觉"中，艺术与实在的位置颠倒了。

P39 在消费文化中，一直存在着种种声望经济（prestige economies），它意味着拥有短缺商品，花相当多的时间进行投资，恰当地获取、有效的运用金钱和知识。通过解读这样的商品，可以将它们的持有者的身份予以等级分类。与此同时，消费文化使用的是影像、记号和符号商品，它们体现了梦想、欲望与离奇幻想；它暗示着，在自恋式地让自我而不是他人感到满足时，表现的是那份罗曼蒂克式的纯真和情感实现。当代消费文化，似乎就是要扩大这样的行为被确定无疑地接受、得体地表现的语境与情境之范围。

第三章 通向后现代文化的社会学 P41－73

P46 实际上，后现代主义把审美问题抛到了社会学理论之核心：它为对文本（文本的快感、文本间性、书写文本）的阅读和批判，提供了审美模式和判断标准，也为生活提供了审美模型（生活以审美的形式呈现了出来，艺术成了一种美好的生活）。

P60 事实上，后现代主义表征的是知识分子们对自身筹划的普遍有效性潜能失去了信心。知识产品货币的自我贬值，同时也是更为普遍的社会贬值。因此，后现代理论所强调的，就是哈桑所发现和归纳的一些趋势：不确定性、开 P61 放性、多元主义、随机性、折中主义、非连贯性、谬论、文本间性、"多"对"一"的优越性；还有内向性，对我们内心世界的认知、我们自己晦涩的符号之自我构成、在传播和扩散那些丧失了现实意义的历史记号以及所有其他元叙事时的陷阱。

P66 尽管新型中产阶级的定义经常包括管理者、雇主、科学家和技术人员，而我则更愿意用它来集中表示正在扩张的"新型文化媒介人"群体。这些人从事符号产品的生产与服务工作。早些时候，这些工作被叫作市场销售，广告人，公共关系专家，广播和电视制片人，表演者，杂志记者，流行小说家及专门性服务工作（如社会工作者、婚姻顾问、性治疗专家、营养学家、游戏带领人等）。

第四章 文化变迁与社会实践 P74－93

P81 一些评论家得出结论说，随着大众文化与高雅文化之间差别的消弭，向后现代文化的转轨，给知识分子带来一种特别的威胁。

P89 鲍曼……认为，后现代主义是对面临地位与认同危机的知识分子体验的一种直接而详尽的叙说，是人们对其产品需求减少的结果。就一种普遍性筹划而言，对知识分子产品需要的减少，就使得他们原来的立法者的地位发生了改变，变成了不太重要的解释者角色。他们必须将复杂的生活词汇、语言游戏，从人类文化的历史档案中翻译出来，以供扩大了的、普遍的、转瞬即逝的观众来使用和解读。利奥塔同其他人一样，也指出了当时的知识分子的普遍性权威的没落。

P92－93 总的说来，不应该仅仅从资本主义逻辑展开的水平上来理解后现代主义；它需要根据各类符号生产领域的专家群体与经济专家群体之间的权力平衡与变迁的动力、竞争性斗争与相互依赖关系，来加以具体研究。这意味着，我们需要在学术群体内部与外围，对文化与消费新形式的生产者、传播者及传导者的角色，予以深入探究。如果后现代主义是向社会性的或全球性的消解文化分层的转变的一种征兆——这在许多原来符号等级遭到动摇的其他领域中是很明显的，它为大众文化研究的普及与合法性提供了广阔空间——那么我们需要在社会间及社会内两个层次上，在群体内部斗争与相互依赖关系的变迁动力中，找到它的位置。

第五章 日常生活的审美呈现 P94－120

P95－96 我们可以在三种意义上谈论日常生活的审美呈现（the aestheticization of everyday life）。首先，我们指的是那些艺术的亚文化，即在一次世界大战和本世纪（20世纪）二十年代的达达主义、历史先锋派及超现实主义运动。首先是对艺术作品的直接挑战，渴望消解艺术的灵气、击碎艺术的神圣光环，并挑战艺术作品在博物馆与学术界中受人尊重的地位。其次是与之相反的过程，即认为艺术可以出现在任何地方、任何事物上。

第二，日常生活的审美呈现还指的是将生活转化为艺术作品的谋划。就艺术家和知识分子及潜在的艺术家、知识分子来说，这一谋划的诱人之处是，它已经有了悠久的历史。

P98　日常生活的审美呈现的第三层意思，是指充斥于当代社会生活之经纬的迅捷的符号与影像之流。对这个过程的理论的概括，马克思关于商品拜物教的理论提供了很多思想观点，卢卡奇、法兰克福学派、本雅明、豪格、列菲伏尔、鲍德里亚及詹明信等人，也对此作了不同的阐发。

P99　日常生活审美化的第三个方面，当然是消费文化发展的中心。同时，我们需要意识到它与前面所展示的第二个方面之间是有交叉的……

P106－107　在工业主义时代中，为生产大众文化，作为幻觉的艺术权力，艺术真迹的权威，"灵气"之源，都已转换到了工业之中：绘画进入了广告，建筑进入了工程技术，手工业品与雕塑成了工业美术。

P112　与后现代的日常生活审美相关的许多特征，在现代性中都有一定的基础。

第六章　生活方式与消费文化 P121－138

P121　近来消费文化发展趋势的三个征兆，就在头脑中闪现出来了："今天已没有风格，有的只是种种时尚"、"没有规则，只有选择"、"每个个人都能成为一个人物"。

P130　文化资本具有自己的、独立于收入或金钱之外的价值结构，它相当于转化为社会权力的能力。如果单纯根据收入来判别品味等级，就会忽略文化与经济的双重运作原则。

P132　习性不仅在日常生活知识层面上运作，而且还铭刻在人们的身体上，强调这点很重要。它流露于身体及其活动的各个方面：身材、体积、体形、姿势、步态、坐姿、饮食的方式、个体可以宣称的对社会空间与时间的占有量、对身体的尊重程度、声腔声调、说话方式的复杂性、身体姿态、面部表情、对自己身体的安静感。所以这些都是关于一个人社会出身的习性的自然流露。简言之，身体是一个人阶级品味的物化特征：阶级品味嵌入在身体上。每个群体、阶级、阶级成员都有不同的习性，因此，他们的一系列差异，品味的卓越或庸俗之源，就可以在社会场域中被标示出来，其事实上在前面讨论过的生活方式和阶级（或职业）之上，又形成来了第三种标码。

第七章　城市文化与后现代生活方式 P139-162

P139　城市总是有自己的文化，它们创造了别具一格的文化产品、人文景观、建筑及独特的生活方式。甚至我们可以带着文化主义的强调说，城市中的那些空间构形、建筑物的布局设计，本身恰恰是具体文化符号的表现。

P145　后现代城市以返回文化、风格与装潢打扮为标志，但是却被套进了一个"无地空间"，文化的传统意义的情境被消解了，它被模仿、被复制、被不断地翻新、被重塑着风格。所以后现代城市更多的是影像的城市，是文化上具有自我意识的城市；它既是文化的消费中心又是一般意义上的消费中心。

P153　城市脱离工业化过程而成了消费中心，并汇聚起各种壮观场面、混合的符码，使高雅文化与低俗文化融为一体，从而导致了一种面向后现代生活方式的转变。

P157　新贵聚居的过程是饶有兴味的，因为它不仅表明了内城区域文化建筑的再开发，而且还为中产阶级各群体提供了高度简练的轮廓。

P159　就新型中产阶级的特殊阶层来说，他们有志于带有格调的生活，有志于将生活以审美的形式呈现出来。所以，他们就能够将最新的风格，如后现代主义的风格，传递到广大观众之中而他们自己也就成为接受后现代商品与体验之阶层的一部分。

P159　后现代主义的倡导者们，抓住了文化中的一个主要转变。既有的符号等级被摧毁了，一个更为戏谑的、大众民主的冲动日益彰显出来。

第八章　消费文化和全球失序 P163-185

P163　与工业化、理性化、城市化和社会分化的过程相联系，宗教在社会中的影响渐趋衰微。……宗教的衰落和社会内部制度性基础的蚀变，总会给个体和社会带来不良的影响，留下一片社会价值的真空。

P165　遵循享乐主义，追逐眼前的快感，培养自我表现的生活方式，发展自恋和自私的人格类型，这一切，都是消费文化强调的内容。这就不免使人们普遍认为，消费文化对宗教具有极强的破坏性。

P171　然而，认为现代性需要用艺术来填补宗教的信仰真空，或用某种伦理来解释消费文化，也是不对的，因为这无非是说，社会需要基本的信仰，或者说个人需要通过基本信仰来从事活动。

P182　这样，对后现代主义的理解，就必须置于消费文化的成长、从事符号产品生产与流通的专家和媒介人人数增加之长时段过程的背景中。后现代主义从消费文化中吸引了生活的审美呈现方面的许多特征，认为美的生活就是道德的善的生活，它无须涉及人性与真实的自我。

P183　象征的终结，因为对消费文化中偶然且杂乱怪异的大拼凑排列所激发的任何意义的联系，或者对意义的淹灭，记号都能自由地将它们表现出来。也就是说，我们走向了文化的失序。

第九章　共同文化或非共同文化 P186-207

P187　对待共同文化的几种典型的立场：过去曾经存在一种共同文化，但是现在正遭受到大众文化的摧毁，所以我们必须设法让过去的文化传统复活起来；或者相反，共同文化最终只能由文化精英的教育计划来创造，它将最终消灭粗俗、野蛮文化的残余；或者，最后，是一种稍微不那么精英主义的解决办法，把普通民众（现在被肯定地评价）与挑选出来的"高雅"文化传统中的要素结合起来，发展出一种真正的共同文化。

P206　社会学家和人类学家力图说服我们说，在社会世界"之中"存在着一种统整性共同文化，而文学理论家与批评家则承诺去创建一种"真正的"、整合的共同文化。……我们所指的共同文化，就不仅是内容层面上的一系列整合的信仰与价值，而更是形式层面上的一系列可以认知的原生性深层规范之变化的可能性。

── 【参考文献】 ──────────────────────

　[1] 杰姆逊. 后现代主义与文化理论 [M]. 唐小兵，译. 西安：陕西师范大学出版社，1986.

　[2] 沃尔夫冈·韦尔施. 重构美学 [M]. 陆扬，张岩冰，译. 上海：上海译文出版社，2002.

　[3] 陈莉. 传统文化进入消费社会的包装改造途径 [J]. 黑龙江社会科学，2007（1）.

　[4] 曹海峰. 消费文化理论与创意产业的勃兴 [J]. 中国社会科学院研究生院学报，2007（2）.

　[5] 花家明. 消费文化与当代中国广告批评 [J]. 贵州社会科学，2007（3）.

　[6] 倪志娟. 当代语言的时空纬度 [J]. 社会科学研究，2007（2）.

［7］李金仙. 后现代艺术的失范性［J］. 大连大学学报，2007（4）.

［8］周宪. "后革命时代"的日常生活审美化［J］. 北京大学学报，2007（4）.

［9］陈庆德. 文化视野中的消费分析［J］. 社会科学，2006（2）.

［10］刘万喜. 三种时间、三种活动：马克思"审美生产主义"初探［J］. 江西社会科学，2006（2）.

［11］彭佳. 从网络文学的兴盛看现时代的消费文化［J］. 经济师，2007（7）.

［12］张芳德. 费瑟斯通消费文化的审美维度［J］. 湖北民族学院学报（哲学社会科学版），2006（1）.

［13］王一川. 中国消费文化中的悖谬：身体热消费与头脑冷思考［J］. 学术月刊，2006（5）.

［14］陆扬. 消费文化与美国化问题［J］. 学术月刊，2006（5）.

八、《政治理论与后现代主义》

[美] 斯蒂芬·K. 怀特　著

孙曙光　译

辽宁教育出版社，2004 年

——【作者简介】

斯蒂芬·K. 怀特（1949—　），美国弗吉尼亚大学政治学教授，美国后现代主义理论研究较有影响的参与者之一。1987 年至 1988 年，在亚历山大·冯·洪堡基金会的慷慨资助下，斯蒂芬·K. 怀特在法兰克福大学学习一年，最终获得对海德格尔的理解。1989 年春季，应洪堡基金会慷慨邀请，怀特前往德国参加在波恩召开的海德格尔学术研讨会。1990 年春季，斯蒂芬·K. 怀特向伦特大学的"西方历史和文化研究方法论"的跨学科研究生课程提交了一份题为《批评理论/后现代主义争论》的论文。

他的著作主要有《哈贝马斯的最近著作》（1988 年）、《政治理论与后现代主义》（1991 年）、《剑桥哲学指南：哈贝马斯》（1995 年）、《持续的肯定：政治理论中脆弱本体论的力度》（2000 年）、《什么是政治理论》（2004 年）、《迟到的现代公民精神》（2009 年）等。

——【写作背景】

后现代主义曾经引起了巨大的争论，且今日依然，它已经扩散成为一般性的话语。有人将后现代主义视为诸多原则，比如它对种种元叙事的基本性抗拒，比如它让人吃惊的解构性，但是越来越多的人却是在从后现代主义的创新性视角当中受益。这本书是因斯蒂芬·K.怀特对后现代和它们的批评者对待彼此的方式不满而诞生的。他的研究是为了寻找一种更可行的思考这种后现代争论的方式。最终,此项研究获得了弗吉尼亚工学院和州立大学的人文学科项目中心的支持。

不惜耗费时间阅读和评论这本书不同章节的人有汤姆·杜姆和丹尼斯·斯密特。丹尼斯·斯密特在作者的计划刚开始的时候,在引导作者进入海德格尔的思想方面给了其巨大的帮助。这本书的第二部分内容发表在《政治理论》第16期《后现代主义和政治反思》一文中,第三和第四章的部分内容发表在《政治理论》第18期《海德格尔和后现代伦理学与政治学的困境》一文中。第七章的部分内容非常早的版本在《国际现实》第7期的《正义与后现代的问题性》一文中。

全书由前言、八章正文组成,共11.6万字。

───【中心思想】────────────────────────────

本书有八章内容,区分了两种截然不同的关于责任的含义的思考方式,一种是流行于现代主义论述中的视角,另一种则是流行于后现代主义论述的视角当中,从而廓清了穿越后现代疑难的道路。以此为导向,怀特探究了海德格尔、福柯、德里达、利奥塔和哈贝马斯以及那些差异女权主义者的作品,想要借此说明后现代主义何以能够给当代的伦理、政治反思带来某种信息。

本书第一章和第二章对后现代的界定进行了阐述,并且第一章从五个方面解释了后现代的困惑,即对元叙事渐增的不信任,对社会合理化之危险的新警觉以及新兴信息技术和新兴社会运动的发展,最后初步说明了后现代。在第二章中,又利用后结构主义者,如福柯和德里达的理论来理解现代—后现代张力。第三章,作者则用海德格尔的哲学思想来解释政治理论和后现代主义之间的关系,在海德格尔后期的著作中,将意志更极端地问题化,在两个方面对后现代思考具有重要的作用,一是它提供给我们正面的观念,二是它提供了一种方式,去揭露后现代思想家怎样不自觉地遭遇到跟尼采一样的困境,其中分为两个方面:海德格尔和后现代政治学和政治,意志和主体间性。在第四章中,作者更细致地分析了海德格尔在经验他者方面的建议,特别揭示了他与法国主流后现代主义者之间的一个重要区别。在第五章中,作者尝试着去解释后现代对他者的理解,其中分为三个方面:德里达的责任重置、体验日常生活之崇高和可承受的轻度关怀。在第六章中,在对后现代思想家进行分析的过程中，作者提出，如果我们能够将其粗鲁的态度搁置一旁，那么我们就能追踪到这样一种感觉方式，它的各种品性以及那种对日常生活的关注都强烈地应和着海德格尔所关心的内容。总结上述两个视角的分析结果，在结论部分，怀特考查了这种修正了的后现代主义视角是如何影响到我们对正义的思考的。

【分章导读】

在本书前言中，怀特就把其所认为的当前伦理政治反思反面所要应付的一些后现代的基本疑难罗列了出来，它表现为四种现象：对传统元叙事渐增的不信任，关于社会合理化所造成的新问题的逐渐警觉，信息技术的爆炸，新社会运动的出现。阐述这些疑难问题虽没有指出解决问题的路标，但却能使我们对这些问题有所理解。

第一章　导言：后现代疑难　何谓"后现代的"？何谓"后现代的"方式思考事物？对于这些问题，怀特认为，可能性的答案其实多种多样。"后现代的"这个术语，以及它的派生语汇"后现代性""后现代主义"被用在艺术、建筑、文学、哲学、社会和政治学的大量现象中，以及在上述领域中所提出的主张里面。当然，在这诸多的领域中，一个人决定将何者视为重要而加以强调，这就取决于个人的利益和意向了，无数讨论早已存在，试图要把各种冠以"后……"的事物的范围做一综述。怀特试图直接勾勒出后现代的一些特征，以便那些重点关心伦理学和政治学的人能够获得一点初步的着力点。

怀特提出，后现代表现为四种现象：其一，"对元叙事渐增的不信任"。"关于后现代主义最广为人知的简短描述，可能就是来自利奥塔的'对元叙事的不信任'"①。通过"元叙事"或者"支配性叙述"等术语，利奥塔指明了那些现代世界中基本的解释图式，这些图式构成了为科学技术事业和政治事业辩护的最终的、也是毫无疑问的来源。元叙事集中于上帝、自然、进步和解放的诸如此类的叙事，成为现代生活的精神支柱。这也引起了人们对西方强烈主体意识的警觉。

其二，"对社会合理化之危险的新警觉"。对基础性元叙事可信性的侵蚀，越来越有助于使大的政治、社会性问题更为人所关注。西方现代化或者理性

---

① 斯蒂芬·K. 怀特. 政治理论与后现代主义 [M]. 孙曙光，译. 沈阳：辽宁教育出版社，2004：5.

化的成本正在被不断重新高估。在此类诸多的价值重估当中，突出的要属福柯的"标准化"过程的分析，哈贝马斯的"生命世界的殖民地化"，以及利奥塔的"表述行为"逻辑。对福利国家的质疑也不同于传统马克思主义者的批评，因为后者凭借某种社会选择具有优越性的假设而看似合理并获得了一般性的感染力。对于那些严肃对待后现代问题的人来说，从马克思主义关于社会形式的假设获得安慰是不现实的，因为几乎没有理由让我们相信，在这种假设之下，整个社会的替换能够避免盲目地再生出理性化的权力剥夺模式。因此，一场与后现代挑战发生的对峙要求一个人在考虑政治的替代时，既要成为更激进的人，也要成为不很激进的人，这有点看似荒谬。

其三，新信息技术的提高与增强。怀特说："通过新兴信息技术的应用，尤以电视为发端的所有传媒形式都极大地提高了信息和图像的流通。从我个人的观点来说，使这些技术成问题的原因是它们的政治含混性。"[①] 一方面，新兴信息技术常被认为是给个人授权的工具。另一方面，信息技术也常被认为是一位正脱颖而出的"老大哥"的工具，或者是社团资本主义强有力的新意识形态工具。这两种相对立观点的共同点在于一种共识，即都认为新信息技术有建构个人和团体的意识和自我认同的力量。不一致的地方就是，对谁可能控制这些技术以及这些技术的应用服务于什么目的还存有疑问。上述的信息技术，作为一种有效的方式，对于提高统治集团或者统治阶级意识形态的控制，在事实上将发挥更大的效用。但是，话说回来，这种对信息化的直接解读，不能把信息化涉及的模糊性和不确定性明确揭示出来。

其四，西方工业化社会里新价值观和"新社会运动"的出现。近一段时间内，社会科学家一直呼吁人们关注"后唯物主义者价值观"和新型群体的出现。对这些群体来说，政治首先并不是社团经济或者福利国家所能提供的补偿之物，而是防范和重建濒临危险生活方式之物。当代的妇女运动、反核运动、激进的生态主义运动、民族运动等，维持着这种情势。简而言之，新的冲突不是由分配的难题所导致的，而是由那些与生活的形势有关的事件所激发的。

对于任何一个关注后现代主义论争的人来说，怀特关于后现代疑难几个方面的列举几乎不能说是具有惊人的独创性。当然，这里要紧的不是要具有

① 斯蒂芬·K. 怀特. 政治理论与后现代主义 [M]. 孙曙光，译. 沈阳：辽宁教育出版社，2004：9.

独创性，而是要锁定关键问题的大概范围。确定了这个范围，就会有一个标准，依据这个标准来衡量伦理学和政治学反思领域的贡献。后现代疑难被涉及的方面，伦理学和政治学反思能做出的贡献就越突出，如关于社会合理化所造成新问题的逐渐警觉，信息技术的爆炸，"新社会运动"的出现等。然而，对这些疑难的阐明只不过提供了一种说明，一种具有明显的路标功能的说明。可他仍然没有告诉人们如何确定路标，或者毋宁说，如何通过思考这些疑难而得出结论。

第二章　理解现代—后现代张力　怀特对现代与后现代做了一些理论辨析，以便于人们理解为什么在围绕后现代主义的斗争中，特别的重复是显而易见的。辨析出的差异将在论述具体争论的问题时最先得到详尽阐释。这些争论是在有关后现代主义斗争的主要参与者，尤其是以哈贝马斯为一方，以福柯、德里达、利奥塔等人为另一方之间展开的。关于是什么推动了争论中的各方在道德、政治、美学方面进行根本反思，怀特区分出了"对行动的责任"和"对他者的责任"这两个不同的含义。与这种区分相关联的是语言的差异：它的"协调行动"和"揭示世界"功能。弄清这些差异，以及为何争论的双方对此观点不同，是认清在有关现代性与后现代的争论中什么才是危险的关键。

后结构主义者，如福柯和德里达，他们的主张在相当多的领域里都引起了争论。在此，怀特只想考虑这些理论家与伦理学、政治学反思的更传统的思考方式之间的论战。在这一点上，怀特进行了四方面的阐述。其一是战线。"一种方法是，作一种尝试，使得后结构主义的洞见能够直接进入到伦理学和政治学反思的各种习惯用语当中，就如同这种方法也被传统地吸纳了一样。这一策略的问题在于，它仅仅变成了后结构主义已经认识到的那种西方所固有的独裁主义——理性中心主义思想的一次新的展示；简而言之，我们要求后结构主义者的正是让他们描述自身"[1]。目的是为了规训后结构主义者。另外的一种方法是，我们可以从后结构主义者的观点来看一下这个认知。但这个路线同样有缺点，正如简明概括了后结构主义的特征后所阐明的那样，至少跟福柯和德里达的著作中所体现出来的一样。一旦阐明了彻底的后结构主义者方法的不利后果，怀特则进一步更细致地探索，为什么在后结构主义和

---

　　① 斯蒂芬·K. 怀特. 政治理论与后现代主义 [M]. 孙曙光，译. 沈阳：辽宁教育出版社，2004：16.

传统的伦理学和政治学之间竟有如此深刻的和反复发生的紧张感。

其二是两种责任。在提出有关后结构主义和政治反思方面的问题时，有一种答案可能并不令人满意。那就是，会把后结构主义的观念强行直接转化到与传统政治思想认知体系相一致的习语中去。现在看来，另外一种答案之所以也可能不令人满意，应该是很清楚的了。一种进行政治思考的彻底的后结构主义方法，可能是那种被所谓的"永久的限制姿态"有效支配的方法。有另外可替换的方法吗？通向这一解答之路，要求对这两种声音的本质做更深刻的探索。

其三是语言的两个维度。语言的差别可以描述为与世上行为相一致的语言和揭示世界的语言间的差别。对于哈贝马斯来说，给予前者以卓越地位是必要的。只有当我们以"主要依据语言解决交互作用问题的能力"来接近它时，我们才能抵达全部语言的心脏。

其四是在现代性与后现代性之间。伦理学和政治学的一个主要的现代性观点是对行动的责任部分包括了重视他人的责任。如果我们只给我们行动以正确的道德品质，那么其他人就会被给予全部的应得物。现在我们把西方的文明史解释成一种展示，即展示了朝着这一目标缓慢而坚定的前进过程。像这样一种基本的、更少经验主义的概括，会构造出多种多样的对现在的更特别的其他解释。海德格尔的著作，对于深化分析所引入的两种差别，是怀特能求助的最好资源。

在这一点上，怀特怀疑强有力的后现代主义的拥护者会陷在尼采式讥笑的旋涡里，人们会立刻注意到这很有讽刺意味：在一本关于后现代主义著作的开篇，作者竟然断言，借助于形而上学与本体论这一对堂皇的二元特性，所有的问题都可以被澄清。然而，作者对这两组二元特性的运用并不包含任何强烈的形而上学或本体论的主张。这些特性不过是作者用来解释我们当前的一些困境的解决方案中的最基本术语。这些特性的"有效性"只被展示到足以帮助我们解决现代生活中的挫折和不满的程度，与此同时，至少比较公正地对待那些我们生活中根深蒂固的传统和推理模式。深思后现代疑难的错误方式是，以损害一方为代价，片面地强调这些特性的另一方面。而在关于后现代性的争论中，这恰恰是大多数情形所采用的战略特征。在这本书里，作者的全部努力旨在寻找行动和思考的方式，以使责任的两种含义和对语言的两种理解保持有益的张力，而且不许任何一对概念支配另一对。"对行动的责任"的含义和为协调行动而对作为媒介的语言的理解，构成了现代西方伦理学和政治学思考风格的深层结构的一部分，这对对照的概念构成了对这一倾向的挑战。

第三章　海德格尔留给后现代主义的模糊遗产　试图说明正是在海德格尔的著作里，发现了这种最富有洞察力的原始陈述。在阐明海德格尔著作内涵的过程中，怀特不仅注意到了当前后现代立场的连续性，而且也注意到了其不连续性。他认为，特别值得一提的是，在海德格尔后期的著作中，出现了一些关于他者的洞见，当代的后现代主义者并非总是给予足够的重视。同时，海德格尔留给我们关于伦理学和政治学方面的观念，从最乐观的角度看是模糊不清的，从最坏的角度看则是灾难性的。因此，海德格尔的遗产既具有"对他者的责任"的真知灼见，而同时他关于"对行动的责任"的观点则有严重的缺陷。研究后现代主义的学者们，一般要把尼采作为根源性人物加以探索，而怀特却从探索海德格尔入手。对此，怀特对为什么求助于海德格尔的原因进行了分析。

其一，"尽管海德格尔在对形而上学的批评方面继承了尼采，但是他对这种批评的借重方式直接化为了当时的后现代关注；更特别的是，他把这一批评扩大成对现代性将世界定向在工具技术上的批评，而且直接把焦点集中在语言的本质上"[①]。其二，在海德格尔攻击尼采的"权力意志"的言论中，有相当的真理成分。常有人认为，海德格尔只给了他的前行者片面的解释。这一点是不容置疑的。即便如此，至少海德格尔令我们去注意到，意志的令人不安的问题是怎样与尼采思想的其他方面一致起来的。在海德格尔后期的著作中，将意志更极端地问题化在两个方面对后现代思考具有重要的作用，一是它提供给我们正面的观念；二是它提供了一种方式，去揭露后现代思想家怎样不自觉地遭遇到跟尼采一样的困境的。

由此出发，怀特又展开了具体分析。其一，从政治，意志和主体间性的角度来分析，海德格尔给伟大的政治领导阶层做了正确的论断：领导阶层通过自己的开创性的工作，为参与社会变化的一个民族，有时是不可避免的暴力指明了新的历史方向。海德格尔对现代性困境的大肆夸张对于后现代反思来说，可能有某种道理，因为它努力突出世界理性化的危险。这类夸张，作为对平稳运作的现代精神不停地干涉而发挥效用。但是这一思想与一种希望，

---

① 斯蒂芬·K. 怀特. 政治理论与后现代主义［M］. 孙曙光，译. 沈阳：辽宁教育出版社，2004：35.

即世界能以某种方式经历"一场发自根基的变化"的模糊的、诱人的希望结合在一起，从好的方面来说，海德格尔造成了混乱；从坏的方面来说，他对小的民主政治学表达了轻蔑。

其二，从海德格尔与后现代政治学的角度进行分析。海德格尔理论中的理论学和政治学意涵所受到的那些负面判断并非没有挑战。尤其是瑞纳·叙尔曼，他为我们提供了一种对海德格尔后期著作的分析，并且主张说，我们可以从中导出某种非独裁主义的实践倾向。尽管也有其他人尝试性地在这个方向上进行过研究，但叙尔曼值得我们仔细研究，因为它在追求这种诠释时有一种非凡的直率。通过对他的主张的进一步关注，怀特希望能完成两件事情。

一件事是，叙尔曼对海德格尔后期著作的精读，为其论述海德格尔以及讨论对他者的责任做了更好的铺垫。另一件事是，叙尔曼提出了某种具有海德格尔式导向的政治学主张，通过指出这一主张的错误所在，可以在某种一般性的层面上看到后现代在处理对行动的责任方面的困境。而叙尔曼更感兴趣的是海德格尔的后期著作对我们应该有什么样的指导力量，而不是海德格尔自己对历史和政治学的判断能否与这种指导一致，但从作者的角度来看，这是一种完全合理的方法，因为问题的实质在于思想的特征，以及这些特征为后现代思想所开放出来或者关闭上的概念选择。叙尔曼对海德格尔的这种解读就毫不费力地与后现代思考接上了榫。不过，叙尔曼也想要把海德格尔与多数法国式解构准确地区分开来，他指出了，海德格尔对行动的思考以何种方式超越了这种解构。一旦我们领会到后期海德格尔如何将本体论差异彻底化为"时间上的差异"，这一区别就显现出来了。海德格尔不想把上述"时间性上的差异"仅仅作为各个"在场的具有历史性的秩序"之间的差异来思考，对于他来说，这一差异还意味着所有这些各自具有同一性的历史秩序与那些贯穿在整个历史性时间之中的非中心的、多种多样的出场之间的差异。

第四章　海德格尔与对他者的责任　怀特认为，海德格尔式的概念不足以表达对行动的责任的全部意义，因此也不足以对伦理学和政治学反思提供引导。因此，怀特试图把其分析方向倒转过来，以此来揭示海德格尔对他者所具有的丰富感觉，其最终目标是通过对他者的责任的详细阐述，让人们明白，对他者的责任不能简单地归于行动的责任范围之内。如果这个判断是真实的，那么在某种程度上就意味着伦理学和政治学的反思，必须界定它自身与对他者的责任之间的关系。

哈贝马斯是对海德格尔存在主义哲学理解与批判深刻的学者之一，他对海德格尔哲学的实践后果深表忧虑，但对海德格尔知识模式的理解有些偏差。因为，海德格尔的知识模式的趋向被限定在技术的趋向、实践的趋向与解放的趋向。海德格尔哲学不仅是在言说德意志民族诗意地栖居，也分析了经验的他者。海德格尔在经验他者方面的建议，特别揭示了他与法国主流的后现代主义者之间的一个重要区别。具体的分析分为两个方面即有限性与行动。因而，哈贝马斯对海德格尔思想的深度疑虑并不只限于其直接实践方面的意义，同许多人一样，他也发现海德格尔后期著作其实是一个各种混乱观点的大杂烩，而这种观点还声称它们自身有着超越一切理性和争论的特殊地位。

他者的概念是通过对有限性的讨论而引入的。关于他者思想，海德格尔指出，我们必须为了某个神的来临"或缺席而在我们的破坏中"保持我们自身的开放。"破坏"和"拯救"之间的对照十分的简单明了。海德格尔最著名的一句话也许来自他在 1996 年与《明镜》杂志记者的谈话，当时他断言，我们当前的危机是如此之严重，以至于"只有一个神才能拯救我们"。怀特认为："这是最差劲的海德格尔：一个老旧的、根本上毫无悔意的、披着末日论先知外衣的纳粹。"① 考虑到海德格尔那种要从根本上进行改变的渴望，再考虑到他实际上没能清楚地提出任何能让我们对集体行动进行设想的概念，那么理解这一断言的最好方式可能就是，把它当作是海德格尔在有关我们的集体未来方面唯一能讲的话，因为在这里除了思想的死胡同什么也看不见。

第五章 "从这种笑和这种舞蹈而来，或者在其后……" 怀特更直接地关注像德里达、利奥塔、福柯、罗蒂等这样一些后现代主义思想家，他们全神贯注于这一个问题，即对于"他者"的反应的概念化是如何重新定位伦理政治行动的。怀特在这里的研究导致了一种暗示，即对他者的某种"轻度"关怀的观念，为这样一种定位提供了基础。在此，通过把焦点直接对准德里达、利奥塔还有福柯和罗蒂，怀特打算强化这些批评。不过，怀特的目标不是直接进行某种连续爆破。和批评同样重要的是，他想尝试着去解释后现代对他者的理解，而其解释会对从后期海德格尔那里得来的那些洞见有一个应和。从这些思想家身上，尚有很多东西值得学习。不过，即便在本问题论述的结尾处，主体间性的主题、伦理学和政治学等问题，仍然没有得到充分的

---

① 斯蒂芬·K. 怀特. 政治理论与后现代主义 [M]. 孙曙光，译. 沈阳：辽宁教育出版社，2004：73.

处理，这也是不争的事实。进而表明，这些问题的解决需要借用一股女权主义思潮的不同凡响的见解。

其一，德里达的责任重置（德里达的论断）。一位德里达的著名阐释者得出结论说，德里达关注焦点的转变显示出一种对"对启蒙理性的价值"的坚持，也显示了"与哈贝马斯这样的批评理论家的计划合流的征兆"。说到底，虽然这些论断有部分的真理成分，但是他们往往把问题弄得更模糊，无论是在理解德里达到底提供了什么样的独到见解上，还是在搞清楚德里达到底遇上了什么样的僵局上，都是如此。为能更好地研究这些问题，人们可以将德里达近期的作品看作一整套有计划、有步骤的努力，要探索如何从对他者的责任过渡到对行动的责任。虽然，德里达与海德格尔在理论指向实践中大不相同，但他们在关于政治生活的言语行为方面却有着相似性，"由于这种亲缘关系，我们被直接带到了一种激进的他者政治的图景中"①。德里达的真正伙伴是18世纪的启蒙政治思想家，解构履行着追踪出在任何一次诠释中的任何一种模型的政治含义。

其二，体验日常生活之崇高（利奥塔的论断）。利奥塔一直痴迷于发展一种思路，来把崇高作为能够抵抗社会合理化过程所带来的均质化和常规化的力量的后现代感觉方式的核心。他把自己的分析建立在伯克和康德所做的古典分析的基础上，然后又与这些分析分裂。而他与这些古典分析决裂的方式，正好涉及那些被怀特一直关注的主题。怀特说："利奥塔修改了康德的分析，目的是为了要去设想某种被我称为'日常生活中的崇高'的感觉方式。他在这里的想法相当有指导性，不过最终他还是没能为在后现代感觉方式的语境中重新思考崇高提出一个满意的方向。"②

其三，可承受的轻度关怀（罗蒂的论断）。罗蒂承认，从经验上来看这个假设常常是不真实的，但是他似乎认为，在当代西方社会中这个假设基本上是真实的。为了培养更强烈的好奇感，当前我们需要做的不过是读更多的小说和在电视上看更多的纪录片。如果我们是生活在所有可能世界中最好的那个，这可能会是真实的。怀特说："福柯和罗蒂的著作暗示了一种开始从后现

① 斯蒂芬·K. 怀特. 政治理论与后现代主义［M］. 孙曙光，译. 沈阳：辽宁教育出版社，2004：94.

② 斯蒂芬·K. 怀特. 政治理论与后现代主义［M］. 孙曙光，译. 沈阳：辽宁教育出版社，2004：102.

代感觉方式转向涉及对行动的责任的一系列问题的富有煽动力的方式。"①

第六章 "差异"女权主义与对他者的责任 为了纠正和进一步发展那些得自海德格尔和后现代派的洞见，怀特求助于"差异"女权主义对他者的培育和关怀的分析。

对于"差异"女权主义者有一种常见的说法，认为他们既然以其关怀及其相关价值的倾向为特征，那么其主张实际上就可以归结为一种"女性道德"，则他们的观点实际上是一种倒退。因为，他们把女权主义思想的整体方向拉回到对女性在社会生活中所处的特殊的，也是次要地位的关注上。这里的问题可能有一部分是来源于这样一个事实，即差异女权主义有时被看成是在主张一种植根于女性生理的另类道德。具体从两个方面进行探讨：

其一，女权主义关怀的意义。如果有人指责马克思说，后者认为除了产业工人外再没有人能够认识团结的价值，这种指责有意义吗？很显然，没有意义。马克思和社会主义的一般传统所做的，一是要把这个价值的力量定位于资本主义社会某个具体的生活部分中；二是要说明社会生活的支配模式是怎样把人们对这一价值的投入掏出社会生活的；三是要设计出一个未来社会的蓝图，在这个蓝图里，团结成为一个社会的内在组成部分。怀特建议，我们应该以大体相同的方式来思考差异女权主义的一些主张。

其二，从亲密的到伦理—政治的。学者"本哈碧波在这些问题上取得了一线进展，她试图用差异女权主义的观点来补充巴伯马斯的交往伦理"②，把具体的他者的立场设想成会为道德话语注入一种"期待—乌托邦式的"维度。这样就拓宽了原有的对正义之规范的狭义关注，把那些与好生活或者好社会相关的问题包括在内。一条切入伦理—政治领域的整个问题的有效途径是去考虑那个也许可以被称为"阈限"的事情。它指的是这么一个事实：有一大批理论家，他们所关注的那种政治生活，实际上处于通常理解的组织性政治以及政府组织的阈限之下，或正好在阈限上。

第七章 重思正义 提出了一种新的多元正义观，为应对非正义的诸现象，需要培育他者和限制他者。怀特认为，为更集中讨论关于新的实践倾向，有待解决的是正义概念的重新界定问题。言外之意是为了说明，我

---

① 斯蒂芬·K. 怀特. 政治理论与后现代主义 [M]. 孙曙光，译. 沈阳：辽宁教育出版社，2004：108.

② 斯蒂芬·K. 怀特. 政治理论与后现代主义 [M]. 孙曙光，译. 沈阳：辽宁教育出版社，2004：122.

们根据后现代疑难对一些基本概念进行再思考的时候所要运用的种种指导原则。既然怀特对正义的分析能达到自圆其说的程度，其他人就应当由此受到鼓舞，也做出同样的努力去分析其他观念。作者的意图在于寻找一种方式，使得各对抗者之间的张力能够自己说话，能够得到生动的而不是重复的、死板的表达。我们应当注意到，怀特曾经在前面的论述中暗示过一些这一视角重塑伦理政治思想的方式。然而，为了不囿于这种一般性的暗示，我们必须以系统的方式揭示出，对于基本的政治概念来说，这一视角到底意味着什么。

第八章　结论　怀特对本书的写作进行了总结。他说，本书并不是有意成为一本有关后现代主义讨论中出现的全部主题的通览。因为，这需要一本篇幅更大的书，本书只是一本针对主题的小册子。它并没有涵盖所有的与后现代主义有着密切关系的哲学家和社会理论家。然而，对一些像鲍德里亚这样的思想家的忽略并不意味着他们关于文化、社会、政治分析的思想对我们毫无用处。因为他们在一些相关的斗争中，不像福柯、德里达、利奥塔那样，使得理论和政治主题的论述特别地突出，并形成了一种时尚。最后，本书并不是一本生动描绘那样一种政治学的精美图画的书，这种政治学比较敏感地对待后现代关注的问题。本书的主要任务是做出一个部分的替换伦理政治反思的传统思考方式案例。如果这一努力是成功的，那么下一步就会更具体地观察；如果改变一些特定的政治和体制的话，那么这一与众不同的视角可能意味着一种宽容多元的观念会出现。

────【意义与影响】────────────────

此书对我国学界研究现代政治哲学与后现代政治哲学的关系、当代西方社会政治发展的最新动向及其当今社会的热点——正义问题具有重要学术价值与影响。怀特对当今世界一些著名后现代思想家理论的分析独具特色，引出了更多学者的解读策略，必将带给后现代问题研究更多的思索，尤其是在对后现代政治哲学的思考上会影响更大。

首先，在此书中，怀特从社会政治伦理视角重新诠释了现代政治哲学与后现代政治哲学的分野，既有深刻的理论分析，又有现实的理论关怀，为我们判明当代政治哲学的发展提供了有益参考。当代社会政治各种新发展动向，使人们开始反思现代社会政治，引出了现代政治理论与后现代政治理论的激烈论争。而在怀特看来，尽管现代政治与后现代政治有些差别，但本质上相通，其纷争起于学界对公认的后现代思想家尼采与海德格尔后现代思想解读不到位，没能深刻认识其政治哲学思想与话语与现代政治哲学思想的连续性。进而，从他者、责任、差异政治等关键性话语入手，怀特分析了德里达、利奥塔、福柯、罗蒂等著名后现代思想家的政治哲学思想。从中我们可以看到，怀特对现代与后现代政治哲学，尤其是对海德格尔等后现代政治哲学思想的洞见，可谓研究后现代政治哲学的深刻理论参考，会使越来越多的人正在从后现代主义的创新性视角当中受益。

其次，怀特从现代与后现代政治密切关联的新视角出发，分析当代西方的新社会政治运动，为我们判明当代西方资本主义社会政治发展提供了有益参考。在全新理论观照之下，怀特从全球政治历史发展的新视野考察了国际政治关系新动向，分析了新社会运动对西方左翼认同感政治运动的影响，阐释了西方女权主义的差异与关怀政治等新情况与新问题。这为我们开启当代西方现实社会政治批判提供了新视角，使我们能更好面对中国现代社会政治发展过程中出现的新问题与复杂矛盾，进而为新的稳定和谐社会政治发展方案提供有益参考。

最后，怀特对正义问题进行了深入分析，提出了新的多元正义观——一种现代与后现代和解的正义观，为我们思考现代社会政治发展中出现的正义这个突出问题与矛盾，提供了有益参考。当代中国现代社会政治发展中的正义问题凸显，理想层面上，我们坚持马克思主义的正义观，坚持社会主义的正义原则；现实层面上，不公平正义现象与问题仍时有发生，需要各领域相互处于张力之中的正义尺度达成和解，需要在正义的矛盾冲突解决中走向理想正义。以此观之，怀特的多元正义观就有了积极的价值与参照意义。

──【原著摘录】────────────────────────────

第一章　导言：后现代疑难 P1－14

P5　关于后现代主义最广为人知的简短描述，可能就是来自利奥塔的"对元叙事的不信任"。通过"元叙事"或者"支配性叙述"等术语，利奥塔指明了那些现代世界中基本的解释图式，这些图式构成了为科学技术事业和政治事业辩护的最终的、也是毫无疑问的来源。集中于上帝，自然，进步和解放的诸如此类的叙事，成为现代生活的精神支柱。

P8　对基础性元叙事可信性的侵蚀，越来越有助于使大的政治、社会性问题更为人所关注。西方现代化或者理性化的成本正在被不断重新高估。在此类诸多的价值重估当中，突出的要属福柯的"标准化"过程的分析，哈贝马斯的"生命世界的殖民地化"，以及利奥塔的"（表）述行（为）"逻辑。

P9 对于那些严肃对待后现代的问题性的人来说，从马克思主义关于社会形式的假设获得安慰是不现实的，因为几乎没有理由让我们相信，在这种假设之下，整个社会的替换能够避免盲目地再生出理性化的权力剥夺模式。

P9 一方面，新兴信息技术常被认为是给个人授权的工具。……另一方面，信息技术也常被认为是一位正脱颖而出的"老大哥"的工具，或者是社团资本主义强有力的新意识形态工具。这两种相对立的观点的共同点在于一种共识，即都认为新信息技术有建构个人和团体的意识和自我认同力量。不一致的地方就是，对谁可能控制这些技术以及这些技术的应用服务于什么目的还存有疑问。

P10 第四种现象是，西方工业化社会里新价值观和"新社会运动"的出现。近一段时间内，社会科学家一直呼吁人们关注"后唯物主义者价值观"和新型群体的出现。对这些群体来说，政治首先并不是社团经济或者福利国家所能提供的补偿之物，而是防范和重建濒临危险的生活方式之物。简而言之，新的冲突不是由分配的难题所导致的，而是由那些与生活的形势有关的语法所激发的。

第二章 理解现代—后现代张力 P15-34

P15 后结构主义该怎样渗透到伦理学和政治学反思中去？这是个复杂而有难度的问题，因为它与产生于后结构主义深刻见解的激进性质有关

P20-21 当我们使用"国家权力"这个术语，就意味着高压统治机制的武断，压制的使用时，福柯可能会同意，当代西方社会的"国家权力"有所减弱了。然而，福柯思想的关键所在，是他要求我们以另外一种方式来理解权力，也就是说，要把权力看作是一个慢慢扩散的标准化的网络，这个网络侵犯我们的语言，侵犯我们的制度，甚至（尤其是）侵犯我们自己的主体意识。……福柯关于权力和主观性的后结构主义的分析，并没为我们提供一条勾勒政治理想和政治运动间区别的真实之路，福柯提供的解决之路并不比别人更具合法性，更有利于强化自由，更合理……事实上，福柯的立场看起来似乎是承认没有更好或更坏的一般标准；我们所能做的就是追溯出话语和话语的权力效果间的区别。

P21 来自福柯和德里达的后结构主义的主体充斥着后现代思考。他们引导了后现代思考的分析模式，决定了后现代思考的研究课题，并在后现代思

考中埋下了某些持久的难题。

P32　伦理学和政治学的一个主要的现代性观点是，对行动的责任部分包括了重视他人的责任。如果我们只给我们行动以正确的道德品质，那么其他人就会被给予全部的应得物。现在我们把西方的文明史解释成一种展示，即展示了朝着这一目标缓慢而坚定的前进过程。

第三章　海德格尔留给后现代主义的模糊遗产 P35－62

P41　海德格尔给伟大的政治领导阶层作了正确的论断：领导阶层通过自己的开创性的工作，为参与社会变化的一个民族，一种断层，有时是不可避免的暴力指明了新的历史方向。从某种意义上讲，在那些瞬间，民众确实具有物质的特征，即可以被工具般地塑造。可是，海德格尔似乎是把这个意义扩大成一种模式，而此模式却忽视这样的塑造总是与预先存在的规范性期望的网络难分难解地联系在一起。

P50　海德格尔对形而上学理性的全部解构——从柏拉图一直到现在的形而上学理性，目的就在于让我们以不同的方式思考行动。我们必须放弃那种植根于形而上学本原，并一直受到这一本原指导的行动图景。……从本质上讲，行动就是无本原的。

P59　当问题涉及关于政治的体系性话语时，福柯和德里达的理论立场总是将他们引向某种拒绝性的姿态。然而，在实践中，他们两个都与那类挂着"小规模、激进民主政治"头衔的行动有密切的联系。

P61－62　由于那种令社会僵化的合理化进程在西方社会不断扩张，在今天来强调激进民主政治的这个意义就尤为重要。不过，如果"激进民主"的这个含义被与它的另外一个含义抽离开，我们就会对前者的重要性产生一种扭曲的理解；这个不能抽离的含义就是：激进民主政治实践要以共同促成和维护程序的合法性为目标而行动，以此来维护政治的开放性。

如果我们对激进民主政治进行这样一种描述，说它就其本质而言处于一种终极目标缺席的状态，这没有错误。不过，如果在这一点上继续进行推论，说这种政治学——现在它被看作是某种"他者政治学"——的指导精神是不带任何目标，不讲任何"为什么"的去行动，那就完全是另外一回事了。

第四章　海德格尔与对他者的责任 P63－88

P63　到目前为止我已经表明了，海德格尔式的概念不足以表达对行动的责任的全部意义，因此也不足以对伦理学和政治学反思提供引导。现在我想把我的分析方向倒转过来，我想来揭示海德格尔对他者的责任所具有的丰富感觉。我最终的目标是通过对他者的责任的详细阐述，让人们明白，对他者的责任不能简单地归于行动的责任范围之内。如果这个判断是真实的，那么在某种程度上就意味着伦理学和政治学的反思必须界定它自身与对他者的责任之间的关系。

他者的概念是通过对有限性的讨论而引入的。接着我更细致地分析了海德格尔在经验他者方面的建议，特别揭示了他与法国主流后现代主义者之间的一个重要区别。

P64　哈贝马斯对海德格尔思想的深度疑虑并不只限于其直接实践方面的意义，同许多人一样，他也发现海德格尔后期的著作其实是一个各种混乱观点的大杂烩，而这种观点还声称它们自身有着超越一切理性和争论的特殊地位。

P73　海德格尔最著名的一句话也许来自他在1996年与《明镜》杂志记者的谈话，当时他断言，我们当前的危机是如此之严重，以至于"只有一个神才能拯救我们"。这是最差劲的海德格尔：一个老旧的、根本上毫无悔意的、披着末日论先知外衣的纳粹。

第五章　"从这种笑和这种舞蹈而来，或者在其之后……" P89－112

P90　大概始于20世纪80年代，至少德里达的某些作品中，语气和关注焦点发生了改变。在这些作品中，德里达对一项指责表现出了相当的关注。有人指责他和他的支持者们几乎总是屈服于一种诱惑，一种让不负责任的粗鲁主宰解构行动的诱惑。他没有真作什么明显的自我批评，反倒试图想更清楚地说明与解构相容的"伦理—政治责任"的含义。

P101　利奥塔一直痴迷于发展一条思路来把崇高作为能够抵抗社会合理化过程所带来的均质化和常规化的力量的后现代感觉方式的核心。他把自己的分析建立在伯克和康德所做的古典分析的基础上，然后又与这些分析分裂。而他与这些古典分析决裂的方式，正好涉及那些我一直关注的主题。

P104　利奥塔坚持认为，正是在那种存在于"发生"和分歧之间的异质性中，我们发现了一种可以阻挡合理化进程的东西。事实上，利奥塔认为，对于那种逐渐将社会进程合理化的进程而言——也就是现在我们所认为的"经济话语类型的霸权"——这"简单是不可逾越的障碍"。

P107－108　我已经解读了德里达和利奥塔，放大了他们试图强调他者的声音，而降低了他们粗鲁和骇人听闻的调门。通过这种方式，我们听到的事物并不与海德格尔有很大的不同。不过，在有关主体间性、伦理学和政治学方面的问题上，上述对他者的责任的进一步解释尚未真正获得很大进展。

P109 福柯承认，传统上，例如在基督教中，好奇几乎不被认为是一种美德。但是他仍然明确地把好奇当成一种美德，而且，他还特别地将其与关怀联系起来——尽管它把关怀这个词放在了引号里。为什么这么联系？为什么要用引号呢？

P111 罗蒂承认，从经验上来看这个假设常常是不真实的，但是他似乎认为，在当代西方社会中这个假设基本上是真实的。为了培养更强烈的好奇感，当前我们需要做的不过是读更多的小说和在电视上看更多的纪录片。如果我们是生活在所有可能世界中最好的那个，这可能会是真实的。

第六章 "差异"女权主义与对他者的责任 P113-134

P114 后现代主义与一般意义上的女权主义之间的亲缘关系是经常被提到的，特别是它们都对那种在现代西方生活中占主导地位的元叙事提出了质疑。这种亲缘关系当然是存在的，但我目前的兴趣更主要集中在关怀这一观念上。我想表明，后现代主义与女权主义这两条接近这一观念的进路可以相互地沟通。当我们理解了"差异"女权主义关于两种责任感的说明后，我们就更容易明白，为什么无论我们把那种对关怀的倾向说成是"女性的道德"，还是把它看成是某种对于当代生活而言自给自足的伦理倾向，都是不充分的。相应地，当那种把关怀看成是一种感觉方式的后现代观念与女权主义关于关怀的讨论相互结合后，我们就可以更好地洞察主体间性和伦理学以及政治学问题了。

P115-116 对于"差异"女权主义者有一种常见的说法，认为他们既然以其对关怀及其相关价值的倾向为特征，那么其主张实际上就可以归结为一种"女性道德"，则他们的观点实际上是一种倒退，因为他们把女权主义思想的整体方向拉回到对女性在社会生活中所处的特殊——也是次要的——地位的关注上。……马克思和社会主义的一般传统所做的，第一，是要把这个价值的力量定位于资本主义社会某个具体的生活部分中；第二，是要说明社会生活的支配模式是怎样把人们对这一价值的投入掏出社会生活的；第三，是要设计出一个未来社会的蓝图，在这个蓝图里，团结成为一个社会的内在组成部分。我建议，我们应该以大体相同的方式来思考差异女权主义的一些主张。

P127 一条切入伦理—政治领域的整个问题的有效途径是去考虑那个也许可以被称为"阈限"的事情。我指的是这么一个事实：有一大批理论家，他们所关注的那种政治生活实际上处于通常理解的组织性政治以及政府组织的阈限之下——或正好在阈限上。因此，他关注的焦点是将公共领域重新概念化为一种在阈限下发挥作用的东西。因为在阈限之上的社会之中，是权力和金钱所发出的系统指令占据着主导地位。最后是福柯的具有类似模式的担忧，尽管他——典型地——更隐晦和更矛盾。那些能够使得政治变得更健康的推动力存在于已经被规范化了的社会以及政治生活之下，或者至少存在于其边缘，存在于"受到压制的知识"和地方性的抵抗中，这些知识和抵抗是"规训"工具在其扩张过程中遇到的阻力点。

第七章　重思正义 P135－172

P137－138　沃尔泽，一位后形而上学时代的思想家，在其著作《正义诸领域》中，为更深地以多元主义的方式重新思考正义问题做出了也许是迄今为止最具实质性的贡献。

P138　这些传统理论中最重要的是自由主义和马克思主义的观点。前者将正义奠基在关于个体和"基本善"（primary goods）的准康德式的假定上，而后者所依据的则是有关历史和解的假定。

关于正义的元叙事会产生一种总体化的后果——在某些据说普世的正义原则的统治下，让多元性和异质性从属于同一性与同质性——而无论是利奥塔还是沃尔泽都要对抗这种后果。二者都试图对多元主义进行新的说明以取消这一立场的合法性。

P142　哈伯马斯精心阐述了一个最小限度的正义概念，它是话语性的和程序性的，但是比人们所熟知的程序主义者（如罗尔斯或阿克曼）的概念保有对差异的更大的开放性。

P143　第一种策略是开始以一种不同的方式来思考非正义。

P147　重新思考与正义相关的各项问题的第二项策略，是用一种更为积极的方式，即培育（fostering）他者，来对传统自由主义价值中那种对多样性的宽容原则进行补充。……所谓自由主义，恰恰是把道德多元主义的兴起看成现代西方政治生活的首要现实的前提下而对道德多元主义做出的回应。

P148　在西方，宽容原则是在一种对宗教改革后所出现的宗教冲突的厌倦心态中，以及一种对道德多元世界的现实的勉强接受中出现的。

P154　将培育他者的想法置于政治思想的核心是必要的。

P163　哈伯马斯关于规范性证成（normative justification）的观念是现代文化的一个部分，并深深地植根在自由主义的传统之中。

P171 跟任何一种主张培育他者的具体制度一样，分散化的、以民主方式进行控制的企业也能够产生他们自身的他者形式，并对从这些他者而来的批评保持开放。

——【参考文献】————————————————

[1] 陈志刚. 现代性与新自由主义的全球化 [J]. 北京行政学院学报，2009（1）.

[2] 詹艾斌，朱倩. 论后现代主义哲学的主体性批判 [J]. 理论与改革，2006（6）.

[3] 陈平. 对反儒家思维的后现代契入 [J]. 船山学刊，2008（4）.

[4] 贾英健. 现代性批判与中国现代性的建构 [J]. 山东教育学院学报，2007（1）.

[5] 李翔海. 从后现代视野看新儒家对中国哲学的现代重建 [J]. 文史哲，2006（2）.

[6] 朱振林. 阿多尔诺与后现代主义哲学的理论关联 [J]. 北方论丛，2007（1）.

[7] 丛日云，王辉. 西方政治文化理论的复兴及其新趋向 [J]. 政治学研究，2000（1）.

[8] 南德庆. 文化、政治文化、意识形态概念辨析 [J]. 青海民族大学学报，2013（3）.

[9] 罗骞. 解构批评最终是一种政治实践 [J]. 中国人民大学学报，2013（6）.

[10] 庄礼伟. 后现代主义对国际关系研究的启示 [J]. 世界经济与政治，2005（7）.

[11] 戴雪红. 他者与主体：女性主义的视角 [J]. 南京社会科学，2007（6）.

[12] 何平立. 认同感政治：西方新社会运动述评 [J]. 探索与争鸣，2007（9）.

[13] 孟鑫. 新社会运动对西方左翼的影响分析 [J]. 南京社会科学，2012（5）.

九、《后现代转向》

[美] 斯蒂芬·贝斯特，道格拉斯·科尔纳　著

陈　刚　等译

南京大学出版社，2002 年

───【作者简介】──────────────

　　斯蒂芬·贝斯特（1955—　），哲学博士，1979 年至 1983 年，在伊利诺伊大学学习并获得学士学位。1985 年至 1987 年，他在芝加哥大学学习并获得硕士学位。1989 年至 1993 年，他在德克萨斯大学奥斯汀分校学习并获得博士学位。1993 年，他开始担任德克萨斯埃尔帕索大学人文科学与哲学助理教授，后晋升为副教授，2002 年任哲学系主任。现为德克萨斯埃尔帕索大学人文科学与哲学终身教授。贝斯特的主要著作有《传媒文化》（1995 年）、《后现代探险：科学，技术和文化研究在第三个千年》（2001 年）、《恐怖分子还是自由战士？思考解放动物》（2004 年）、《媒体奇观与民主危机》（2005 年）、《点燃革命》（2006 年）等。

　　道格拉斯·科尔纳（1943—　），哲学博士，德克萨斯奥斯汀大学哲学教授，法兰克福学派第三代重要理论家。在 20 世纪 60 年代，凯尔纳是纽约哥伦比亚大学哲学系的学生，参加了抗议越南战争的活动。后来，他到德国蒂宾根大学学习，阅读了阿多诺、霍克海默、柯尔施、马尔库塞和布洛赫的作品，深受批判理论的影响。接着，凯尔纳从德国到法国，在那里他参加了一些讲座，阅读了福柯、德勒兹、鲍德里亚和利奥塔等后现代主义的作品。

　　贝斯特和科尔纳合作出版的著作有《照相机政策：政治与思想的当代好

莱坞电影》（1990 年）、《后现代理论：批判性的质疑》和《后现代转向》
（1991 年）、《批判理论，马克思主义与现代性》（1992 年）、《媒体文化：文化
研究，身份和政治之间的现代和后现代》（1995 年）、《侠盗 2000：媒体奇观
和偷来的选举》（2001 年）等。

──【写作背景】───────────────────

20 世纪五六十年代以来，世界范围内的政治、经济、科学技术等发生了
许多大的变化，与此同时，在理论研究的各个领域也出现了一股后现代主义
思潮，它在猛烈冲击着启蒙运动以来形成的现代思潮。在现代与后现代激烈
论争的过程中，两位美国学者贝斯特和科尔纳加入了其中，与一般的现代与
后现代论者不同，他们以简洁而有力的笔调从各个学科领域概括了从现代到
后现代的理论转向，客观地展示了后现代思潮，同时他们也提出了一些真知
灼见。从他们的著作中，我们也可以看见，这两位作者深受法兰克福学派批
判理论、后现代一些著名理论家的影响，在他们合著的《后现代理论》的基
础上进一步探讨了后现代思潮。

──【中心思想】───────────────────

全书考察了当代文化与社会的转变与剧变，对后现代范式在艺术、科学、
政治与理论中的发生进行了深入的分析，并对后现代的关键思想家与关键主
题作了深刻而凝练的导引。此书涵盖了众多的学术与艺术场域，从建筑、绘
画、文学、音乐、政治学，到物理学与生命科学，批判性地介入后现代理论
与文化，在现代主义的过去与为规定自身而斗争的未来之间，向我们阐明了
那些重大的时代理论变迁。

本书分为序言、致谢和六章正文，共约 35 万字。

──【分章导读】───────────────────

在本书的序言中，两位作者首先简介了后现代转向。他们提出，过去几
十年在理论、艺术和科学方面出现了一种后现代转向，它在某些方面是一种
主要范式的改变，我们正进入一个位于现代与后现代之间新的和基本上是未
知的领地。"后现代"很快被视为当代社会转折的同义语，以及描述其不同于
现代文化和社会新颖之处之标志。他们将在本书中探寻和分析后现代转向的
某些特定时刻，以试图阐释当前的处境。他们的理论目标，是质问在理论、

文化和社会中那些主要的转型，以洞察从现代到后现代的通道。本书将紧随他们以前的著作《后现代理论：批判性的质疑》，质疑从福柯到詹姆逊等现已被视为经典的理论家的后现代话语。本书的研究从六个方面的内容展开，将补充并超越前者，力图在后现代理论和当代社会文化方面提出新的见解。

第一章　后之时代　贝斯特和科尔纳探讨了后现代概念，对后现代转向的轮廓做了初步的描述，并解释了一些基本的概念、争端和问题。

他们认为，后现代社会文化出现在 20 世纪 60 年代。在 20 世纪 60 年代，出现了第一批主要的后现代理论家，他们相信，随着反对越南战争以及帝国主义、种族主义、性别歧视和资本主义整体这个"新社会运动"的到来，出现了重大的历史变化，他们要求革命以及一种全新的社会秩序，一个新的历史时代已经破晓。大多数主要的后现代理论家，如福柯、利奥塔、鲍德里亚、德勒兹、詹姆逊、拉康、哈维及其他人都参与到 20 世纪 60 年代的骚动中，并深受其影响，这些断裂的经验有助于对历史断裂和失序的话语采取开放和接受的态度。然而，继之而来的后现代转向理论最初发展于 20 世纪 70 年代，它主张决裂乃是由经济、技术、文化和社会的发展所导致的。在法国，为取代表现出总体化倾向和还原论的马克思主义，后现代主义者转向尼采以使他们的激进抱负得以再生。接着他们拒斥现代的革命观和解放观是危险的和整体化的，而转向自由的主体性和欲望漂泊无定的个人主义范式。因此，法国后现代主义最初的观点带有马克思主义失败的印记，含有一种明显反马克思主义的特征以及把马克思的其他思想转换成有创造力的和混合的理论话语之矛盾基因。作者认为，存在着一种离开真理、确定性、普遍性、本质和系统的现代话语以及拒斥自由与解放宏伟叙事的转向。贝斯特和科尔纳还介绍了巴雷特《非理性的人》一书，说明后现代理论出现的背景，以及 20 世纪 70 至 80 年代发展起来的"新社会运动"，如女权主义、同性恋运动、和平与环保运动、民族运动，进一步说明后现代理论出现的背景。

后现代理论转向的重要时刻是 20 世纪 80 年代，并成为一种支配性的知识和文化权力。20 世纪 80 年代以后，一个保守主义占统治地位的时代出现在发达的欧美国家，作者相信，新技术的经验和成果及全球资本主义的变革造成了后现代话语的产生。后现代话语当然是一种西方话语，但与现代世界全球化有关的理论作为许许多多的后现代理论论断之一，起初为马克思与恩格斯所阐述。

贝斯特和科尔纳还阐述了对现代与后现代的正确态度。他们提出，在某种严格意义上，并没有"后现代理论"这种东西，宁可说，有很多种后现代理论。对于后现代话语要反对两种极端态度：无批判地拥抱或全盘拒斥。两种态度都假设存在一种连贯的和统一的"后现代理论"，对于构成它的立场、思想和政治一个人能够愉快地肯定或轻蔑地否定之。而且，后现代理论范围广泛，其立场非常复杂且常常冲突。

在此基础上，贝斯特和科尔纳阐述了后现代的概念内涵。贝斯特和科尔纳提出对后现代的多种理解。其一，后现代概念是文化的和理论的建构而非一件事情或事件的状态，也就是说，没有本质上就是"后现代的"现象。因此，作者反对那种极端的后现代观念。其二，后现代是现代的一种激进化，它使一些现代现象如商品化、大众化、技术、传媒等得到加强达到这样的程度，即与现代世界产生真正的中断和出现真正新的事物。其三，除了区分极端的和温和的后现代理论以及游戏的和对抗的后现代主义，作者还把"后现代"区别为一种时间的标志，指出其来自现代之后，以及一种哲学的标志，强调它与现代的对立因此反现代。最后，作者分析了浪漫主义、保守主义与存在主义的反现代话语。

最后贝斯特和科尔纳总结说，我们目前被迫生活在新与旧之间的间歇期，一个介于现代与后现代之间的广袤地带，一个统治者们正在为争夺支配权而进行紧张斗争的空位时期。因此，重要的是把握后现代与现代的连续性和非连续性，以理解我们的当前处境。

第二章　通向后现代之路：克尔凯郭尔、马克思和尼采　贝斯特和科尔纳探讨了作为后现代理论重要来源的 19 世纪思想家如克尔凯郭尔、马克思、尼采，将显示这些理论家如何影响后现代转向的现代形态，并阐述后现代话语不是无中生有的，而是在现代理论及其发展中有着预兆，因而有着复杂的历史。

克尔凯郭尔对后现代的转向有重大作用。贝斯特和科尔纳认为，可以把克尔凯郭尔解读为现代性的第一个存在主义批评家，它抨击现代时代严重地损害个人。克尔凯郭尔首先批判了报刊，认为报刊既是一个操纵激情的美学现象，又作为一个实体而不承担伦理学的约束和责任。通过报刊的批判，克尔凯郭尔反思了公众与大众文化。克尔凯郭尔提倡激情高于理性，有助于发展一种非理性主义传统。对克尔凯郭尔来说，现代主体是一个唯我论的单子，渴望拯救和无限的幸福，但苦于焦虑和罪恶，一心追求上帝和灵魂的超越。被现代社会理论评价为现代性特有成果的社会契约、组织，以及具有社会结合、交往和社会规范的联合形式挥发成虚幻的公众之精神氛围，使个人惊恐和独自在上帝与宗教激情的抉择面前战栗不已。因此，克尔凯郭尔进行对理性、反思、客观知识、总体化思想和现代社会的批判影响到后现代的理论转向。他的批判受到马克思和马克思主义传统、尼采及其继承者以及当代作家对现代理论与社会的强有力批判的补充，它们一起产生后现代的理论转向。

马克思对后现代转向也发生了很大的作用。贝斯特和科尔纳认为，对马克思来说，资本主义代表一种历史的断裂，代表中世纪被一个根据商品的生产、分配和消费组织起来的从根本上世俗化的现代世界所推翻。马克思通过对资本主义社会的批判，对商品、价值、剩余价值、货币和异化的分析，阐述了现代性的一系列问题。这对于叙述后现代转向是很重要的。因为它有助于开始现代社会理论传统以及一种关于断裂的话语，该话语将由后现代理论家所发展。他们认为出现现代社会与后现代社会分离，这种分离与马克思所理论化的现代与前现代社会的断裂同样重要。

尼采是后现代转向的一个关键人物。他开辟了两条不同的通往后现代的道路，一是社会学的批判，二是哲学批判。它们经过改变首先通往现代存在主义，继而通向后现代理论，使他成为一个泽被两个传统大师的理论家，以及从存在主义到后现代转向的一个联结。透过尼采对艺术、社会与国家的理论探讨，科尔纳与贝斯特为尼采进行了一些辩护，提出，尼采不是一个帝国主义时代的资本主义辩护士，尼采厌恶他所看到的作为资本主义根基的仅仅对钱和资本家价值的关心，资本主义的异化劳动把每一个人都变成了"工业蚂蚁"。还有，尼采对现代国家与政治的批判后被法兰克福学派等发展了。因此，尼采把现代思想与反现代立场结合在一起了。不过，尼采对理性的攻击确实导致了虚无主义的出现，尽管其呼吁价值的创造将成为生命的确证和起源，确定个人地位优于社会。最后，作者阐释了尼采的多重视角。指出尼采的透视法并不是一种"怎么都行"的相对主义和非理性主义类型，而是他所藐视的知识分子懒散性，其透视法确是一种受过高度训练的思维方式。

尼采的继承者们继续向前推进着后现代主义。尼采的遗产是高度复杂和矛盾的，他是从现代向后现代转向过程中最重要也是最有争议的人物之一。他对西方理性主义的攻击深深影响了海德格尔、德里达、德勒兹、福柯及其他后现代理论家。

第三章 从景观社会到类象王国：德博尔、鲍德里亚与后现代 贝斯特和科尔纳探索了从德博尔国际境遇主义者到鲍德里亚等法国后现代主义这样一条通往后现代的重要道路，描述了从 19 世纪围绕生产组织的自由竞争时代的资本主义，到后来围绕消费、传媒、信息、新技术和新的支配与抽象形式组织起来的资本主义形式之变化，提供一种通往一些人所谓的后现代时代的转向。

德博尔和国际境遇主义者的出现，是法国在第二次世界大战事件后对马克思主义理论进行修正的一种尝试，他们的设想深受法国现代主义先锋派团体的影响，这有助于法国向后现代主义转变。境遇主义者们与马克思主义者不同，他们强调消费与媒体社会新模式，注重城市和日常生活，用文化革命、主体的转化以及社会联系补充马克思强调的阶级斗争，重视闲暇产物和释放欲望的制度。德博尔和境遇主义者们在努力复兴马克思主义，试图重新激活马克思的革命实践，补充马克思对资本与商品的批判，从而把内在于商品生产中的抽象化过程追溯得更远。而德博尔的《景观社会》便是典型，景观的世界是资本的世界，是商品、消费者和媒体狂热者的世界。通过针对革命主体创造的文化革命，境遇主义者希望把文化斗争拓展到普遍的社会革命，推翻资本主义和共产主义的景观社会。

鲍德里亚深受德博尔和境遇主义者影响，与德博尔一样，他也将包含于消费和媒体社会发展中的抽象化作为理论分析的对象。从中可见，法国后现代转向走的是一条从新马克思主义到政治再到艺术先锋派的道路。鲍德里亚构建出一个控制论的，以消费、媒体、信息和高科技为基础的自我复制的社会，一个交易发生在符号、影像和信息层次上的社会，由此消除了马克思在上层建筑和经济基础之间的差别，并宣称马克思的政治经济学是一场符号革命。因此，资本主义的商品世界成了符号的海洋，一个超真实的世界。人们迷失在超真实的游乐园，后现代自身消融在人为的体验王国之中，自己变成了一套变异的符号，凭外观、款式和影像来界定身份。

进而，贝斯特和科尔纳深入探讨了德博尔、鲍德里亚和境遇主义理论，分析了商品化背后的政治经济学原因及其后现代状况。鲍德里亚认为，现代性时代被产品所界定并受工业资产阶级控制，后现代时代为类象的符号所控制。但他把符号政治经济学与商品相联系，远离了资本主义工业生产，沦落为符号唯心主义的牺牲品，跌落到虚无主义之中。同时，德博尔也屈从于鲍德里亚的悲观主义之中。贝斯特和科尔纳又列举了当代社会生活的种种现象，如辛普森案审判的电视直播等，进一步说明类象、超真实和内爆现象在今天是明显的。

后现代主义者的理论在内爆之后，逐渐走向一种批判的解释学。鲍德里亚从新马克思主义发展为极端的后现代理论，他拒绝现代理论和政治的所有原则，用悲观和绝望拒斥人类解放和革命性社会变革模式，其"信息狂迷"概念是德博尔景观概念的彻底化。对于 1975 年之后的鲍德里亚来说，他已无事可做、无路可走了，其后现代理论走向了终结。而德博尔保持了现代激进社会理论中的关键内容和假设，着手解释意识形态的批判，并致力于人类解放和社会变革之动因研究。对德博尔来说，当今资本主义世界仍然是可以解释且容易进行积极改革的。

最后贝斯特和科尔纳探讨了德博尔的后现代理论是如何走向解体的。德博尔后来也和鲍德里亚一样跌入悲观主义，归根结底，鲍德里亚和德博尔的悲观主义仍是对"上帝死了"的反应，是对马克思主义、天真的革命理想及彻底的政治变革斗争失败的反应。他们希望通过消除理论和艺术、政治和日常生活以及理论和实践之间的隔阂找到一个更好的世界道路，拒绝抛弃关于解释、批判、革命的现代理念，寻求修改马克思理论和政治的基本命题。

第四章　艺术中的后现代主义：拼凑、内爆和流行　贝斯特和科尔纳描述了艺术领域中从现代主义向后现代主义的历史性转换，以及新的后现代文化出现的轨迹，进而探讨了建筑、绘画、文学、多媒体艺术、大众传媒文化领域的后现代转向。

其一，19 世纪到 20 世纪艺术领域中的后现代转向。从 19 世纪开始，现代主义作为艺术中的新趋向形成了，它清楚地表达了新的艺术风格和技艺以及新的关于艺术的意识形态。在某种意义上，现代主义对实用不止歇的变化和发展需求中包含着对资本主义气质的信奉。到了 20 世纪，现代主义把自己定义为高雅艺术、精英主义，并和大众的低级艺术区分开来。现代主义的艺术家因此被驱使去创造伟大的作品，天才、里程碑主义、与众不同的风格和洞察力成为现代主义美学固有的特征。20 世纪 40 至 50 年代，现代主义正式进入大学和博物馆。现代艺术的商品化在艺术市场上迅猛地扩张，现代主义丧失了它们的尖锐批评和反叛性的棱角，变成了消费社会的装饰。同时，现代艺术的技巧被吸收进广告、包装和设计及美化日常生活。艺术中出现了后现代转向，并与精英主义、激进的现代主义和前卫运动之类的决裂。总体上说，艺术中的后现代转向既是激进的现代主义体制化的衰败，又是前卫运动的失败的逆向反应。自从在 20 世纪 50 年代后期和 60 年代崛起后，艺术中的后现代主义潮流迅速席卷文学、绘画、建筑、舞蹈、戏剧、电影和音乐界，并在 70 至 80 年代泛滥到哲学、社会理论、科学领域中。和现代主义推动差别化相反，后现代主义采用非差异化手段蓄意颠覆各种艺术间的界限。现代派对伟大的关注让位于后现代的反讽主题。

其二，建筑中的后现代阶段，探讨了 19 世纪到 20 世纪建筑领域中的后现代转向。建筑中从现代向后现代的转向，包括从垄断状况向更美学化和后现代的跨国形式的转变。贝斯特和科尔纳赞同现代建筑与后现代建筑的双重利用，以发展出一种模式，既满足人们的需要，又生产出更适宜居住的可持续的环境。现代建筑以包豪斯学派的国际风格为代表，其代表性人物有格罗皮厄斯、克尔比西埃，牢牢占据了欧美的建筑领域，它寻求平等主义的价值观，其乌托邦价值最明显体现在它试图建造一种供工人、中产阶级和低收入家庭居住的房屋。现代主义建筑的设计更多是为了社会控制、隔离，而非创造出新的民主生活形式。早期现代建筑——摩天大楼，代表了高度竞争性的个人主义的资本主义气质，它们对生产出巨大的经济财富和巨型企业的企业家表达了敬意。重建环境和去除现代化道路上的所有障碍的需要，是冷酷的资本主义发展的一个绝对意识。20 世纪 50 至 60 年代以来，建筑领域开始了后现代转向，这反映在雅各布和温图里的著作中。建筑中的后现代转向包括放弃现代主义风格的纯粹性，美学上的精英主义和理性主义概念，以及普遍奠基性的人文主义和乌托邦，通过建筑设计产生新人类的政制方案，推动资本主义创造出更美观化、情欲化的世界。从现代向后现代建筑的转换，因此并非仅是一种建筑风格向另一种建筑风格的突变，它更是向一种新的资本制度、新的社会秩序转换的信号。时髦的后现代建筑迎合了敢于标新立异、多元、折中主义、民粹主义和高消费主义的跨国全球资本的需要，在流行文化和大众口味里得到灵感，放弃了宏大主题和英雄的纪念物。20 世纪 70 至 80 年代后，后现代主义乃是建筑中的主导风格。但是到了 90 年代，在许多批评家眼中，它已经变得像现代风格建筑那样让人感到苍白、厌烦和自命不凡，已经变得不合乎于人性的需求，甚至在某些领域中为解构主义所超越。作者最后发出呼吁：放弃现代与后现代建筑的缺点，融合它们的优点，建造宽敞舒适的公共房屋、民主规划的城市符合人性的需要，真正的建筑革命是社会设计、从生态学、民主立场来重建社会。

其三，绘画中的后现代转换，探讨了 19 世纪到 20 世纪绘画领域中的后现代转向。贝斯特和科尔纳分析了 19 至 20 世纪现代主义绘画的先锋，即马奈、印象主义，塞尚、立体主义。到 20 世纪 40 至 50 年代，抽象表现主义在美国达到了顶峰。在一定意义上说，抽象表现主义是美国全球资本主义霸权的艺术表现形式，表达了能量、冲动和美国全球化力量的主宰性。在美国，波普艺术和后现代主义相继成为重要的艺术形式和运动，显示了晚期资本主义社会的偶像。对瓦侯和波普艺术家来说，艺术家不过是当代商业、大众化和影像制造游戏业的一个演员而已，不过是被喝彩的、时髦的、富裕人士中的一个成员而已。

对于后现代艺术的发展趋势，贝斯特和科尔纳总结说，后现代文化形式具有意义和全球化特征是没有疑问的，但要说后现代主义占据了詹姆逊所宣称的主导地位则是尚未确定的。倒不如说，世界的大多数地方生活在传统、现代和后现代不同步的多种因素并存状态中，况且这些文化形式经常是相互合成和重叠的。

第五章　后现代科学：熵、混沌和有机主义　分析后现代科学领域的进展，这种发展构成与现代科学的一个重要决裂。贝斯特和科尔纳认为，从现代科学到后现代科学的过渡是通往后现代转向的一个关键路径，考察熵与混沌的概念在理解当代科学话语方面是如何重要，还有对有机论、生态学和作为整体的宇宙做新的理解以及对误导的支配自然的现代构想产生疑问。当然，不能说后现代话语要么是科学的，要么是反科学的，只能说存在着被不同人依不同方法使用的后现代立场。

第六章　现代与后现代之间：理论和政治的范式转换　总结了后现代的社会理论、哲学与艺术领域的发展。作者提出，后现代范式现在仍然是一种正在显现中的范式，还不是"标准化"的、占支配地位的，或者说是已被确立了的范式，因此还不可能预言这种"未来思想"的精确的样式和效用。

对于不同学科之间的边界在后现代科学中的范式转换，贝斯特和科尔纳提出，从单一学科进入到多学科间的范式转换已经贯穿于理论、艺术和自然科学的各个领域。这种后现代范式的转换暗示着自然科学和人文科学这两种文化之间的鸿沟从某种程度上得以跨越。

对于后现代科学中存在的种种问题，贝斯特和科尔纳提出，任何具有真正价值的未来后现代社会和生态理论必须是具有现代和后现代理论两者最好判断力的社会批判理论的整合。

全书最后探讨了从现代宏观政治到后现代微观政治的发展。贝斯特和科尔纳提出，从20世纪60年代开始，出现了后现代政治的四种形式：一是以鲍德里亚为代表的虚无主义的反政治，表明了一种愤世嫉俗的、冷嘲热讽的心态，对解放性的社会变革可能性的绝望拒绝。二是以福柯、利奥塔和罗蒂为代表的局部提高个人自由的修正性政治，一种自由主义的改良主义，拒绝解放、全球政治这样的乌托邦视野，以及大规模社会改革的企图，但回避了虚无主义。三是以克拉劳和墨菲为代表的，在现代与后现代之间采取一种折中的立场，用后现代对本质论、简约论和基础论的批评，通过一种可能性和多数逻辑，重构启蒙价值和社会主义的政治，拒绝马克思主义把激进政治归结为赋予工人阶级以特权的阶级斗争。四是身份政治，包括女权主义、黑人解放、同性恋、和平与环境运动。贝斯特和科尔纳显然赞同宏观政治与微观政治的结合。

──【意义与影响】────────────────────

本书英文版 1991 年问世，1998 年获美国政治协会新政治学分会迈克尔·哈林顿最佳图书奖，并获得广泛好评。

从国际学界来看，美国的《选择》杂志称赞此书：清晰、可读性强，使人耳目一新，清晰地展示了后现代主义在各学科中的地位。加州大学的哈丁教授评价说，在常常是混乱而富有争议的后现代性与现代性的关系领域，贝斯特与科尔纳引导读者进行极有收益、引人入胜的航行，为近来现代与后现代激烈的文化论战提供了一个受欢迎的休止。虽然哈丁教授的对此书的评论有些夸张，但此书无疑对国际学术界深入理解现代与后现代的纷争提供了有益参考，使此书成为研究相关理论问题不能回避的一部重要参考书。

从中国学界来看，此书是研究后现代问题不可回避的一种重要参考书，在我国学界影响巨大，属于非教科书的教科书。原因在于，此书对从现代到后现代转向的概括全面而精深，这也是此书最大的理论贡献与价值所在。全书高度概括了过去几十年里在理论、艺术和科学方面出现的后现代转向，并简要地归纳了出现这种转向的一些深层次原因，深刻地阐释了现代与后现代范式的转换，并简要地说明了后现代思潮的一些理论特点。这些都为我们更好地认识现代与后现代论争、后现代主义思潮的方方面面提供了一种总体的思路，并以此为依据去认识现实生活中出现的后现代现象。

──【原著摘录】────────────────────

序言与致谢 P3－10

P4　因此术语"后现代"很快被视为当代社会转折的同义语，以及描述其不同于现代文化和社会的新颖之处之标志。

P8　我们将紧随我们以前的著作《后现代理论：批判性的质疑》，该书质疑从福柯到杰姆逊等现已被视为经典的理论家的后现代话语，本书的研究将补充并超越前者。

P10　哈桑未能把后现代转向置于一定的背景中加以研究，而我们则认为资本主义的转型是后现代范式改变的一个主要根源，也是今日全球社会与环境危机的主要根源。还有，我们追求平等主义、民主主义与人道主义规范的复兴，这些规范构成了现代人与进步传统的精粹，哈桑和其他后现代主义者则想抛弃之。

第一章　后之时代 P1—45

P3　在 20 世纪 60 年代，一批激进的知识分子和活动家经历了他们相信是与现代社会与文化的一种决定性断裂，他们成为第一批主要的后现代理论家。

大多数主要的后现代理论家——福柯、利奥塔、鲍德里亚、德勒兹、加塔利、杰姆逊、拉康、哈维及其他人——都被 20 世纪 60 年代的骚动深深影响，这些断裂的经验有助于对历史断裂和失序的话语采取开放和接受的态度。

P5　为取代表现出总体化倾向和还原论的马克思主义，后现代主义者转向尼采以使他们的激进抱负得以再生。接着他们拒斥现代的革命观和解放观是危险的和整体化的，而转向自由的主体性和欲望漂泊无定的个人主义范式。

因此，法国后现代主义最初的观点带有马克思主义失败的印记，含有一种明显反马克思主义的特征以及把马克思的其他思想转换成有创造力的和混合的理论话语之矛盾基因。众所周知，一些早期的后现代理论加入鲍德里亚的悲观主义和虚无主义部分地是共产主义和 20 世纪 60 年代激进主义失败的产物，而对历史的宏观叙事和总体性理论的批评很明显是对马克思主义的抨击。

P9　曾经受到挫败的关于总体革命的乐观主义希望让位于犬儒主义地放弃自由的计划以及很多后现代理论所具有的虚无厌世之特点。

P14　我们相信新技术的经验和成果及全球资本主义的变革是造成当前时刻变化与变动的最重要因素，而这将有助于说明后现代话语的产生。

P16　作为对全球化经济与文化的同质化与共变的一种反作用，也存在一种爆发性的亚文化之抵抗，试图保存特定形式的文化与社会，反对跨国的传媒与文化。

P17　后现代话语当然是一种西方话语，但与现代世界的全球化有关的理论作为许许多多的后现代理论论断之一起初为马克思与恩格斯所阐述。

P19－20　在以前的著作《后现代理论》中我们区分现代性与后现代性为两个不同的历史时代；区分现代主义与后现代主义为两种冲突的艺术与文化风格；区分现代与后现代为两种竞争性的理论话语。

P26　在某种严格意义上，并没有"后现代理论"这种东西；宁可说，有很多种后现代理论。我们告诫对 P27 于后现代话语要反对两种极端态度：无批判地拥抱，仿佛后现代理论是当代世界的锁钥；或全盘拒斥，仿佛它是没有现实意义的一种狂热或新奇，或一种会感染现代文化的恶性病毒。两种态度都假设存在一种连贯的和统一的"后现代理论"，对于构成它的立场、思想和政治一个人能够愉快地肯定或轻蔑地否定之。而且，后现代理论范围广泛，其立场非常复杂且常常冲突。

P28　一个应当澄清的问题是后现代概念是文化的和理论的建构而非一件事情或事件的状态。也就是说，没有本质上就是"后现代的"现象。

P31　我们在本书中一直主张后现代是现代的一种激进化，它使一些现代现象如商品化、大众化、技术、传媒得到加强达到这样的程度，即与现代世界产生真正的中断和出现真正新的事物。

P32　作为对照，游戏的后现代主义是完全冷嘲热讽的、戏谑的和折中主义的，它提倡一种多元论的"怎么都行"和过分的相对主义及主观主义。

P33　对一些人来说，后现代转向仅是提供了一些从事理论研究和介入当代社会与文化的新方式。

除了区分极端的和温和的后现代理论以及游戏的和对抗的后现代化主义以外，我们还能够把"后现代"区别为一种时间的标志，指出其来自现代之后，以及一种哲学的标志，强调它与现代的对立，因此反现代。

第二章　通向后现代之路：克尔凯郭尔、马克思和尼采 P46－99

P49　我们认为可以把克尔凯郭尔解读为对现代性的第一个存在主义批评家，它抨击现代时代严重地损害个人。

P63　对克尔凯郭尔来说，现代主体是一个唯我论的单子，渴望拯救和无限的幸福，但苦于焦虑和罪恶，一心追求上帝和灵魂的超越。被现代社会理论评价为现代性特有成果的社会契约、组织及具有社会结合、交往和社会规范的联合形式挥发成虚幻的公众之精神氛围，使个人惊恐和独自在上帝与宗教激情的抉择面前战栗不已。因此，克尔凯郭尔进行对理性、反思、客观知识、总体化思想和现代社会的批判影响到后现代的理论转向。他的批判受到马克思和马克思主义传统、尼采及其继承者以及当代作家对现代理论与社会的强有力批判的补充，它们一起产生后现代的理论转向。

P71 马克思（主义）对于我们叙述后现代转向是很重要的，因为他（它）有助于开始现代社会理论传统以及一种关于断裂的话语，该话语将由后现代理论家所发展，他们认为出现现代社会与后现代社会分离，这种分离与马克思所理论化的现代与前现代社会的断裂同样重要。

P73 因此尼采是后现代转向的一个关键人物，他既是理论方面的后现代转向的一个重要资源，又在社会批判方面领先于后现代社会理论的最重要部分。

P74 尽管他被卢卡奇说成是一个帝国主义时代的资本主义辩护士，但实际上尼采厌恶他所看到的作为资本主义根基的仅仅对钱和资本家价值的关心，它的异化劳动以及它把每一个人都变成"工业蚂蚁"。

P89 因此当代的后现代主义者有时误把尼采的透视法当作一种"怎么都行"的相对主义和非理性主义类型。但这准确说来是他所蔑视的知识分子懒散型。透视法确是一种受过高度训练的思维方式。

第三章 从景观社会到类象王国：德博尔、鲍德里亚与后现代 P100－156

P103 境遇主义者们对马克思主义的修正在动机和着重点上与传统的设想有重大不同，因为马克思主义强调生产，而境遇主义门徒处在马克思死后发展而成的社会再生产和消费与媒体社会新模式。马克思主义强调工厂，而境遇主义者注重城市和日常生活，用文化革命、主体的转化以及社会联系补充马克思强调的阶级斗争。同时，马克思的理论注重时间和历史，而境遇主义者重视闲暇产物和释放欲望的制度。

德博尔和境遇主义者们的工作因此被当作是当代法国人努力复兴马克思规划的行为。他们的任务是重新激活马克思的革命时间和补充马克思对资本与商品的批判，试图把内在于商品生产中的抽象化过程追溯得更远。

P115 因此，景观的世界是资本的世界，是商品、消费者和媒体狂热者的世界。

P117 通过针对革命主体创造的文化革命，境遇主义者希望把文化斗争拓展到普遍的社会革命，推翻资本主义和共产主义的景观社会。

P122 在法国后现代转向是一条从新马克思主义到政治再到艺术先锋派的道路，包括了德博尔和境遇主义者。

P130　迷失在超真实的游乐园，后现代自身消融在人为的体验王国之中，自己变成了一套变异的符号，凭外观、款式和影像来界定身份。

P151－152　归根结底，鲍德里亚和德博尔的悲观主义仍是对"上帝死了"的反应，是对马克思主义、天真的革命理想及彻底的政治变革斗争失败的反应。

P153　他们希望通过消除理论和艺术、政治和日常生活，以及理论和实践之间的隔阂找到一条更好的世界道路，拒绝抛弃关于解释、批判、革命的现代理念，寻求修改马克思理论和政治的基本命题。

在政治上，为建立一种与异化和剥削机制相对抗的全人类一致的世界政治，他们力促对日常生活进行革命。

第四章　艺术中的后现代主义：拼凑、内爆和流行 P157－255

P162　在某种意义上，现代主义对用不止歇的变化和发展的需求中包含着对资本主义气质的信奉。

P165　现代主义正式进入大学和博物馆。现代艺术的商品化在艺术市场上迅猛地扩张，现代主义丧失了它们的尖锐的批评和反叛性的棱角，变成了消费社会的装饰。同时，现代艺术的技巧被吸收进广告、包装和设计及美化日常生活。

P169　自从在20世纪50年代后期和60年代崛起后，艺术中的后现代主义潮流迅速席卷文学、绘画、建筑、舞蹈、戏剧、电影和音乐界，并在70至80年代泛滥到哲学、社会理论、科学领域中。

P177　建筑中的后现代转向包括放弃现代主义风格的纯粹性，美学上的精英主义和理性主义概念，以及普遍奠基性的人文主义和乌托邦的、通过建筑设计产生新人类的政制方案。

P188　重建环境和祛除现代化道路上的所有障碍的需要，是冷酷的资本主义发展的一个绝对意识。

P189　从现代向后现代建筑的转换，因此并非仅是一种建筑风格向另一种建筑风格的突变，它更是向一种新的资本制度，新的社会秩序转换的信号。时髦的后现代建筑迎合了敢于标新立异的、多元的、折中主义、民粹主义和高消费主义的跨国的全球资本的需要。

P202　在20世纪70年代及进入80年代后，后现代主义乃是建筑中的主导风格。但是到了90年代，在许多批评家眼中，它已经变得像现代风格建筑那样的让人感到苍白、厌烦、和自命不凡，已经变得不合乎于人性的需求。

P220 在一定意义上说，抽象表现主义是美国全球资本主义霸权的艺术表现形式，表达了能量、冲动和美国全球化力量的主宰性。

P247 因此，说后现代文化形式具有意义和全球化特征是没有疑问的，但要说后现代主义占据了杰姆逊所宣称的主导地位则是尚未确定的。倒不如说，世界的大多数 P248 地方生活在传统、现代和后现代不同步的多种因素同在的并存状态中，况且这些文化形式经常是相互合成和重叠的。

第五章 后现代科学：熵、混沌和有机主义 P256－334

P257 后现代科学起码受到五种理论或思潮的影响：出现于 19 世纪的热动力学；19 世纪和 20 世纪一直在发展着的生物进化论和生态论；出现于 20 世纪初的量子力学与相对论；最初孕育于 19 世纪 40 年代的控制论和信息论；在 19 世纪和 20 世纪露面的混沌理论和复杂理论。这些影响汇聚在一起产生了热烈骚动的新的思考，导致了一系列对现代科学的批评和对新的后现代科学的筹划。

P259 从 16 世纪开始，对世界的科学解释代替了神学的解释，知识不再被用来服务于上帝和支撑信仰，而是进一步服务于人类并扩充人类征服自然的能力。

P262 尽管科学革命带来了巨大的知识的、技术的和医学的成就，并且养育了启蒙运动有关进步的概念，但它们都是通过与自然界的对抗性关系而得到发展的。

P273 熵的概念是现代科学与后现代科学之间的一个关键连接，它在两种论述话语中的突出地位显示出我们已处在现代与后现代两者之间的边界地带。

P276－277 从后现代的视角看去，现代科学通过对整个宇宙进行非有机化模式的应用，制定了一种非法的帝国主义。对于后现代科学来说，代替机械主义，生命与进化的原则发生了动摇，导致适于描述非有机系统的方法、模式和概念不再适用于有机系统。

P284 量子力学使存在于主观和客观之间的区别成为问题，通过暗示观察者在被观察者行为中的作用，从而破坏了从中立观察者出发的认识论。

P316 尽管科学——更确切地说，是许多科学家——在种族主义、性别主义、军国主义、人类中心主义和阶级主义的政策中的直接影响，我们并不相信天文学与占星术没有区别，不相信所有的理论都具有同等的有效性，或不相信"事实"是不存在的。

第六章　现代与后现代之间：理论和政治的范式转换 P335－377

P337　由于我们宣称，后现代范式现在仍然是一种正在显现中的范式，还不是"标准化"的、占支配地位的，或者说是已被确立了的范式，因此，我们还不可能预言这种"未来思想"的精确的样式和效用。

P362　现代政治是受由坚固的规范化的价值观和普遍化的自由、平等、和谐这样的乌托邦世界视野所指导的。相比之下，可以发现，当众多的新的政治集团和政治斗争出现时，一种后现代政治在20世纪60年代开始成形，它受到20世纪60年代中在法国、美国和其他地区的解放运动的变迁的强烈鼓舞，也与后现代理论的出现有密切的联系。在这种场景中，现代政治的乌托邦视野已难以维持，或者在人们选择犬儒主义、虚无主义中被拒绝，或者在一些情况下，产生了政治的向右转向，或引人注目地朝向"谦虚化"程度的政治标尺的调整。对集体斗争、联合、联盟政治的现代强调，让位于极端碎片化的方式，例如20世纪60年代的"运动"分化为为权利和自由而进行的各种相互冲突的斗争。早先对转换公共领域和统治制度的腔调让位于新的、对文化、个人的身份和日常生活的腔调，正如宏观政治被局部转换和主观性的微观政治所替代。

P368　伴随着资本和政府的自身干预过程，后现代政治表现出一种将所有社会生活和个人存在的领域政治化的趋向，现代政治和马克思主义以前忽视或拒不认为这些领域是一种正当的政治空间。

P369　20世纪60年代产生了一种从宏观政治向微观政治的转向。这种宏观政治关注于改变经济与国家的结构，而微观政治目的在于推翻特殊机构中的权力与等级，解放受到资产阶级社会现实性原则压制的创造性精神。

──【参考文献】────────────────────

[1] 科尔纳，贝斯特. 后现代理论 [M]. 张志斌，译. 北京：中央编译出版社，2004.

[2] 鲍德里亚. 象征交换与死亡 [M]. 车槿山，译. 南京：译林出版社，2006.

[3] 萧俊明. 文化研究中的后现代转向 [J]. 国外社会科学，2003 (6).

[4] 陈晓明. 现代性与后现代的缠绕及其出路 [J]. 辽宁大学学报，2004 (1).

[5] 萧俊明. 理论的贫乏与方法的翻新：关于后现代主义的再思考 [J].

国外社会科学，2002 (5).

[6] 姚大志. 后现代主义与启蒙 [J]. 社会科学战线，2005 (1).

[7] 刘宏勋. 西方后现代哲学精神的近期扩展 [J]. 首都师范大学学报，2003 (4).

[8] 王岳川. 后现代主义与中国当代文化 [J]. 中国社会科学，1996 (3).

[9] 刘朝阳. 后现代主义与中国现代化 [J]. 贵州大学学报，2007 (3).

[10] 彭卫红. 后现代性写作的特征 [J]. 学术界，2005 (6).

[11] 袁久红. 西方马克思主义政治哲学的方法论走向 [J]. 马克思主义与现实，2013 (4).

[12] 周嘉昕. 鲍德里亚之后，再无政治经济学批判? [J]. 南京社会科学，2013 (7).

十、《后现代主义与社会科学》

[美] 波林·罗斯诺　著

张国清　译

上海译文出版社，1998 年

---【作者简介】---------------------------------

　　波林·罗斯诺（1953—　），是当今美国研究后现代主义的一位著名学者，曾任魁北克蒙特利尔大学的政治学与社会科学教授，兼任休斯敦大学政治学系兼职教授，现任得克萨斯州立大学休斯敦医学中心公共卫生学院教授。她有美国和加拿大双重国籍，在美国加州大学获得博士学位。1995 至 2010 年，任莱斯大学社会科学部兼职副教授。2003 年，获加州大学洛杉矶分校校友名人堂奖。2006 年，任休斯敦市长办公室国际事务和发展理事会/执行局副主席。2006 至 2007 年，任休斯敦市长办公室国际事务和发展理事会主席。

　　波林·罗斯诺的主要著作有《当代马克思主义研究》（1986 年）、《后现代主义与社会科学》（1992 年）、《上世纪 90 年代的医疗改革》（1994 年）、《公共、私营伙伴关系的政策》（2000 年）等。

---【写作背景】---------------------------------

　　近现代社会革命为世界经济政治发展铺设了快速发展的轨道，科学技术的迅猛发展更使现代社会的发展呈现一派欣欣向荣的景象。然而，20 世纪的社会历史发展也不是一帆风顺的，除却天灾，由社会政治集权所导致的人间惨剧一再上演，人类的战争与屠杀给社会进步与发展蒙上了厚厚的阴影。与

此同时，科技的不合理使用所导致的一系列自然与社会问题，促动人们的现代性反思与批判。20 世纪 80 年代，一股后现代主义思潮勃起并在美国社会激荡起来。人们对后现代主义的诸多问题争论不已，后现代主义也困扰着社会科学的发展。人们对运用于社会科学的后现代方法的兴趣正在浓厚起来，有人开设了致力于研究和讨论这些方法的课程，并编纂了有关教材；大学里的某些科系也因其对后现代的重视而正在获得声誉，后现代在人类学、法学、妇女研究、规划等领域中的影响比在经济学和心理学中的影响要大得多。在此背景下，美国学者罗斯诺在多年的教学与研究过程中得出了对后现代主义的一个较清晰的认识，这就是本书的由来。

─── 【中心思想】────────────────────────────

本书研究了后现代主义思潮产生的社会根源，追溯了它的思想先驱，揭示了它的不同发展趋势，考察了后现代的作者观、文本观和读者观，对后现代主义对待主体、历史、时间和空间、真理与理论、表象、认识论和方法论的不同态度与立场、后现代主义的不同政治倾向等，都进行了深入细致的探讨并做出了中肯的评价。在这种探索过程中，作者旁征博引，总是把后现代主义放到现当代西方社会的整体背景中来梳理它与社会科学的关系，向读者呈现了一幅极其壮观的当代西方社会的文化和政治画卷。

作者试图提供评价后现代主义在社会科学中的重大意义、基本要素、中心问题和构成前提，它的长处和短处，它的吸引力和易犯的错误。本书内容基于以下四个主要目标：第一，探索后现代方法的范围和复杂性，尤其注意考察其在人文社会学中的起源；第二，解释并具体说明后现代方法在社会科学中的应用；第三，考察社会科学采用后现代方法所造成的某些后果；第四，给出初步的一般性评价。在本书中，作者站在"现代性"立场上，对后现代主义的诸多观点及其在社会科学中的表现做出了客观的介绍和中肯的评价。

本书包括中文版作者序、前言和后现代术语词汇和九章正文，共 19.9 万字。

─── 【分章导读】────────────────────────────

前言 罗斯诺阐明了自己作为"现代"作者的立场，由此出发去理解后现代主义，以助于人们去理解后现代主义，评价后现代主义对社会科学的重大意义，她认为："力图不偏不倚地评价后现代的思想方式简直是一种'赢不了'的冒险行动。"① 在书中，罗斯诺还在正文前列举了自己所使用的后现代术语词汇表。由此出发，全书进行了八章内容的阐述，最后一章进行了全书总结。

第一章　涉入纷争：危机、延续性和多样性　罗斯诺对后现代主义的含义、后现代主义的思想先驱、怀疑论的后现代主义和肯定论的后现代主义的区别做了一般介绍。现代性的解放许诺在现实中破产了，反而从中孕育了奴役与压迫的力量，由此催生了后现代的怀疑。后现代主义对现代性世界观的各个方面提出了挑战。因而，罗斯诺说："后现代主义在人文科学和社会科学中的出现不仅仅标志着另一种新颖的学术的产生，更确切地说，一场崭新的全然不同的文化运动正在对我们如何体验和揭示周围的世界的问题进行广泛的重新思考。"② 可以说，后现代主义是对社会科学已察觉到的不妥当之处的一个反应。

罗斯诺认为，后现代主义是欧洲大陆的养子，以尼采、海德格尔为代表的德法血统为主，尽管法国人获得了发展后现代主义的绝大多数荣誉，但实际上是德国哲学家，主要是尼采和海德格尔，促成了后现代主义。同样，尽管德里达等的后现代主义思想已在法国失去了人们的信任，但后现代主义的吸引力在法国以外的国家仍然有增无减。从尼采的虚无主义、胡塞尔和海德格尔的现象学到后现代解释学，后现代主义思潮以各种怪异的姿态纷沓而至，令人应接不暇。后现代主义是法国结构主义、浪漫主义、现象学、虚无主义、存在主义、解释学、批判理论和无政府主义等的混杂，缺乏统一性。

当今世界的学者们对后现代主义进行了各种尝试性的分类。从新的视角出发，罗斯诺还对后现代主义进行了归类，她提出把各种学说的后现代主义分为怀疑论的后现代主义者和肯定论的后现代主义者。怀疑论的后现代主义者持有某种悲观、消极和沮丧的立场，主张后现代时代是一个片断、解体、抑郁不安、无意义、含糊不清的时代，甚至是一个缺乏道德准则、社会秩序紊乱的时代。这种倾向的后现代主义受欧洲大陆哲学家，尤其是海德格尔和尼采的启发，它是后现代主义的阴暗的一面，是谈论主体、作者死亡与真理不可能的后现代主义。肯定论的后现代主义者赞同怀疑论的后现代主义者对现代性的批判，但是他们对后现代时代持有一种更有希望的、更乐观的观点，

---

① 波林·罗斯诺. 后现代主义与社会科学 [M]. 张国清，译. 上海：上海译文出版社，1998：1.
② 波林·罗斯诺. 后现代主义与社会科学 [M]. 张国清，译. 上海：上海译文出版社，1998：2.

受到盎格鲁—北美文化的先天熏陶。肯定论的和怀疑论的后现代主义都有一系列从极端到温和的形式，两个值域间又互相交叉。对肯定论者和怀疑论者来说，极端主义者和温和主义者的区别主要取决于其观点的强烈程度和他们愿意把其后现代信念运用于极端过分的结论的程度，不管其结果和后果如何。

罗斯诺是在更加严格的意义上使用后现代主义这一术语的，即以一种特定的哲学视角，这种哲学视角中充满着各种认识论假说、方法论偏爱和重大的中心论题。对社会科学这个术语，罗斯诺提出，她避开了狭义的、排他的社会科学定义，试图在客观的立场上评价后现代主义与社会科学的关系，采取一种对后现代主义方法论的核心及其特定的实际意图做臭氧式的讨论，集中探讨后现代主义对社会科学的贡献。

第二章　抛弃作者，转换文本和重置读者　罗斯诺考察了后现代主义如何修正了通常被人们接受的作者、文本和读者的关系。后现代削弱了作者的重要性，加强了文本与读者的重要性，并不是想把读者打造成为像作者那样的新权威中心，它鼓励文本、作者与读者之间的平等，文本的阅读与写作是为了获得个人的体验与愉悦。现代背景下的作者处于比较优越的地位，作者在教育、灌输、影响着读者。后现代背景下作者的重要角色与权威被解除了，作为非自然概念的作者是资产阶级为控制管理作品而确定责任者的虚构，作者将在不久的将来消失，为集体创作所取代，即"作者的死亡"。罗斯诺说："在社会科学中，'作者的死亡'终结了对于有些课题的研究，增强了对于其他课题的研究，并使另外一些课题的研究得以开始。"[①] 这样，后现代社会科学将不必花大力气去研究作者的真实意图；取消了一些学术研究形式，如剥夺了历史学家、社会学家的合法权；使得历史上的作者大多变得多余；还导致了标准的模棱两可，出现了道德真空，一个无义务无责任的状况。当然，肯定论的后现代主义者没有完全抛弃作者，而只是否认作者的意象"完全的制约着"文本的意义。当肯定论的后现代主义者坚信社会科学中"作者的死亡"产生了后现代解释者的时候，他们使作者以一种更佳作者的角色复活了。

后现代主义对文本和读者也进行了新的阐释。后现代主义者赋予文本以特权，拆解了规范的结构，并主张不存在两个相似的文本，也不存在有关同一文本的两种相同的读解，导致了"互为文本关系"。怀疑论的后现代主义者

---

① 波林·罗斯诺. 后现代主义与社会科学 [M]. 张国清，译. 上海：上海译文出版社，1998：44.

把文本当作毫无限制的，以抛弃任何客观内容的东西。后现代主义是一个多元的文本。由于它的开放性而可以做出无数的解释。它是以文本为中心的，一切事物都是一个文本。后现代主义者还重置了读者，这意味着意义不是源于一个文本的制作，而是源于对它的接受。任何人都可以阅读一个文本，且在阅读中重新创造出它来。怀疑论的后现代主义者允许读者在阅读时拥有不受限制的自由权，完全的自由权，可以随心所欲的解读文本而不受任何制约。既然文本不具有任何客观内容，那么它对任何一种解读都是开放的。他们的后现代读者以其批判性和创造性，通过主观的建构意义，获得了从未有过的重要地位。最后出现后现代读者"写就了文本"。这对于社会科学来说，"后现代的读者观和文本观的意义摇摆于戏剧性和常识性之间"，"后现代的解读活动重新回到了对于社会分析的重视"，但后现代的新文本观"抛弃了历史决定论和马克思主义经济学"①，它更关注文本自身而非事件。

第三章　颠倒主体　罗斯诺探讨了后现代视域中的主体问题。在后现代主义术语里，"主体性"指的是"个体性和自觉性——某主体的生存境况"②。在后现代主义内部对现代主体基本上存在着一种否定的态度，但也存在着肯定论与否定论的差异。怀疑论的后现代主义者"抵制"作为一个人或一个具体参照点的那种一致的、连贯性的主体。他们怀疑主体静止不变的同一性，批判使主体获得自由意志的各种假说，批判由主体存在所蕴含的哲学人道主义。有的怀疑论者建议用后现代个体取代现代主体，甚至把主体看作是一个语言学的约定或者思考语言的一个效果。一般而言，肯定论者更同情主体。他们要求主体的回归，要求在社会科学中重新确立主体的地位。总之，在社会科学中，最令人感兴趣的与其说是主体的死亡，不如说是后现代个体的诞生和"新主体的卷土重来"。

后现代主义反主体的各种姿态并不完全是创造性的，在罗斯诺看来，弗洛伊德和尼采的理论是后现代主义反主体的特别重要来源，许多后现代主义者，如福柯和德里达等都受到了他们的影响。在人文科学领域里的后现代主义者仍然保留了主体，而这里主体是有意识的，意识到了自己的虚构性。因而，后现代主义的社会科学家都倾向于考察没有主体或个体的社会。

---

① 波林·罗斯诺. 后现代主义与社会科学 [M]. 张国清，译. 上海：上海译文出版社，1998：57—58.

② 波林·罗斯诺. 后现代主义与社会科学 [M]. 张国清，译. 上海：上海译文出版社，1998：60.

怀疑论的后现代主义者对现代主体的反对颇具典型。怀疑论的后现代主义者反对现代主体至少是出于三个理由。其一，它把主体的焦点和现代性及现代价值取向联系起来，认为主体性是现代性的一个发明、象征，重点批判了社会科学研究中把主体当作核心角色的研究倾向。其二，它把现代主体看成是令人失望的人道主义，认为现代人道主义在强调人的尊严和个体价值方面是伪善的，而且人道主义还被现代主义者用于证明西方的优越性和文化帝国主义。其三，它认为现代主体自动地蕴含、需要某一个客体，而后现代主义者反对这种主—客二分法。这种主客划分，使得人类被用一种令人无法接受的方式使所有人陷入卑微和压抑。

因而，后现代主义者坚持一种没有主体的社会科学研究。罗斯诺认为，几乎在社会科学的每个领域里，后现代主义者都一直用一种无主体的方法从事着他们的研究。大致说来，社会科学远没有像人文科学那样地对"主体之死"做出热烈的反应，但在社会学和人类学的领域，主体的缺失已经是一个热门的话题，如在鲍曼和马尔库塞的著作中便是如此。

怀疑论的后现代主义者对现代主体进行了自己的取舍，即用后现代个体取代现代主体。一些怀疑论的后现代主义者认为，在一个后现代世界里，现代主体几乎是没什么意义的，但是存在着针对后现代个体而言的核心角色，纵使它不是人道主义的，纵使它不蕴含着人们是自由、自觉和自决的人的意思。后现代个体具有很多重要特征，如后现代个体是松散而灵活的、以感觉、情绪和内在化过程为旨归的，并持有一种"成为你自己"的态度；后现代个体以缺乏强大的单一统合为特征的，对现代意义上的集体亲情和公共责任采取回避态度；后现代个体与个人化的政治学相处融洽等。

此外，肯定论的后现代主义者提出了主体的回归。这些后现代主义者断言，主体的回归同后现代主义的其他知识倾向并非相左。他们的目标不是要重新设置主体和客体的区分，不是要重新肯定人道主义，也不是要使现代主义恢复元气，东山再起。这个主体将反对各种总体性解释，反对蕴含着某个统一参照框架的逻各斯中心的观点，但是它无须反对人道主义的所有方面。

对此，罗斯诺总结说，主体在后现代主义的内部引发了一场热烈的争论，最终，它的身份仍然是一个有待解决的问题，任何一个最后的统合都还是一个未知的领域。

第四章　轻视历史，转变时间和篡改地理（空间）　　罗斯诺大致论述了后现代反对传统历史、线性时间和可预测的地理和空间的理由。罗斯诺说，在一个后现代的研究方法中，历史的地位已经被大大地削弱了。后现代主义者怀疑专注于认识过去和描述过去的各种研究活动。怀疑论者把历史撕裂成阴阳交错的即时瞬间；变得不均匀、往复交织、分层的和非线性的，而不是均匀的、循序渐进的、合目的的和有规则的。后现代的多维空间既可以被创造出来，也可以被消灭掉。假如时间和地形是政治的、经济的、文化的或社会的，那他们就会拒绝按照人们的期望行事，或拒绝在暗中微妙地相互作用，后现代的规划学、国际关系学、政治社会学、城市政治学、政治理论和地理学提供了具体例子。

历史学科是通往其他学科研究的基础，后现代主义者首先对历史科学展开了批判，他们把现代历史科学看成"约定俗成的历史——毫无希望的现代"。怀疑论的后现代主义者批评了传统的历史，并将其归为人类事务较大范围内的一个边缘角色的地位。可以说，怀疑论的后现代主义者几乎没有对历史抱有好的态度。他们认为，历史是逻各斯中心的，是神话、意识形态和偏见的源泉，是一种封闭的方法。对怀疑论的后现代主义者来说，历史是一门卑微的学科，它依赖于现在，而不具有自身的完整性。因而，"历史终结哲学与怀疑论的后现代观点在许多方面是一致的"①。肯定论的后现代主义者几乎都对传统的历史持批判态度，不过他们力图修正和使其相对化，拯救它，重新描述它，或重新发明它，而不是简单地消灭它。他们在努力寻求历史科学的新的表达与研究方式，注重微观叙述，提倡大众主义，可以说，福柯的系谱学是肯定论的后现代主义的一个启示来源。

对于现代的时间和空间观念，怀疑论后现代主义者与肯定论后现代主义者发表了批判性的新看法。怀疑论的后现代主义者反对对时间做编年的或线性的理解，并称之为"编年语音中心论"；怀疑论者认为时间是无政府主义的、不连贯的、非线性、进化与意向性的；而把地理看作是等同于超空间的东西。肯定论的后现代主义者也对现代的空间和地理观念表示了不满，不过肯定论者关于传统观念是不适当的看法引导他们用带有较浓政治色彩的术语来修正空间。

在此影响下，在人文科学中出现了后现代时空观。在娱乐性文学作品中的时空幻想增加了人们的阅读欣赏兴趣，激发了人们的想象力，冲击着传统

---

① 波林·罗斯诺. 后现代主义与社会科学 [M]. 张国清，译. 上海：上海译文出版社，1998：95.

的时空观。后现代小说就具有一种攻击传统的时空观念的趋势，有意违背线性次序，使时空都不具有意义，鼓励读者去建构他们自己的著作，在杂乱中蕴含着一定的创造性。

后现代的历史、时空观念对主流社会科学——城市和区域发展、公共行政学、规划学、国际关系等的研究冲击更大。如果按照后现代主义的假定与设想进行社会科学研究，就需要重建整个社会科学，导致无法收拾的结果。但如果要借鉴后现代某些有益的创造性观念从事社会科学研究，就没有那样可怕。如在哈维、吉登斯等的社会科学研究中，后现代的时空观念正被顺利地应用；在阿什利的国际关系研究中、在德里安的政治社会学研究中、在夏皮罗和纽鲍尔的城市空间和地理研究中，后现代时空观念都有积极的作用。不过，目前学界对此更是产生了一些重大分歧，引起了人们的广泛论争。

第五章　理论的理论和真理的恐怖主义　罗斯诺集中考察了理论和真理概念。后现代主义反对、怀疑、批判现代真理观，并称其为现代的恐怖主义。

在后现代的世界里，理论已经不再是超然的"无辜的"，真理也不再是在中立性和客观性意义上纯真无邪的。对怀疑论的后现代主义者来说，这意味着放弃真理和理论，投入哲学相对主义的怀抱。他们认为，语言把真理和理论转化成了大致上的语言学约定，对于怀疑论者来说，这意味着不可能充满信心地谈论任何一件事情。罗斯诺说：怀疑论者的语言理论对真理的理解，"同他们对于作者、主体、现在（在场）、历史、时间和空间的看法是一致的"①，并且与他们对表象、科学、认识论和政治学等的见解吻合。怀疑论的后现代主义者反对现代理论，认为没有任何一种理论优越于其他理论，他们也没有构建新理论的渴望与能力，只是在批判与解构。

在肯定论者看来，真理的缺失导致了知识的谦卑和宽容。他们把真理看作个人的和特定团体的，即虽然真理或许是相对的，但是它不是武断的。对于这些后现代主义者来说，理论的地位虽然已经衰落，但是他们既没有全盘地抛弃它，也没有要求所有理论都具有绝对性。对肯定论来说，理论是非系统化的、散乱的、异质的，理论并不自以为有什么特许的权利。有的肯定论用对于局部、对于日常生活、对于传统叙述的实质性关注取代主流社会科学的主导理论。肯定论的后现代主义者虽然摒弃现代理论的中心主义，但他们

---

① 　波林·罗斯诺. 后现代主义与社会科学［M］. 张国清，译. 上海：上海译文出版社，1998：117.

希望以日常生活文本和局部知识取而代之。他们反对伟大叙述、元叙述，强调某类小叙述，认为重大理论叙述对开端、终点和明确结论的叙述不可能且无意义。

后现代主义者对理论与真理的批判，在妇女研究、公共行政学、社会学、人类学、政治学和心理学等领域的影响都有体现。妇女研究领域目前面临着进退维谷的境地，女权主义者不赞成关于真理的现代启蒙观念，但后现代的观念未必会使女权主义者更满意。在后现代的公共行政学领域，真理与理论被清除后，将不存在清晰的观念性方案、正确答案与最佳方法。在后现代社会学领域，拥有不同的真理社团都不具有特殊地位。在后现代人类学领域，人类学的真理只是杜撰的结果，只能是解释性的、多音调的。在政治学领域，政治事件仅仅是语言学描述，政治语言就是政治现实。在心理学领域，精神分析、心理治疗不存在痊愈。总之，现代社会科学努力创造以事实为基础的客观理论，而后现代主义者却把社会科学知识贬低到故事的地位，但许多社会科学家会同意社会世界之复杂性的说法。

第六章　否定表象　罗斯诺考察了后现代的表象观念。通过考察语言、政治学、认识论和方法论方面后现代反对现代表象的状况，罗斯诺提出，透过表象的所有各种各样的概念指称，后现代主义者捕获了某些核心的假定，而不管它们可能以什么样的形式出现，而且这样做是合理的。在每个领域里，后现代对表象的批判的一个共同点是：表象蕴含着将某物、某人、某地点或某时间再现为另一物、另一人、另一地点或另一时间。

罗斯诺提出，后现代主义者大多拒绝现代表象。怀疑论的后现代主义者认为，表象在认识论上、方法论上和实质性上都是欺诈性的。最重要的事物绝不会得到表象，即宏伟壮观之物、非凡超脱之物、独一无二之物、神秘莫测之物、"崇高"之物以及卓然不群之物。他们要求"表象的秩序"终结，因为表象否认差异并导致封闭。不过，一旦没有了表象，现代社会科学就成了问题，比较分析就不可能了。肯定论者也对现代表象提出了异议，不过他们仍然保留了认识论表象的可能性，因为他们知道没有它将一事无成。在后现代主义对民主和表象的关注中存在着某种张力。当怀疑论的后现代主义者诋毁表象的时候，许多人便自发地丢弃了民主。对于肯定论者来说，摒弃现代表象导致了对于更可能的表象的要求，或对于更多更好的民主的要求，纵使这些要求仅仅停留在每一位公民只能"代表着"他或她自己的层次上。公共场所理论受到了许多这样的后现代主义者的欢迎，因为他认为表象的重要性不大。不过怀疑论的后现代主义者则指责公共场所理论家们，因为后者强调理性并且假定了理性的沟通。

对于民主的表象，罗斯诺说，民主与表象是密切统一的，"几乎所有的现代政治体系都在成为有代表性而努力着"①。怀疑论的后现代主义者把政治代表制度理解成现代西方民主的一个象征，并对此展开批判，认为其只不过是对政治活动与话语的篡改，因而现代民主是虚伪的、失败的。肯定论的后现代主义者则将代议制民主看作是不适当的、不可信赖的，他们更加强调个体的自由选择。与此相应，公共领域也引起了后现代的关注。在公共领域理论中，哈贝马斯的现代主张就有很大价值。但后现代主义者却对此有所保留，他们把对话交流视为迂腐的理想主义，还批判了公共领域中主体之间有效沟通的可能性。在社会科学领域，当现代学者试图按照他们表象的样子来解释世界的时候，他们遭到怀疑论的后现代主义强烈的批判，这使得社会学、人类学与政治学不同程度地经历了后现代的泛滥阶段。

第七章　认识论和方法论：后现代的抉择　罗斯诺考察了关于认识论和方法论的后现代观念，并且描述了关于解构和直观阐释的后现代方法。肯定论的后现代主义者围绕着主观的、直观的和认识论方面的事物来组合知识，通常是受到启示的解释学；怀疑论的后现代主义者则实践着认识论的不可能主义，是一种认识论上的虚无主义。

怀疑论者和肯定论者对现代社会科学主张的客观性、因果性、某个唯物主义的实在和普遍的研究规则等观念提出了挑战。怀疑论的后现代主义者主张，实在是纯粹的幻想：每一事物都是互为文本的、非因果的或不可预期的。他们比较喜爱的方法包括反客观的、内省的阐释和解构。相对主义和不确定性构成了他们的观点的特点。他们怀疑理性的价值，认为要想为判断智力产品建立正规的标准是不可能的。

肯定论的后现代主义者也对现代社会科学表示了不满。他们自己对实在的理解是建构主义或上下文主义的。解释不仅是怯弱的互为文本的而且是目的论的。积极的价值取向和特定的常规目标公开地指引着肯定论者的社会科学观念。方法论依赖于情绪、直观和想象力。虽然对于理性怀有矛盾心理，但是没有几位肯定论者真的愿意完全地抛弃它。他们又是根据常规爱好或社

---

① 波林·罗斯诺. 后现代主义与社会科学 [M]. 张国清，译. 上海：上海译文出版社，1998：145.

团标准来评价知识主张。

第八章 后现代的政治倾向和社会科学 罗斯诺考察了肯定论的和怀疑论的后现代主义者的政治倾向，以及这些倾向对他们关于社会科学的期望所产生的后果。怀疑论者是政治不可知论者，主张所有政治观点都仅仅是建构，并且他们大多不愿提倡任何类型的政治观点。有的怀疑论者对变革社会的可能性持悲观态度。因此他们认为在后现代时代不参与是最革命的态度。有的怀疑论者认为，游戏和心情愉快是传统的、现代的政治活动的最好替代品。在某些情况下，他们用这些东西来取代社会科学。在极端意义上，一些怀疑论者把恐怖、自杀和暴力当作可以利用的唯一真正可靠的政治姿态来谈论。

肯定论的后现代主义者在政治上持一种更加乐观的态度。他们支持各种大规模新的政治和社会运动，提倡多元主义和宽容，反对派别主义和教条主义；但是并非所有的肯定论者都坚持这些价值观念。虽然有的肯定论者支持针对特定主题的政治运动（围绕和平、生态和环境等主题的联盟活动），但是另一些肯定论者，诸如新世纪肯定论的后现代主义者，更加倾向于精神方面。在第三世界，肯定论的后现代政治学的表现在平民主义、原教旨主义、民族主义、后现代社会运动的形式。这些组织号召反对第一世界的意识形态、技术学和经济学，并提倡返回到原始的、神圣的和传统的世界中去。

在当今世界，后现代主义作为一种政治现象是左翼的还是右翼的这一问题很难一般性地加以定位，左右翼阵营对同一位后现代学者的看法也不同。一些马克思主义者尤其是正统的马克思主义者批评后现代的方法，另一些后马克思主义者和新马克思主义者则赞成后现代的分析。罗斯诺的结论是，后现代主义是如此开放，或如此模糊，以至于它几乎可以被容纳于任何一种政治信念中，"后现代主义不是内在地左翼或右翼的。因此，利用它的那些人并非和它一起无意识地赞同某些意识形态"①。

第九章 评估要点 罗斯诺提出了一个针对读者而言的结论。一门后现代社会科学的确切的形式和特点被勾画了出来；作为一个概要，它涉及前面诸章所涵盖的内容。罗斯诺解释了肯定论的后现代主义者在思想一致性和相关性之间做出的艰难抉择，并且指出了其他地方没有讨论过的某些批判领域。

---

① 波林·罗斯诺. 后现代主义与社会科学［M］. 张国清，译. 上海：上海译文出版社，1998：249.

最后，作者对社会科学的一种后现代方法的未来做了评价。她认为，后现代主义是人文科学留给社会科学的一笔模棱两可的遗产，肯定论者试图形成一门新的后现代科学，怀疑论者对新兴的后现代科学持悲观态度，并设想其角色为批判和解构。社会科学领域的后现代主义提出了某些富于挑战性的问题，并且可能需要做出某些艰难的选择。作者对后现代主义进行了反思性批判，揭示了后现代主义的七大内在矛盾。对于后现代社会科学的未来发展，作者提出，虽其结果不可确切地预测，但某些显而易见的趋势是同更加广阔的世界范围的社会、政治和经济发展紧密相关。最后，罗斯诺还评估了后现代主义对社会科学的影响。

【意义与影响】

此书初版由普林斯顿大学出版社于 1992 年出版，1993 年该书获美国"优秀学术图书奖"。此书在美国的不同学科领域里，诸如在建筑学、文学和科学领域里，已经被一些教授作为教科书来使用。1998 年，由上海译文出版社出版了此书的中文版。这是一部我们研究后现代主义思潮的不可多得的优秀著作。

后现代主义运动在 20 世纪 80 年代传入中国，并逐渐成为一种时髦的文化现象。首先，作为一场消解性、批判性的文化运动，后现代主义从一开始就具有一种对于西方资本主义高度发达的现代文明进行激烈批判的精神，后现代主义首先意味着对于现代性的摒弃。其次，作为一种哲学理论或一种学理形式，后现代主义对于近现代各种世界观念提出了诘难，把它们作为逻各斯中心主义的、基础主义的、本质主义的普遍性的预设叙述通通给以消解。再次，后现代主义也表现为一种标新立异的生活方式。后现代主义者厌倦了快乐节奏的分工精细而明确的都市化生活方式，而向往某种落后的未受现代文明侵扰的牧歌式的田园生活。

后现代主义是一股首先发端于人文科学领域的思潮，它起初在社会科学领域并没有产生什么影响，其发起者也没有把它当作一种更加高级的学术活动来宣传。作为一股文化思潮，后现代主义尽管提出了一些新的思想、观点、立场和方法，然而他们的影响范围更多地局限在人文科学的领域，并且多以否定性的、消极性的、破坏性的形式，而不是以肯定性的、积极性的、建设性的形式出现。后现代主义的这一特点也许有助于强化人文科学的批判性功能。相比之下，今天的社会科学的主导功能仍然是建设性的，批判性功能在社会科学中只能是一种辅助功能。

——【原著摘录】————————————————————

第一章 涉入纷争：危机、延续性和多样性 P1—33

P1 后现代主义像幽灵一样时常缠绕着当今的社会科学。在许多方面，几分可信几分荒诞的后现代方法对最近三十年来的主流社会科学的基本假定及其研究成果提出了诘难。

P2—3 后现代主义在人文科学和社会科学中的出现不仅仅标志着另一种新颖的学术范式的诞生，更确切地说，一场崭新的全然不同的文化运动正在对我们如何体验和解释周围的世界的问题进行广泛的重新思考。

P5 后现代主义对囊括一切、面面俱到的世界观提出了挑战，不管它们是政治的、宗教的，还是社会的，都一无例外。它一视同仁地对待马克思主义、基督教、法西斯主义、斯大林主义、资本主义、自由民主、世俗人道主义、女权运动、伊斯兰教和现代科学，将它们通通作为预设了所有的问题并提供了先定的答案的、逻各斯中心的、超验地包罗万象的元叙述而予以消解。

P12 部分地，后现代主义或许是一代人的奢侈品，对他们来说，匮乏似乎已十分遥远。这代人醉心于自由而不是必然，是个人而非群体。这也许能够说明后现代主义没有在东欧、中国或俄国得到足够重视的原因。在那些地方，现代性的吸引力仍然是新奇的，与现代性相应的消费社会仍有待于人们去充分体验。

后现代主义也是绝望的产物。

P14 具有讽刺意味的是，尽管法国人获得了发展后现代主义的绝大多数荣誉，但是实际上是德国哲学家，主要是尼采和海德格尔，促成了后现代主义。

P18 如果从社会科学所关心的角度来看，在各种各样的后现代声明中，我们大致可以勾画出两种主要的一般性倾向：怀疑论的后现代主义者和肯定论的后现代主义者。

P20 肯定论的和怀疑论的后现代主义都有一系列从极端到温和的形式，两个值域间又互相交叉。

第二章 抛弃作者，转换文本和重置读者 P34—59

P34 后现代主义者戏剧性地变更了作者、文本和读者的传统角色。他们削弱了作者的重要性，加强了文本和读者的重要性。事态几乎发展到了这样的地步：作者、文本和读者都一直在为了引人注目而竞相争斗。当后现代主义者抛弃了作者的时候，一个空缺就出现了；文本和读者则弥补了这个空缺。"读者的诞生必须以作者的死亡为代价"（Barthes 1977：148）。

P37 在一个现代的背景中，有关作者及其角色的定义存在着某种总体的认同。断定现代作者在决定其意指的意义方面具有优先权，这似乎是合情合理的。……假如事情果真如此，那么一个文本的意义就是作者自觉或不自觉意图的一个简单的功能，读者只需发现这些意图便可明白文本的确切意义（Hirsch 1973：3；Skinner 1969）。

P41-42 在怀疑论的后现代主义者看来……有关某个个别作者在创作某文本时的意识意图或动机的知识，对于那个文本的理解来说，助益不是很大。他们认为，为了研读某个文本而去研究作者的生活背景或考察其人格都是同样的无济于事的。因为文本自身超拔于个别作者之上，同作者的意图则毫不相关。解读文本"同作者其人毫不相关"。作者所写的东西一般来说不是他意指的东西（Derrida 1976：158）。

P43 肯定论的后现代主义者以不那么戏剧性的术语来理解作者的衰微。他们没有完全地抛弃作者，而只是否认作者的意向"完全地制约着"文本的意义。

P49 后现代主义者比结构主义者走得更远；后现代主义者拆解了规范的结构，并主张不存在两个相似的文本，也不存在有关同一文本的两种相同的读解。

第三章 颠倒主体 P60-89

P67 怀疑论的后现代主义者反对现代主体至少是出于三个理由。首先，他（她）是现代性的一个发明（杜撰）。其次，对于主体的任何关注都假定了某种后现代主义者不予赞同的人道主义哲学。第三，主体自动地需要一个客体，而后现代主义者反对这种主—客二分法。

P68-69 怀疑论的后现代主义者摒弃主体，因为它是人道主义的核心，而人道主义在许多方面都使他们感到失望。他们认为人道主义是一个逻各斯中心主义的元叙述，它试图提供仅仅根据它自身的毫无疑问的、内在有效的和确定的参照框架而得出的各种答案。

P71 怀疑论的后现代主义者认为，现代主体自动地需要一个客体。这样，消除了主体，也就中止了任何关于世界之为主体和客体的划分。它破除了主—客二分法，摧毁了一方胜过另一方的权威地位，中断了同主体范畴相联系的独断权力关系。并由此消除了其隐藏的层系（等级系统）。

P89　主体在后现代主义的内部引发了一场热烈的争论，最终，他（她）的身份仍然是一个有待解决的问题，任何一个最后的统合都还是一个未知的领域。与人文科学领域的情况不同，主体之死的思想没有在社会科学领域中确立起来。后现代主义者大多反对现代主体，但是一门没有主体的社会科学的生命力仍然是一个有争议的问题。

第四章　轻视历史，转变时间和篡改地理（空间）P90－112

P90　后现代主义者发展了一种独特的反直观的关于时间、地理或空间和历史的观点，其中每一个概念都在一个互相支持的、虽然不是完全统一的大背景中得到了重新定义和重新构造。

P92－93　怀疑论的后现代主义者几乎没有对历史抱友好的态度。他们认为，历史是逻各斯中心的，是神话、意识形态和偏见的源泉，是一种封闭的方法。

P94　对怀疑论的后现代主义者来说，历史，假如它是真正存在的话，是一门卑微的学科，它依赖于现在，而不具有自身的完整性。

P96　像怀疑论者一样，肯定论者几乎都对传统的历史持批判态度，不过他们力图修正和使其相对化，拯救它，重新描述它，或重新发明它，而不是简单地消灭它。

P100　怀疑论者认为时间是无政府主义的、不连贯的、非线性的；而不是线性的、进化的或意向性的。

P102　和怀疑论者一样，肯定论的后现代主义者也对现代的空间和地理观念表示了不满。不过肯定论者关于传统观念是不适当的看法引导他们用带有较浓政治色彩的术语来修正空间。

第五章　理论的理论和真理的恐怖主义 P113－135

P114　几乎所有的后现代主义者都反对作为一个目标或理想的真理，因为它恰恰是现代性的一个缩影。真理是一种启蒙价值并且仅以下述根据为条件：真理涉及秩序、规则和价值取向；真理依赖于逻辑、理性和理智。后现代主义者对所有这一切都表示了怀疑。

P115　对怀疑论者来说，真理主张是恐怖主义的一种形式。

P116　怀疑论者的语言理论把真理转变成了一个几乎是语言学约定的东西。他们认为，关于真理的各种主张从来也无法独立于语言，真理是一个"话语的效果"。

P119 肯定论者认为真理对语言的依赖性是一个严重的限制，但是他们采取了某种中庸的姿态而不是替极端的语言学相对主义作辩护。

P122 对肯定论者而言，后现代理论是不系统的，异质的，散漫的，变化的和局部的。

P123 一些肯定论的后现代主义者试图以对于日常（每日）生活的文本（事件），对于局部知识，对于细节，对于偶然发生的事物，对于主观断言，对于个人和集团的直接经验等等的某种反理论关注来取代现代理论。

P125 作为真理和理论的替代者，肯定论者也强调某类叙述，小范围的叙述，以团体为基础的叙述，而不是重大的叙述。

后现代主义者摒弃现代主义的"伟大"叙述，元叙述，以及声称是科学的和客观的、为使现代性合法化服务、并且假定了正义、真理、理论和霸权的叙述。

第六章　否定表象 P136－159

P136－137 绝大多数后现代主义者都是反表象的，他们认为表象是现代性及其社会组织、政治结构、基础机构和哲学的核心。

P140 后现代主义在从艺术到心理学的每一个领域都碰到了表象危机，而且到处都在预告着"表象秩序的终结"。

P141 终结表象秩序的后现代要求与另一些后现代观念是相关联的。怀疑论的后现代主义者提出的作者终结观和主体死亡观同后现代主义的反表象论是一致的。

P144 后现代主义者相信，表象鼓励概括，在概括活动中它又注重同一，因而忽视了差异的重要性。

后现代主义者于是对可靠地表象某物的可能性提出了诘难。他们指出，不要关注可概括之物、统一之物、现代世界的平常之物，而要关注差异所暗含的一切，关注绝不可能被充分地表现的东西。

P145 后现代的反表象论采取了两种形式：第一种是由怀疑论的后现代主义者提出来的，它是悲观主义的和反民主的。许多人认为它具有虚无主义、消极和绝望的特性。另一种由肯定论者强调的，它是比较乐观的和赞成民主的形式。肯定论者赞成对表象进行积极的重构或取代；要不然他们就放弃现代政治表象（代表制度）以寻求更加直接的民主样式。

第七章　认识论和方法论：后现代的抉择 P160－204

P161 受自然科学的鼓舞，通过假定某个独立的现实并要求理论的被检验，现代社会科学试图在认识论假说和反假说的基础上发挥作用。相比之下，肯定论的后现代主义者围绕着主观的、直观的和认识论方面的事物来组合知识。它们通常是受到启示的解释学。怀疑论的后现代主义者则实践着"认识论的不可能性主义"或者"一种无处不在的、极端的、无法克服的不确定性，一种认识论上的虚无主义"。

P168　后现代主义者赞成价值观念、规范问题、感觉和情绪都是人类智力产品的一部分。怀疑论的后现代主义者断定，任何一个特殊的价值系统都不可能被假定为优越于另一个价值系统。

P175　随着后现代新意义的被确定，现代的解释也得到了重新定义和重新展开。后现代的解释是内省的和反客观主义的，是一种个体化的理解形式。它是想象而不是材料的观察。它消解了现代实体，消解了自我和他人、事实和价值之间的任何清晰区分。

P190　后现代对理性的攻击出于几个动机。首先，现代理性假定了普遍主义，统一的整合体，以及同样的规则到处适用的观点。合乎理性的主张被假定是在国与国、文化与文化、不同历史阶段之间基本上相同的主张。

P191　其次，理性是启蒙运动、现代科学和西方社会的产物，后现代主义者认为，作为这种产物，理性在把启蒙运动、现代科学和西方社会的所有缺陷加以联合方面，是有过错的。理性，像现代科学一样，被理解成专制的、强迫的和极权主义的东西。

P192　第三，理性和合理性同后现代对于情绪、感觉、反省和直观、自主性、创造性、想象力、幻想和沉思的确信相冲突。

第八章　后现代的政治倾向和社会科学 P205－249

P206　怀疑论和肯定论的后现代主义者的政治见解表明了他们各自的社会科学观念。我们将会看到，怀疑论者的政治见解是，他们几乎不需要某个高度复杂的后现代社会科学。但是肯定论者需要一个更发达的、崇尚干预主义的社会科学，以支持他们实现其积极的政治目标。

怀疑论者崇尚政治犬儒主义，后者同他们视现代性为一个衰落阶段的观点是相适合的；正在不可救药地走向最终崩溃、消亡和自我解构的世界不可能继续苟延残喘下去。怀疑论者在本体论上的不可知论促使他们放弃任何全球性政治规划。

P214－215　肯定论的后现代主义者展示出各种各样的政治视野，由此形成了各种政治观点之东拼西凑的、形式各异的大杂烩，那些政治观点几乎没有什么"共同内容",并且经常相互抵触。

同怀疑论者相比,肯定论的后现代主义者具有一种更乐观的精神,他们支持一系列新的政治运动:从和平、生态与环境、女权主义、绿色政治主张、民族主义、大众主义和无政府主义到"心身健康科学"、灵学、心灵致动和新世纪运动。

P218　肯定论者选择的是"生活政治学"而不是"解放政治学"。肯定论者认为,解放政治学之所以遭到拒绝是因为如此之多的旧式社会运动都标榜是解放(从不平等和压迫中追寻正义和自由),但是结果表明它们仍然是压迫性的。此外,任何一个解放计划都包含着"一个总体方案、一个前后一致的计划,一个项目"。

P240　有两派马克思主义者对后现代主义产生了好感,他们是后马克思主义者和新马克思主义者。

P241-242　这些赞成解构的左派分子提出理由证明:解构是批判的、左翼的和革命的。这些新马克思主义的后现代主义者把德里达理解为一个已经公开宣布自己是共产主义者的人。

这些马克思主义者中的一些人认为马克思本人已经在德里达之前有所行动(Ryan 1981,1982),是第一个解构主义者(Spivak 1980)。

P243　对马克思的许多概念,新马克思主义者与后马克思主义者都持有不同的看法,他们都不同意所谓马克思的种种概念对于后现代分析具有适用性的说法。后马克思主义者放弃了大部分的马克思主义的术语和分析范畴。他们希望根据当代的政治状况对马克思的"原初原理"进行修正……

第九章　评估要点 P250-276

P254　肯定论者寻求这样一门后现代的社会科学,它将是宽泛的和描述性的,而不是预见性的和政策倾向性的。

P255　怀疑论的后现代主义者认为宇宙是不可知的,这促使他们放弃了建立一门后现代社会科学的努力。

P275　在某个世界和平的氛围里,人们会关注肯定论者所提出的自我实现、宽容和人性化技术学的要求。假如某个和平而冷静的时代要获得发展、壮大和持久的话,那么肯定论者的声望将会提高,比起怀疑论者来,他们对现代社会科学的影响就会更大。但是,即便就对"建构"采取极端的批判和拒绝态度的怀疑论者来说,仍然存在着某种潜在的积极贡献。

────【参考文献】────────────────────────

[1] 王荣江. 追求确定性知识的思维方式及其现代性后果 [J]. 自然辩证法研究，2003 (7).

[2] 金小红. 安东尼·吉登斯结构化理论与后现代主义思潮 [J]. 国外社会科学，2008 (1).

[3] 陈金全，王薇. 后现代法学的批判价值与局限 [J]. 现代法学，2005 (2).

[4] 陈卓. 后现代主义与中国社会 [J]. 中南大学学报，2007 (5).

[5] 苏国勋. 社会学与社会建构论 [J]. 国外社会科学，2002 (1).

[6] 董明. 后现代主义：一种应予理性审视的反理性文化思潮 [J]. 湖北社会主义学院学报，2003 (4).

[7] 徐丽霞. 后现代主义的反主体观解读 [J]. 兰州学刊，2007 (1).

[8] 李荣海. 后现代哲学的所谓"死亡"及其真实命运 [J]. 广东社会科学，2006 (2).

[9] 王时中. 论理性悖论的嬗变及其流变 [J]. 江汉论坛，2006 (3).

[10] 邹顺宏. 科学哲学的后现代科学观浅析 [J]. 理论界，2006 (1).

十一、《生活在碎片中——论后现代道德》

[英] 齐格蒙特·鲍曼 著

郁建兴，周俊，周莹 译

学林出版社，2002 年

——【作者简介】————————————————————

　　齐格蒙特·鲍曼（1925— ），利兹大学和华沙大学退休的社会学教授，是当代现代性与后现代性研究较著名的理论家之一。澳大利亚社会学家、国际性社会理论杂志的主编贝尔哈兹说，鲍曼是当今用英语写作的最伟大的社会学家。当代英国社会学家吉登斯也说，鲍曼是一个后现代性的理论家，他用非凡的才华和创造力，发展了一个任何人都必须认真对待的立场。1990 年鲍曼被授予"雅马尔费奖"，1998 年被授予"阿多诺奖"。评论者普遍认为，鲍曼的成功不仅基于其作为一个作家和评论家的文学技巧，更基于其富有创造性的思想和卓越的社会学洞察力。

　　鲍曼出生在波兰西部波兹南一个贫苦的犹太人家庭，在苏联接受教育。1939 年二战爆发，由于贫困和反犹的迫害，鲍曼全家逃亡苏联。1943 年，18 岁的鲍曼参加了在苏联的波兰军队。20 世纪 50 年代初，鲍曼在波兰军队中快速提升，成为较年轻的上校之一。大约在这个时期，鲍曼开始攻读哲学和社会学的学位。这时的鲍曼可谓仕途一片光明，但他没有料到，在 1953 年的反犹太清洗中，28 岁的他被突然撤销了军队中的职务。鲍曼经历了希望，也饱尝了失望。从军队下来后，鲍曼就开始了他的学术生涯，他于 1954 年起在华沙大学哲学与社会科学系任初级讲师，1961 年，升为助理教授，并担任波兰有名的社会学杂志《社会学研究》杂志编辑委员会的主任；1966 年，他当选波兰社会学协会执行委员会的主席。1967 年，波兰发生了反犹运动，把犹太人比作"第五纵队"即国外势力的间谍。1968 年，鲍曼上交了党证，被解除了教授职务，被迫从波兰移居西方，最终定居英国。

鲍曼是一个多产的作家，从 1972 年进入利兹大学算起，仅英语著作就出版了 20 余部，其著作涉及了社会学、哲学、文化研究和政治学等众多领域。20 世纪 70 年代到 80 年代初期的六本著作，主要关注社会主义乌托邦的领域，分别是《在阶级和精英之间》（1972 年）、《作为实践的文化》（1973 年）、《社会主义：积极的乌托邦》（1976 年）、《趋向批判社会学》（1976 年）、《诠释学和社会科学》（1978 年）、《阶级的记忆》（1982 年）等。在他的众多著作中，最有影响力的则是他的"现代性三部曲"和"后现代性三部曲"。鲍曼本人把《立法者与阐释者》（1987 年）、《现代性与大屠杀》（1989 年）和《现代性与矛盾性》（1991 年）称之为"现代性三部曲"，而贝尔哈兹则把《后现代伦理学》（1993 年）、《生活在碎片中——论后现代道德》（1995 年）和《后现代性及其缺憾》（1997 年）称为"后现代性三部曲"。进入 21 世纪后，耄耋之年的鲍曼仍笔耕不辍，他每年都有新书问世，最近的著作包括《流动的现代性》（2000 年）、《共同体》（2001 年）、《个体化的社会》（2001 年）、《被围困的社会》（2002 年）和《流动的爱》（2003 年）、《虚度的光阴》（2004 年）等。

【写作背景】

20 世纪最后 30 年在现代性的图景中出现了四个巨大变化的冲击，民族国家的规模被缩小了，许多西方发达国家政府放弃了凯恩斯主义的福利政策，苏联走向解体与分裂；人们对危险的意识得到了增长，普遍认识到现代社会是一个高风险的社会，如核能爆炸、生态环境恶化、艾滋病泛滥等；资本主义已经全球化，欧洲帝国主义已经终结，英、俄、德、法走向了衰落。因此，这本书的宏观写作背景，正如鲍曼在序言中所说，后现代道德的研究必须是一种联系后现代生活及其策略的背景进行的研究。

此书作为鲍曼对后现代道德生活的一次全面审视，诞生于他转向后现代性研究的过程中。根据鲍曼的看法，现代性并不能实现这些目标，它永远是一个"未竟的计划"，消费主义在西方社会的兴起和社会主义在东欧的崩溃都说明了这一点。正是在这样的背景下，鲍曼才出现了学术兴趣的"后现代转向"。在鲍曼看来，后现代性是充分发展的现代性，是意识到自身真正性质的现代性——自为的现代性。可见，后现代状况既可以描述为从虚假意识中解放出来的现代性，同时它也是一种新型的社会状况。这种对于现代性和后现代性的理解是鲍曼著作中一致贯穿的视野，成为其写作中反复提及和试图证明的中心议题。此书则是这一议题背景的一部分。

【中心思想】

本书在章节体系和论述方式上是一种碎片化的形式，通过对后现代生活中个人道德选择的困境描述，察省了解决这种困境在社会建构、和睦形式、生活方式、身体身份、国家机器、种族道德、政治生活、知识分子等后现代生活方面所面临的问题。全书在论述这些问题时，使用了作者在现代性和后现代性相关著作中定义的概念，通过与其他学者论述和相似思考的结论碰撞来试图找到解决问题的根源。全书主题是，后现代道德问题的根源在于社会情境的破碎化和生活追求的插曲化。此书作为《后现代伦理学》的姊妹篇，进一步拓展了后现代社会情境中道德问题的出路这一主题。鲍曼的后现代伦理视角着重强调的是，后现代主义者的视角如何能提供一种关于伦理学的新理解。在鲍曼那里，道德就是承担起对他者的责任，道德的矛盾性正是道德的真正意义，因为道德生活是一种连续的不确定性的生活。

全书分为八章，共 11.25 万字。

【分章导读】

第一章　无伦理的道德　作为《后现代伦理学》的姊妹篇，承前书对伦理的论述，描述了后现代生活中社会处于"无序"状态下的生活场景——"无伦理的道德"。这种生活场景下的道德是没有伦理基础的。在已经完成后现代伦理论述的基础上，鲍曼对后现代的道德选择困境做出的更深层次的社会原因分析。

鲍曼对这种没有伦理基础的道德进行了现代和后现代社会中不同视角的剖析。现代社会中伦理立法的坍塌导致了伦理的终结即道德终结。他认为，两种疑惑削弱了西方的伦理自信和自以为是，一种是完全不能被消除的怀疑：奥斯威辛集中营和古拉格劳改营，它说明人道化工程的代价是更多的无人性。这种怀疑实际上已经到达了现代社会工程的心脏地位；另一种怀疑同样也是基础性的，它关注现代社会工程的另一个重要的假设：现代性是一种内在的普遍的文明，但多种迹象表明，现代文明远远不适合普遍地应用。此外，鲍曼还批判了现代社会的发展观，一方面，没有什么能通过发展获得解放的古老教义，也没有什么能够激活这样的古老希望；另一方面，这个建立在一种同义反复和错误前提下的准演绎的结论是：发展是必需的、符合意愿的，而且合乎伦理。他认为，在发展的尽头等待人们的是一个有序地、合理地设计和管理的世界。

承袭康德与黑格尔道德哲学的某些理念，鲍曼对道德与伦理进行了区分，抬高主观性道德，贬抑客观性伦理。他说，道德是没有原因和理由的；道德的必要性、道德的意义，也是不能被描述和进行逻辑推理的。因此，道德像生活的其余部分一样，是不可预测的：它没有伦理的基础。鲍曼把道德代替伦理—现代工程看成后现代的重要标志。可以说，鲍曼把自律性的、应然性的、绝对命令般的良知道德看成拯救现代性问题的法宝。他试图以此说明，后现代民众在以道德解除了现代社会中的伦理束缚后，必须直接面对道德自治和道德责任。他说，伦理的危机并不必然预兆着道德的危机；"伦理时代"的终结也并不就明显地意味着道德的终结；伦理时代的终结迎来了道德时代、后现代时代。当道德问题从人类的生活经历中出现时，当它们在一切不可挽救并且无法更改的矛盾情绪中面对道德本身时，我们有可能而且必然在它仍裸露的真相中直接面对道德问题。

第二章　和睦的形式　和睦的形式包括相伴、相处、相依。习俗和承诺，相依的无法忍受的不确定性，善存在于未来，并通过对现代社会中各种各样和睦形式的分析，找出适合后现代社会的和睦形式，进而为后现代道德寻找依托。鲍曼试图通过解释道德的自我，寻找道德在后现代生活中的关系来达到道德行动的目的。他提出了后现代生活图景中的四种和睦形式，来说明和睦所具有的独特性质是道德影响的关键因素。面对这种后现代的道德困境，鲍曼提出了"为了他者"的道德作为其宏观伦理学的微观基础。

鲍曼区分了"与他者相处"（being with）和"与他者相依"（being for）。鲍曼指出，"相处"是对称的，而"相依"明显是非对称的，相依是对相处的超越。相处与理性和伦理相联系，是一种外在的规范性约束和义务。相依是一种与他者的感情约定，是同情、服务、做善事、为他者做牺牲，相依和负责任实际上是权利关系，即是一种内在的自律与自由。"相依"使参加者变得不平等，它通过将我的位置从对他者可能采用的所有立场的依赖性中解放出来给予我的位置以特权，这种存在方式排除的不仅是孤独，而且还有冷漠。在此基础上，鲍曼区分了"向……负责"（responsibility to）与"为……负责"（responsibility for）。"向……负责"是对规则、规则的制定者和规则的守护者负责。"为……负责"是对他者的健康和尊严负责。在鲍曼那里，真正的道德应当采取"为……负责"的模式，因为道德的"原初场景"是"面对面"（face to face）的领域。在这里，把他者作为一个独特的面孔而与之相遇，以达到相依。

从和他者的和睦关系中，鲍曼抽离出了相伴、相处和相依这几种状态，并重申了对于道德责任在这几种状态下的表现：相依和负责任实际上是权力关系。相依的和睦是存在于未来的，道德的关系以相依的和睦为基础，也是一种存在于未来未尽的工程。

第三章　破碎的生活，破碎的策略　鲍曼展开了对后现代生活全面的清查。鲍曼把后现代的生活比做开端和结束之间延伸出来的"破碎的中间"，被理解为"不完整的监狱"，这个隐喻的目的是为了论述这种生活中的不确定性，已经成为生活的一种自我批判。生活质量这个概念作为对日常生活的批判，实际上是后现代生活转向的一个标志。

鲍曼用一种破碎的策略来解读这种破碎的生活。他从生活的主题跳跃到身份，把"身份"这个概念和"生活质量"作为现代的一种发明来体现其在现代性中的流动，这也是这一章勾勒后现代生活的这种不确定性的一个方面。身份是从这种不确定性中找到的逃避的代名词。

论述身份的目的是为了说明个人的问题是解决社会性问题的关键，为鲍曼在之后章节中寻找疗救集体的药方做了铺垫。在"流动性的身份"面前，"朝圣者"是作者对现代生活中"身份建立者"的称呼，然而这一称呼在后现代的生活中已经消散。因为后现代生活策略的中心不是建立身份，而是逃避限制。因此，鲍曼重新建构了后现代生活中接替朝圣者的四种具有可比性和矛盾性的身份符号："漫步者""流浪者""游客""比赛者"，而这种梳理是为了归纳后现代身份问题对大众道德和政治态度造成的影响。鲍曼依旧是使用了他对于现代性和后现代性是相互交叉接替的视角，从现代性身份对道德的影响谈到后现代生活策略，认为人际关系的破碎将是形成后现代人类道德状况的最重要因素。鲍曼并没有提出确定的结论，而是描述了"后现代人际关系是破碎和不完整的，焦点和目标是狭隘的，关系是肤浅的"这一图景下道德的可能。

第四章　后现代忧虑的总目　对"全景监狱"的忧虑，从商品供应者到感受采集者，从健康到适应，围困中的身体，从操作到体验。鲍曼从忧虑着手，对"全景监狱"以及后现代身份的隐喻做了进一步的引申。他认为，支撑小型秩序的完整性的分散的和共同的监督成为单向性的，并且集中精力于现代"全景监狱"的中心要塞。道德生活永远充满了"不确定性"，道德大厦是用"怀疑"和"自我贬低"建造而成，人们一直试图在摆脱这种忧虑。鲍曼使用了"商品供应者""感受采集者"来说明现代中对"全景监狱"忧虑的转型。现代社会中劳动力和士兵对应着以工厂和军队为主要工具和组织模式的"管制方式"，使得现代的忧虑可以被个人规避。而后现代社会生活的"私有化"则将忧虑的压力直接落在个人身上。因此，为后现代忧虑制作总目就成为当务之急。

鲍曼认为，被取消了"全景监狱"同伴这样一种商品供应者角色的现代个人，发现自己处于一种商品消费者的地位，扮演着乐趣采集者，或者，更确切地说，扮演着各种感受采集者的角色。这一后现代忧虑的总目围绕着后现代道德两难境地中个人身体和身体的社会性生产机构的"私有化"问题，透过道德行为者的自我内审，与外界空间的联系，说明论自我和他者与道德空间的关系。个人的、私人的身体所有还掌握着这一切，保卫边界、在界线以内管理边界是他/她的责任。这是一种永远不能被撤除的围困——一种永久的、终其一生的围困。"商品供应者"和"感受采集者"的角色分配，都谴责与道德式的和睦不相关的事物，并且努力从道德束缚中解脱。

第五章 对陌生人的在考察——过去所做的，现在所做 鲍曼对陌生人进行了新的考察，对后现代身份问题进行了更深入的研究。其核心观念是，幸福的城市生活的目标所要求的是进行一种妥协，它导向一种机会与风险之间的微妙平衡，使相互冲突的要求达成和解，而非根本的解决。"陌生人"这个概念作为鲍曼著作中的一个重要议题，曾出现在《现代性和矛盾态度》一书中，也屡次出现在其相关的论文中。陌生人既没有自由，也没有安全，他们生活在自由与安全的边缘。现代的城市是一个自由和危险并存的场所，对现代和后现代中的陌生人的身份考察，在本书中是这种两难城市生活中必须要确定的意义。事实上，鲍曼是以"陌生人"隐喻现代社会秩序和现代城市生活的两难境地。

在现代城市阶层划分之后，"和陌生人一起生活的策略"是将陌生人化为常规的世界。鲍曼用这个比喻说明，在城市中空间的规划、城市居民的阶级划分是打破现代城市生活自由而危险之境地的方法。通过考察现代城市中的游手好闲者，以及前文说过的漫步者、旁观者眼中的陌生人，说明现代城市生活是道德贫乏的，人际关系是漠然的。鲍曼说，在城市的街道生活中，人们彼此之间的交往浮于表面，只是在不断地展示自己。而把陌生人放置到门口的隐喻是以一种民族国家和种族角度来考察隔离政策，以此来区别于融入城市生活背景的"陌生人"，身份的定义是模糊的。在后现代城市中，鲍曼用两面性规定了陌生人在后现代的双重人格，同时将这种后现代忧虑中提及的不确定性归界到"陌生人"这一隐喻中。他说，后现代城市中的陌生人有两副面孔，一副是有诱惑力的、充满希望的、快乐的；另一副面孔也是神秘的，但它浑身写满了凶恶的、威胁的、恐吓的谜。

第六章　暴力、后现代　鲍曼把理论的目光转向了对暴力的分析。对于现代和后现代暴力的关注实际上是对于暴力是如何形成的关注，鲍曼认为，现代文明、现代性的本质上是一种边缘文明，它通过一种不断的征服以扩张土地，通过新的侵犯理由或借口重塑自身、不断复新。文明进程关注的不是暴力的根除而是暴力的再分配，有形暴力的形式是一种国家垄断的合法形式，而无形范围中的暴力是一种不确定的压力形式，与秩序是相对的。

为讨论暴力和秩序的这种相对性，鲍曼用文明和野蛮的区别来表明这种控制和不被控制的关系。野蛮被现代文明所内化，而不能简单地用一条分界线来隔离野蛮和文明的区别。海湾战争的事例说明，民族国家和主权领土空间中存在用文明推进暴力的问题。现代文明有两种方式来驱使暴力实施，一种使用屠杀等直接手段来推进文明的进程，而另一种是用法和秩序的增进。在这两种形式的暴力下，只有切断道德过失同参与这种行为的联系，才能大规模地将暴力付诸行动。在《现代性与大屠杀》和《现代性与矛盾态度》中，鲍曼已经详细地论述了现代组织以其科学的管理和对人行为的协调，实现了这一效果；其手段主要是不置可否。而在本书中，他重新提出，不置可否的效果是这样来获得的：通过将某种人群排除在道德主体的领域之外，或通过掩饰存在于偏袒行为与协调行动最终结果间的联系，或者推崇程序性纪律和个人对道德实践的首要评判标准的忠诚。

然而更重要的是，暴力现象已经组成并进入日常生活。后现代暴力的这一特点是在此重点论述的问题。鲍曼通过对新种族主义和暴力之间的关系来说明，为新种族自主服务的暴力的重新聚集正是后现代的身份问题私人化的一个结果。这即是说，国家虽将集中的权力交给了公共领域、私有化的市场力量，希望提供一个能使无端的暴力不再不可思议的思想、感情、意志和行动的统一体，但新种族主义必定会使其落空。在这里，鲍曼对大屠杀的后现代方式论述，结合了当代生物技术发展过程中出现的伦理问题做了解答。最后他提出，后现代暴力成为自行其是的工具；暴力独特的后现代形式产生于身份问题的私有化、解除控制及权力分散。

第七章　种族道德　鲍曼将新种族的概念进行了全面的展开，并对种族道德问题从身体、种族、反种族主义、道德进步、集中营以及排犹主义等几个方面进行分析。这种体系完成了在之前鲍曼关于后现代身体和身份的探讨，以及对于大屠杀和现代性关系的补充，是对前面提及的一些概念的呼应并综合成为种族的问题。

源于对身体的健康的恐惧造成了传统中的隔离限制以及放逐的政治策略。鲍曼认为，传统国家中的种族隔离政策或者种族运动反映了这种身体观点；生物科技被投入到现代性的全面计划中，人们对实用与效益的追求，还有道德中立等因素导致了灭绝种族的大屠杀。鲍曼尤其关注当代生物技术对身体改造中的伦理问题，对由身体引发的新种族问题在未来的前途依旧持有风险的谨慎态度。

鲍曼集中分析了种族社会对外来人的两种策略：吸收性和吐出性策略，而作者对这两种策略解决问题的可能性持怀疑态度，即他对现代道德进步发出了疑问。其一，现代这一时代建立在种族灭绝之上，并通过更多的种族灭绝进行。其二，现在的主导道德是战胜者的道德，优胜的道德总是优胜者的道德，道德进步在核心处遭到了那用来推动它的方式的威胁。其三，当下最重要的就是对道德能力的挽救，实际上是对人类间隔的重新道德化。道德进步在昔日现代的大屠杀时代中是被怀疑的，而后现代动荡和残暴的现状，以及民族国家人为的集体身份引起的矛盾，在全球化的板块下演化为新种族的暴力。这一论述，是鲍曼对于现代的屠杀暴力的国家集体化的洞察。

集中营是一种现代的发明，是为达到目的的一种极权主义和残暴手段。现代性为集中营、种族灭绝的屠杀提供了三个重要的条件，即在远处行动的能力，对行动进行道德约束的失效和它的"园艺姿态"，追求人为的、理性地设计的秩序。现代集中营与暴力作为现代的发明还不会销声匿迹，鲍曼说，为"古典的"、希特勒与斯大林式的集中营写讣告还为时过早，这些集中营是一项现代发明，即使被用于反现代的运动之中。拥有电子监测器、大量耗油的汽车、摄像机、录音机的集中营完全可能继续存在于处于现代化压力下的社会所大声疾呼要求并急切抓住的现代设备中。

作为犹太人的鲍曼从犹太人存在的身份困惑和所具有的矛盾特点谈起，

批判了现有排犹主义的三种论述，得出这样的结论：现代的排犹主义是现代有序化混乱的一种不间断的产物，而后现代情形下，异犹主义则可能会失去它在前现代时期及整个现代史上占据的独特地位。

第八章　道德与政治　从几种不同视角预测道德在政治生活中的走向，即从知识分子、欧洲共同体的组成和对道德未来的态度三个方面来谈道德和政治生活。鲍曼在前言中谈到，这本书的宗旨是不希望过度谈论缺少何种政治生活的条件来阐释道德，因而鲍曼采取了后现代生活的几个重要视角，来说明这种生活特征使得政治原则在道德生活中的缺失。

鲍曼认为知识分子在后现代政治中的作用在日趋下降。知识分子是介于精英和群众间的第三类人，他们是希望净化、教化和启蒙群众的传教士。只有在批判活动中，他们才能够成为知识分子。因此，他们在社会中越来越被边缘化，一方面，他们受到"人民"的嘲弄；另一方面，他们受到政治精英、权威的嘲弄。知识分子也敏锐地觉察到自己的独特性和孤独。他们希望国家通过让他们牢牢地单独控制文化，从而进一步提高其公共地位和影响。然而，这并没有发生。随着市场社会的发展，知识分子集体权力的现代基础已经受到侵蚀，尤其是其伦理和文化立法者的技能几乎不被需要了。鲍曼从知识分子的现代性起源谈起，说明其在后现代所处的困境存在于国家控制和消费主义市场私有化夹缝中的进退两难，其在道德中的作用是否已经走向重组的论断，还应该等待事态发展才能定夺。

在欧共体这一现存的国家新型共同体的论述中，鲍曼把原有民族国家和现有欧共体的一脉相承作了细致的分析，对欧共体成为民族国家的新形式如何建构自己的身份，政治主权如何重新界定的问题围绕政治道德的主题进行了探讨。他认为，在经济上和立法上统一的欧洲这个环境下，旧有的国家装备不良而不能在国家边界之内管理经济和社会政策，其政治和经济精英越来越重视建立超国家网络的那些国家很快贬值为精神统一的中心，也就是民族国家过去扮演的角色。在民族国家过去所扮演的身份制造者和提供者的角色日益明显的失败之后，身份的需要如今更趋于迫切。因此在后记补充时，鲍曼用威胁和机遇这样的选择回到了首篇中后现代对于道德选择的两难态度问题上。

至此，鲍曼对全书做了一个总结，从道德生活的现代分析到后现代生活特征，再回归到法律、伦理、现代组织、共同体等论题上，通过对现代与后现代的双重批判，在伦理学的维度上将建构自治的主体与实现人类的团结、社会的正义联系在一起。正如鲍曼所言：自主的、道德自立与自治的公民与自我反思、自我修正的社会如果要到来的话，只能一起到来。在一定意义上说，道德问题成为鲍曼理论建构的基石。综观鲍曼的后现代道德与政治观念，我们可以得出如下结论：首先，他强调道德自律在社会发展与人际协调方面的作用，其理想中的社会共同体是道德共同体即自由人的共同体，也可以说他非常重视个人自由。其次，他非常重视伦理、法律在秩序建构中的作用，尤其是在道德自律形成中的重要作用，即他认为社会现实中的自由是强迫的自由。这是他对共同体的强调。他说："道德，就像其他的社会生活，必须建立在法律之上，道德的后面必须有伦理准则，包括法规和禁令来支撑。教育或强迫人们有道德意味着使他们遵守那种伦理准则。按照这个理论，成为有道德的人等于学习、记忆并遵守法规。"从中可见，这是对以柏拉图、亚里士多德为代表的前现代政治传统，即以卢梭、康德为代表的现代政治传统的继承与发扬。最后，他强调个人与共同体的协调或调和，使人性获得自由全面发展。不过总的来说，他偏重于个人自由与道德自律，然后是共同体的秩序与法律强制。他所坚决反对与抨击的是理性与普遍性的暴力、种族灭绝与人权侵犯。

—— 【意义与影响】 ————————————————————————

鲍曼的现代性反思著作丰厚，是现代与后现代研究的非常知名的世界级学者，其综合学术影响及其此书的创新性思考，使此书成为国内外学界研究当代社会道德、后现代道德的一部重要参考书。我国著名学者钱广荣评价说："近几年齐格蒙特·鲍曼的学说被介绍到中国，但所涉多为他的社会学思想，关涉其伦理思想不够，而齐格蒙特·鲍曼'既具有说服力和启发性，又令人费解'的思想其实多为伦理思想。他的《后现代伦理学》和《生活在碎片之中——论后现代道德》以客观主义的描述方法揭示了后现代社会深刻的道德危机，却又将此归因于传统理性推崇的道德的'普遍原则'，并提出本质上属于个人主义的'多元主义的解放'的道德重建主张，在中国学界产生了两面性的复杂影响。"①

在此书中，鲍曼不仅以后现代性为参照点，以各种隐喻的修辞手法分析

① 钱广荣. 齐格蒙特·鲍曼伦理学方法的得与失：以其《后现代伦理学》和《论后现代道德》为例 [J]. 伦理学研究，2010 (4).

了源于道德现代性的动力机制和理论追求的内在两难困境，而且对后现代性生活策略对道德的影响也进行了描摹和反思，从而凸显了其理论建构的中心思想。本书中所提及的事例很多都是图书出版时刚刚发生不久的社会道德的焦点，比如海湾战争、生物基因工程和克隆、欧共体的生存和发展问题等，都嵌入了对后现代生活的表现，而鲍曼笔下对现代人在城市生活的几种隐喻的描摹：陌生人、漫游者、旁观者、流浪汉、游客和比赛者，也让人感到就是在对自己的生活状态的真实写照。这可以使我们即时性地把握当代道德问题的最新思考。有论者评价说："鲍曼关于后现代伦理的思想有其独到的见解，他对于社会和人际关系的剖析对我们重新认识'后现代'这个时下流行的话语有重要启示，同时对我国现在道德多元化改革以及生活道德教育的实施等方面都有一定的启发意义。"①

透过鲍曼对道德问题的关注，我们可以看到，当现代性使普遍的、根基牢固的伦理规范的现代雄心黯然失色时，也使"团结的匮乏"和"个体的漠视"的后现代道德显得更为令人忧心。因此，对于道德世界的后现代性，是前进了一步还是后退了一步这一问题的任何回答，都可能是正确的，也都可能是错误的。因为它反映了社会变革的一个普遍特征，即当它表述正确或削弱昨天的错误时，它也引导了新的错误，这些新的错误注定会变成明天治疗努力的一个目标。

──【原著摘录】──────────────────────

第一章　无伦理的道德 P1－42

P5　我们也可以说，社会是一个巨大的不停息的隐藏运作系统。逃避曾经成功地提出了一个秩序的薄片，这薄片不断地被它赖以延展的无序刺穿，撕开并折叠起来。无序正不断地侵入所谓的普遍性，这种普遍性是既定的，熟悉的，并且在表面上被驯服过的。

P10　道德是没有原因和理由的；道德的必要性，道德的意义，也是不能被描述和进行逻辑推理的。因此，道德像生活的其余部分一样，是不可预测的：它没有伦理的基础。

P18　现代性曾自认为是普遍性。……普遍性是理性的原则；即是一种用

────────────

① 陈秀锦. 后现代伦理思想与当代道德教育的思考：对齐格蒙·鲍曼《生活在碎片之中：论后现代道德》的解读 [J]. 安徽广播电视大学学报，2008（2）.

理智生命的自治替代激情的奴役，用真理替代迷信和无知，用自我制造和完全主导的有规划的历史替代漂泊不定的苦难历程。

P22　后现代乌托邦是无政府主义——只有很少的时候是无政府的工联主义。

P29　这个建立在一种同义反复和错误前提下的准演绎的结论是：发展是必需的、符合意愿的，而且合乎伦理。因为它增加了人们的快乐；在另一种循环推理下，这个结论不断地被世界"发达"地区收入增长和贸易增长的统计材料所支持。

增加的收入仅仅给处于贫困中的人带来幸福，但是，像所有的统计资料所显示的，恰恰是贫困中的人并不希望"发展"能带来收入的增加；尽管，他们的地位上升了，但相对收入却降低了。

P30　无论如何，没有什么能通过发展获得解放的古老教义，也没有什么能够激活这样的古老希望；在发展的尽头等待人们的是一个有序地、合理地设计和管理的世界。

P31　现代是并且不得不是伦理的时代——否则就不成其为现代性了。就像法律先于一切秩序一样，伦理必须先于道德。道德是伦理的产物，伦理规范是生产方式，伦理哲学是工业技术，伦理说教是道德工业的实证主义；善是它所计划获得的收益，罪恶是它生产中的废品或副产品。

P41　因此，伦理的危机并不必然预兆着道德的危机；"伦理时代"的终结也并不就明显地意味着道德的终结。一个确定的事实能被解释为支持相反的假设："伦理时代的终结迎来了道德时代"——后现代可以被视为这样一个时代。

第二章　和睦的形式 P43-74

P52　相依是对相处的超越。

P54　如果理性擅长的法规和规范真的能使人类和睦相处于一种完全的和绝对的相互理解中，那么在任何场合几乎都觉察不到激情。但是理性的监督恰恰缺乏完全性，人类的行为恰恰缺乏单一性，人类的交往恰恰缺乏预见性。

P57-58　只要我们认为规则控制的相处和和睦等同于"伦理的世界"，这就是正确的。……伦理——对道德和非道德的区别所做的法律般的表述——穿过畏惧之门——对没有法律的世界和法律对违抗者的惩罚的双重畏惧——进入到它界定为道德的世界。

P61　一旦和相依相联系，道德领域就被封闭在同情、服务、做善事、为他者作牺牲的框架内。……道德人的诞生，是这样的自制：他/她是我的责任，而且只是我的责任。

P64 我认为，相依在它形成（并且在它能够想象地形成之前）关于他者的一种特定行为过程之前，是一种与他者的感情约定。

P66 因此，相依和负责任实际上是权利关系。没有什么能改变这种情况，即使通过责任所产生的全部互动过程，以及在为目的而向他者屈服的行为中，被推向幕后或断然地否定，它依然存在。

这也意味着责任与自由是同义的。

P73 正是被弃于一种无法解决的两艰困境和一种没有依靠且无定形的感情的孤独，上演了相依的和睦。

相依的和睦总是存在于未来，而不是其他的地方。

P74 如果道德的关系以相依的和睦为基础（实际上），那么，它就能作为一项工程而存在，并且只要它仍保有作为工程（尚未竣工的工程）的本质，它就能指导自我的行为。道德，像未来，永远是未竣工的。

第三章 破碎的生活，破碎的策略 P75—114

P82 正因此，"生活质量"的论述就其最深的实质而言是一种对日常生活的批判。其次才是它应该具有的内容——对社会整合和系统化组织的原则，或者对社会道德标准，或者对两者（取决于所采用的理论框架）的批判。

P92 荒漠般的世界要求人们像朝圣者一样地生活。但由于生活已经变得像朝圣，人们身边的世界就会如同荒漠，毫无特色；尘世生活的意义将通过浪迹天涯来体现，它把生活变为通向意义所在地的朝圣征途。意义的这种"引入"被称作"建立身份"。

P96 后现代生活的策略的中心不是建立身份，而是逃避限制。

P98 我认为像朝圣者一样生活，是对专注于身份建立这项令人气馁的任务的现代生活策略的最恰当比喻。漫步者、流浪者、游客和比赛者联合起来为后现代生活策略——因为对被束缚和固定的恐惧而流动——提供了一个隐喻。

P102 流浪者是后传统无序（统治者以用一面镜子去描绘他者形象的惯用方式将其解释为无政府状态）中的先遣部队或游击队，如果秩序（即被管理和统治的空间）变成法则，他们就不得不离开。

P113 然而，团体行为的这些瞬间爆发也许并不能改变后现代人际关系的本质特征：它们的破碎和不完整，焦点和目标的狭隘性，关系的肤浅。

第四章　后现代忧虑的总目 P115－139

P117　"秩序"现在从行动的起点移向了终点：过去常常获得的一切实际上是系统化的产品（只在现在才被发现，当它不再作为一项成就时）。支撑小型秩序的完整性的分散的和共同的监督成为单向性的，并且集中精力于现代"全景监狱"的中心要塞。

P126　不管这将导致什么，被取消了"全景监狱"同伴这样一种商品供应者角色（一种不再能提供充足供应的角色）的现代个人，发现自己处于一种商品消费者的地位，扮演着乐趣采集者，或者，更确切地，各种感受的采集者的角色。

P134　个人的、私人的身体所有还掌握着这一切。保卫边界、在界线以内管理边界是他/她的责任。被这项责任的内在矛盾所加剧的责任艰巨性，滋生了一种围困心理：身体，尤其是它的适应性，正经受着多方的威胁。然而人们却无法安全地加强自我以对抗这些威胁，因为边界事故不仅仅是不可避免的，还是被积极地希望的。毕竟，它的张力就是"保持适应"这一终极目标。因此，这是一种永远不能被撤除的围困——一种永久的、终其一生的围困。

P137　商品供应者和感受采集者都没有被其"存在于世上"的本质催促着与道德空间打交道。显而易见地，对两者而言，道德空间在原则上是产生相反效果的。谁都无法从与他者的相依中受益，反而双方都可能受损。

初看上去，这两种角色分配对道德的人际关系和相依都不意味着太多希望。甚至正相反，他们都谴责与道德式的和睦不相关的事物并且努力从道德束缚中解脱出来。

第五章　对陌生人的再考察——过去所做的，现在所做 P140－156

P141　幸福的城市生活的目标所要求的是进行一种妥协，它导向一种机会与风险之间的微妙平衡，使相互冲突的要求达成"和解"（用 L-H. 施密特的贴切语言）——而非根本的"解决"。

P142　从理论上来说，人们可以通过遵循两个"理性的"（尽管相当于自我挫败）策略之一来追求对城市生活两难的"根本解决"。一个是大大减少甚至消除与陌生人打交道时的惊讶和因此而来的意外。另一个是想办法使偶然因素成为不相关的：把陌生人的行为融入自己无须注意和关心的背景中去。

P150　陌生人之间漂泊不定、没有承诺的关系看来主要是被对触觉快乐的追寻所指引。

在城市的街道生活中，人们彼此之间的交往浮于表面；每个漫步者穿梭于一场不间断的面孔展示会，而当他/她运动时也在不断地展示自己。

P153　在当代城市中，身份永远并且不可改变地与出生相分离。陌生人在彼此间表现出的表象没有什么"本相"，它们不属于任何明显的深意，也没有明显的深意归属于它们。

P155　在后现代城市中经历的模糊性反映了陌生人的后现代双重人格。

第六章　暴力、后现代 P157—183

P162　被控制和不被控制之间的差别就是文明与野蛮之间的差别。

P163　纵观现代性的全部历史，文明与野蛮之间的界限从未与民族国家的边界相一致，甚至不符合整个世界文明地区所共有的边界。……现代性从一开始就使野蛮人的身份历史化、内在化。

P175　我认为漫步者、流浪者、旅行者及比赛者这些形象放在一起才足以表明后现代的身份确认过程的复杂性及内在的两难。不论他们彼此有多么不同，这四种互相纠缠与渗透的后现代生活模式都有这种共性：他们的目的在于把生命过程接续到一系列（观念地）独立自主的、自我封闭的、没有过去也没有后果的经历中去，而作为一个结果，这往往使人际关系残缺、不连贯；他们阻碍了互相应负的责任与义务这一连续性的网络组建。

P177　随着国家将集中的职能割让给本质上是脱离管制和私有化的市场力量，这一领域交给了不那么"假想的"社区去承担为私人化的实体提供集体担保这种无人资助的任务。后现代思想充满着有关公共的、地方的真实性与确定性的梦想：希望去完成民族国家的高真实性和确实性，虽以普遍性的代言人的姿态也不能完成的文明工作。它希望提供一个能使无端的暴力不再不可思议的思想、感情、意志和行动的统一体。但新种族主义的、假想的社区必定会使其落空。

第七章　种族道德 P184—256

P188　在现代文明中，人类从一开始就是超越的首要目标。真实——更好的秩序，即用以取代盲目的、不可控制的力量所做的浪费而杂乱的工作，将公正地对待人类真正的潜能，让人们"按照他们的本质"生活。

P209　只有战胜者——只要他们的胜利仍不被质疑——才把这种抵消误认为或错误地描述为正义的胜利，优胜的道德总是优胜者的道德。

难怪有强有力的理由怀疑道德进步的真实性，尤其是现代性声称将予促进的那种道德进步。道德进步看来在核心处遭到了那用来推动它的方式的威胁。

P219　倘若真有什么重要的，那就是对道德能力的挽救，实际上是对人类间隔的重新道德化。

P222－223　这种条件——没有这种条件就不会有集中营，不会有种族灭绝的屠杀，这些条件将不可想象的事变成了现实——是我们现代文明的成就，特别是同时支持着现代文明的光荣和苦难的三个特点：在远处行动的能力，对行动进行的道德约束的失效和它的"园艺姿态"——追求人为的、理性地设计的秩序。

P252　犹太人，从现代性中获得矛盾化身的特性，注定要充当与杂草同名的角色——实际上，是一切"社会杂草"的通称和原型。现代的实践，由于它对秩序过分的入神而从其他的实践之中脱颖而出，而所有的秩序所关注的是整齐的分工和明确的分类，并自动地将一切矛盾性看成是主要的、最可怕的杂草。

P254　在我们这个后现代的时代中，对秩序化的入迷很大程度上依然是思考与行动的特征。现在缺少的是全球化秩序的模式，为追求这种模式而不惜损害现在的意愿和强大的机构。

第八章　道德与政治 P257－337

P266　边缘社会的知识分子发现自己实际上受到双重束缚：由于受到怀疑，经常受到他们曾选作耍弄对象的"人民"的嘲弄。另一方面，他们帮助建立权威并认为其权威无可置疑的精英充其量不过屈尊忍受着他们——他们最终定会希望灾难降临于双方的房子上。他们的批判立场，可以说是异常坚决的；他们也敏锐地觉察到自己的独特性和孤独。首先一点，其成员感觉到自己真正是改革者阶层：一个肩负着将社会重新塑造为迄今为止尚未见过的模样、改造其历史进程、使其"走上正确轨道"的责任阶层。

P275　在一次令人意想不到的、实际上颠倒了知识分子的原本反应的曲解中，市场已经被提升到自由的支柱的地位。知识分子的集体权力的现代基础已经受到侵蚀；在整个现代历史中他们引以为豪的技能——伦理和文化立法者，正当的文化标准的设计者和保卫者的技能——几乎不需要了。

P300－301　道德，就像其他的社会生活，必须建立在法律之上，道德的后面必须有伦理准则，包括法规和禁令来支撑。教育或强迫人们有道德意味着使他们遵守那种伦理准则。按照这个理论，"成为有道德的人"等于学习、记忆并遵守法规。

P304　总而言之，现代组织是一种为使人的行为免受行为者个人的信仰和感情影响而设计的新发明。

P336 实际上，唯一确定的是建设者自己坚韧的努力。在这种努力中也许会起作用的是对自主的、道德上自立和自治的（因此常常不受拘束、难以控制和难以对付的）公民和一个羽毛丰满、自我反思和自我修正的政治社会之间亲密的联系（不是矛盾），它们只能一起到来；没有其中一个，另外一个是不可想象的。

【参考文献】

［1］鲍曼. 后现代伦理学 ［M］. 张成岗，译. 南京：江苏人民出版社，2003.

［2］鲍曼. 后现代性及其缺憾 ［M］. 郇建立，李静韬，译. 上海：学林出版社，2002.

［3］鲍曼. 现代性和大屠杀 ［M］. 杨渝东，等译. 南京：译林出版社，2001.

［4］鲍曼. 废弃的生命：现代性及其弃儿 ［M］. 谷蕾，胡欣，译. 南京：江苏人民出版社，2006.

［5］丹尼斯·史密斯. 后现代性的预言家：齐格蒙特·鲍曼传 ［M］. 萧韶，译. 南京：江苏人民出版社，2002.

［6］鲍曼. 个体化社会 ［M］. 范祥涛，译. 北京：生活·读书·新知三联书店，2002.

［7］卡林内斯库. 现代性的五副面孔 ［M］. 顾爱彬，等译. 北京：商务印书馆，2002.

［8］让-弗朗索瓦·利奥塔. 后现代道德 ［M］. 莫伟民，等译. 上海：学林出版社，2000.

［9］郇建立. 论鲍曼理论的核心议题 ［J］. 社会，2005（6）.

［10］郑莉. 鲍曼论现代性和后现代性 ［J］. 马克思主义和现实，2004（1）.

［11］钱广荣. 齐格蒙特·鲍曼伦理学方法的得与失：以其《后现代伦理学》和《论后现代道德》为例 ［J］. 伦理学研究，2010，（4）.

［12］陈秀锦. 后现代伦理思想与当代道德教育的思考：对齐格蒙·鲍曼《生活在碎片之中：论后现代道德》的解读 ［J］. 安徽广播电视大学学报，2008（2）.

203

十二、《后现代社会理论》

〔美〕乔治·瑞泽尔　著

谢立中　等译

华夏出版社，2003 年

──【作者简介】────────

乔治·瑞泽尔（1940—　），美国马里兰大学社会学教授，主要研究方向为社会学理论和工作社会学，曾任美国社会学理论社会学分会主席（1989—1990）和组织与职业社会学分会主席（1980—1981）。

瑞泽尔在纽约市出生、长大，他的父亲是一名出租车司机，他的母亲是秘书。瑞泽尔 1962 年在纽约市立学院获得了心理学学士学位，1964 年在密歇根大学获得了工商管理硕士学位，1968 年在康奈尔大学获得博士学位。1968—1970 年，他任杜兰大学社会学助理教授。1970 年至 1974 年，他在堪萨斯大学任社会学副教授。1974 年，他任马里兰大学社会学教授。

瑞泽尔是位多产的学者，已出版 12 种专著和 7 本教科书，主要著作有《社会学：一门多范式的科学》（1975 年）、《走向一种整合的社会学范式》（1981年）、《社会学》（1991 年）、《社会的麦当劳化》（1996 年）、《后现代社会理论》（1997 年）、《全球化从无到有》（2004 年）。其编写的教材《社会学理论》（2004年）和《现代社会学理论》（2004 年）等曾多次印行，深受读者欢迎。

──【写作背景】────────

诚如作者所言，本书试图对那些被称之为后现代社会理论的晦涩难懂又没有条理的著作的主要部分做出一种有趣味的连贯介绍，它计划介绍的是与这个理论视角有关联的那些基本概念以及一些最重要的思想家。本书也是从社会学的视角来考察后现代社会理论的一次尝试，即对后现代的社会理论采取了一种现代的阅读方式，一种试图使后现代主义现代化的努力。本书产生于一个对社会学理论来说令人激动的时刻，将进一步激活对社会学理论的深入研讨。

——【中心思想】

本书是一部系统介绍西方后现代社会理论的出色教材，分别对法国、德国、美国等欧美国家与后现代社会理论相干的著名理论家福柯、布西亚、德里达、德勒兹、拉康、利奥塔、维里利奥、吉登斯、贝克、哈贝马斯、鲍曼、哈维、詹姆逊等人的思想进行了简明扼要而系统的介绍，并对西方后现代社会理论的起源与发展、社会理论与社会学理论的关系、后现代社会理论对社会学理论的启示，以及后现代社会理论的未来发展趋势等问题进行了详细的探讨，提出了许多富有启发的见解，认为后现代社会理论家们的批评正在迫使许多社会学理论家重新考虑他们的一些最基本的理论预设，后现代主义者们所创造的许多理论观念也正在逐渐地被整合到主流社会学的理论当中去。

本书共分前言和正文十二章，共约 37 万字。

——【分章导读】

前言 瑞泽尔介绍了本书的写作背景、写作目的和写作计划。由此展开了十二章十个方面内容的阐述。

第一章 后现代社会理论、社会学和社会学理论 交代了后现代社会理论的概念，分析了后现代社会理论的弱点。在后现代概念的揭示上，瑞泽尔和众多学者所理解的差异不大。他试图从后现代、后现代主义的一般性概念入手，重点探索后现代社会理论这一本书的焦点性问题。他认为，后现代社会理论家们所采取的立场可以划分为三种类型：极端的立场、温和的立场，以及认为后现代和现代社会理论都只不过是看待社会世界的两种可以选择的方式这样一种立场。

在这三种类型的社会学理论中，瑞泽尔重点关注的是前两种，即对那些相互之间存在着重大差异的后现代社会理论。他对此进行了概括性描述，认为它们的基本特征，就是对现代世界的批评态度、对各种现代的宏大叙事和总体性的反对、对各种更为前现代的情绪和感觉的强调、一种比充分的推理更能触动人心的风格，以及一种将关注的焦点从中心移向边缘的趋势。

无论是社会学还是社会学理论都被认为是在后现代批评的面前显得十分脆弱的领域。社会学的大多数弱点都可以归因于科学模式在履行其各种诺言方面的失败。后现代社会理论将科学与现代性相联系，并对两者都持高度批评的态度。社会学也被视为一种对后现代批评和分析高度开放的多范式、文本化和充满争议的领域。在更特殊的层次上，社会学理论也在它的科学主义、基础主义、整体性趋势、本质主义和偏狭性的基础上向后现代的攻击敞开大门。由于这些弱点，后现代社会理论被它的坚持者们视为对现代社会学理论的一种选择。

第二章 后现代社会理论的发展 从艺术和文学批评理论哲学、心理学和精神病学、结构主义和后结构主义社会情境入手，探讨了后现代社会理论的发展。瑞泽尔认为，后现代社会理论的根基存在于艺术和文学批评当中，某些最重要的工作主要是发生于建筑学领域当中。时至今日，后现代主义在艺术和文学批评领域中仍然保留着强大的力量。但当代后现代社会理论的主要理论资源却必须从别的地方去寻觅。

瑞泽尔把尼采、罗蒂和弗洛伊德看作是后现代社会理论发展过程中的三个重要的思想家。后现代理论家们为尼采思想的许多方面所吸引，包括其著作的非系统性、格言型，对理性的拒斥、对权力与真理的关系的兴趣等。罗蒂的影响则基本上可以从他对系统哲学的拒斥，以及对那种不易发现答案而以保持科学谈话持续进行为目标的教化哲学的接受上。弗洛伊德对后现代社会理论也有着巨大的影响，但更多的是因为那些理论试图使自己与弗洛伊德的现代宏大叙事，以及他的许多具体论述之间保持一定的距离。

萨特的存在主义的人道主义和胡塞尔的现象学为结构主义的发展提供了一个背景，索绪尔、巴尔特和克洛德·列维-斯特劳斯则为结构主义的发展做出了至关重要的作用。后结构主义可以被视为一种建立在结构主义基础之上，但却超越了结构主义的思想流派。德里达为超越言说而将关注焦点集中于写作之上的努力就是一个好例子。拉康试图将结构主义与弗洛伊德的精神分析及其他人的理论相整合。总之，在瑞泽尔看来，在后结构主义和后现代主义的发展过程中，产生了一些具有重要意义的社会变迁。

第三章　福柯（1）：知识考古学；权力系谱学　第四章　福柯（2）：性，权力与自我　围绕福柯的后现代理论，瑞泽尔从两个方面阐述了后现代社会理论。一是，瑞泽尔探讨了福柯思想中的知识考古学、权力谱系学、疯癫与文明、临床医学的诞生、监禁与惩罚五个方面的内容。瑞泽尔详述了福柯的著作，因为这些著作可以被视为后现代社会理论的先驱及范例。

瑞泽尔从福柯的知识考古学概念开始，接着讨论了他在若干人文科学——生物学、经济学和语言学的研究中是怎样进行他的考古学分析的。然后，福柯的作品从知识考古学分析转向了批判性更强的权力谱系学。在这里，他感兴趣的不仅仅是知识形态，而且还有权力在该形态中所扮演的角色。在此，瑞泽尔主要是致力于知识考古学和权力谱系学的三个个案研究，即理性尤其是精神病学对疯癫的分离和统治，临床医学以及通过解剖学而将焦点和控制集中于人的身体之上这种观点的诞生，对犯人施加酷刑的结束，以及控制性的监狱体系和全景敞视原则的开始。在瑞泽尔看来，纵观福柯的这些著作，里面大部分是他对所有这些发展在人文科学诞生过程中的作用以及它们加诸人们的权力的关注。

从医学等日常生活的一些领域出发，福柯对微观权力的运行、统治进行了深刻的分析，试图以此宣告宏大叙事解放原则的破产，进而进行微观的、个体的、多样性的革命，进一步实现个体自由。实际上，在福柯提出的权力的微观政治分析中，这幅图景所描绘的更像是无数细小的笼子，我们生活于其中比生活在韦伯式社会大铁笼里，会受到更多的控制并且更加难以忍受。

二是，瑞泽尔探讨了权力、自我和性三个方面的问题，也即福柯后期有关性问题的三部著作。在著作《性史》的第一部分中，福柯从探讨权力谱系学开始，持续关注权力与知识之间的关系。与流行的观点相反，他发现17世纪的维多利亚社会对性的兴趣呈现出一种爆炸式的增长。那些权力的拥有者们试图煽动这种兴趣，并通过这一过程获取对性的控制。福柯并不认为这种权力只有某种单一的源泉。相反，存在权力的微观政治，它在很多接触点上都会经常遭遇到反抗。福柯认为，解放的希望并不存在于一次巨大的革命暴力中，而是存在于大量重视身体和快感之重要性的微观力量中，存在于性之中。

在《性史》的后两卷《快感的享用》与《自我的照顾》中，福柯的实质性关注和理论取向经历了又一次重要的转变。在实质性研究方面，他从当代西方转向了公元前4世纪到公元前2世纪之间的希腊化罗马文化。在理论方面，他从权力谱系学转到自我意识、自我控制和自我实践的谱系学。他日益担心只要他停留在同一个阶段上，就会再次发现控制和强迫模式，这一次是在性经验领域内。他认为，在着手研究人们的欲望如何成为外在统治者的权力运作的目标之前，需要先揭示人们是如何把自己界定为有欲望的、性生活的主体。政治逐渐被视为一种生命实践，因此在个体与政治之间建立了一种联系。对他人的理性统治等同于对自我的理性统治，统治自我、实践自我约束的能力开始被看作是成为一个优秀政治家的先决条件。

体现福柯主要兴趣的另一种方式，是他对性如何被视为一种道德问题的关注。在整个研究过程中，他发现当涉及性时，自我照顾就出现了，但这与即将随基督教的兴起而出现的那种外在、强制性的控制有很大的不同。虽然福柯所考察的希腊化罗马时期，对性的严肃态度有所增长，但是控制仍然来源于自我，而不是来自外在的力量。

第五章 吉恩·布希亚（1）：基本的理论观点 第六章 吉恩·布希亚（2）：当代世界的各种问题以及可能的处理方式 围绕吉恩·布希亚后现代社会理论，瑞泽尔从两个方面进行了探讨。一是，讨论了布希亚早期的某些观点和理论渊源，即消费社会、与马克思和马克思主义决裂、象征性交换三部分。作为一个后现代主义的社会理论家，布希亚在马克思主义的影响下将关注的焦点集中于经济之上，但与大多数马克思主义者将焦点集中在生产之上不同，他关注的却是消费。他将消费物品理解为消费符号，试图以此说明，我们并非是在购买符码告诉我们应该购买的那些东西，或者说，需要本身是为符码所决定的。进而言之，在现代资本主义社会的消费中，我们所追求的不是获得和使用一种物品时所产生的那种愉悦，而是某种差异。因而，当需要是以这种方式而被界定时，它就永远不可能被满足。消费的核心重要性表明了资本主义的一种重大变迁。在19世纪资产阶级主要关心对工人进行控制，而将对消费者的控制基本上留给消费者自己。到20世纪，资产阶级的关注点则转向了消费者，后者不再被允许自行决定消费还是不消费、消费多少或消费什么，即资本主义已经创造出了一种可供剥削的"消费大众"。这种消费系统不仅具有控制性，而且还有助于阻止马克思曾经期望的那种集体革命行动。布希亚企图用象征性交换的名义来进行符号统治的斗争。

布希亚的早期著作关注消费，采取的还是一种马克思主义的立场，赋予生产以最终的重要性，但在《生产之镜》中，他与马克思和马克思主义进行了根本的决裂。他认为，马克思对政治经济学的批判依旧停留在政治经济学的形式中，远不够激进，是资产阶级思想病毒的感染者。布希亚将交换的发展分为三个阶段，第三个阶段象征性交换德行、爱、意识等。他以为自己超越了马克思、涂尔干等社会理论家，以及以危机、暴力和革命为特征的政治时代。但实际上，瑞泽尔认为，布希亚是从外部、从象征性交换的立场来批评资本主义，相反，马克思主义则可以被视为是从内部、从受剥削和被异化的无产阶级的立场来批评资本主义。也就是说，布希亚与马克思的观点对于分析当前的社会来说仍然有着重要的意义。

二是，通过聚焦于布希亚对当前社会所做的某些分析和批评以及它就如何应对存在于当前社会中的那些问题所做的某些思考，来对布希亚的著作进行了简要的回顾。布希亚把大量的注意力放在了符码以及它对在社会当中所发生的各种事物的控制上，具有同样重要意义的是布希亚关于模拟、关于社会的超现实特征的那些思想，他将模拟和超现实的时代视为图像的一系列前后相继的发展阶段的一部分，并提出图像的发展经历了四个发展阶段。布希亚的一个最新的观点是，我们已经进入了一种新的、已无意义和无休止的增殖为特征的片断化秩序之中。这是一个狂迷的和类似于癌症、艾滋病、肥胖症等的过度增长的世界，这个新世界里的一种控制手段是公民投票，不再有任何真理，不再有任何参照系统。当前社会中处理死亡的方式可以被视为处理当前社会中其他许多失误的典型方式。

然后，瑞泽尔将注意力转向布希亚就如何应对他所描述的那些问题所做的思考。有必要的是，尽管布希亚常常被人看作是一个虚无主义者，他却对当前各种社会问题的处理方法做了大量的论述。在这方面，布希亚对诱惑赋予了极大的重要性，这一点与他关于象征性交换的思想有着密切的关联。在一个符号正在摧毁象征的世界里，布希亚看见了采取更多的像诱惑之类的象征性行动的巨大需要。然后，存在着大量对各种客体开放的宿命策略。那些策略具有非理性的特征，但它们却很有可能将系统引向更接近的大灾难，一大堆其他的应对方式如给予系统各种礼物、不计后果的耗费资源等。然而，其结果到底是系统将会被转变还是符码将会变得比以前更为强大，却依然是一个未知之谜。因而，布希亚走向一种没有希望的希望，或者说，其理论走向了虚无与悲观。

第七章　其他法国后现代思想家：德里达、德勒兹和瓜塔里、利奥塔德、拉康、维利里奥　这一章探索了法国后现代思想家德里达、德勒兹和瓜塔里、利奥塔德、拉康、维利里奥的后现代社会理论。

对德里达来说，书写是一种包含着强烈差异感的过程，暗含的是一种根本不同的知识和社会世界。德里达不像索绪尔那样分离所指和能指，他认为它们是可交换的。德里达也经常和解构这个概念相关联，这意味着对边缘性文本的一种关注和或许会发现真理这一点不抱任何幻想的持续性解构。去中心化的主题也出现在德里达的著作中。在德里达的著作中，书写也有着较多的解放意义，它使我们从外部的限制中解脱出来。

德勒兹和瓜塔里则试图把我们从俄狄浦斯情结和资本主义对我们欲望的相互关联的控制中解放出来，他们的目标是一种欲望革命，帮助欲望获得自由，但这种革命的模型却是精神分裂性的。他们想要做的事情是使社会精神分裂化。这种革命的目标是对精神分析来说具有核心意义的那些东西——符码、资本主义和传统的家庭结构进行解构，导致旧世界的解构，而不是新世界的重构。这并不是一场宏大的革命，而是一系列微观的对抗。

利奥塔德以对宏大叙事的批判而闻名于世，希望发展出一种"荒谬"或自我矛盾的科学，即不断地破坏自身和自身合法性而不是寻求某种答案的科学。这种研究的目的是寻求差异，而不是寻求共识，质问科学与解放的宏大叙事，尤其批判与这些理论相联系的恐怖主义。

拉康的理论是对建立在理性行动观念上的现代社会学的一种挑战。他对弗洛伊德的结构主义解释，标志着一种后现代主体概念以及对社会权力与知识之间的关系进行一种后现代审视的开端。拉康拒绝一种能够控制其自己的思想和欲望的单一的理性主体的观念，相反，他认为自我是由想象的认同、本质上无意义的符号所构成的，并且是被一种没有可能性的真实所萦绕。

维利里奥以其有关速度学的研究而著名，他认为，速度消融了距离，技术变迁扮演了一种关键的角色，并和战争存在着很大关联。除了外部控制的技术外，他还开始研究身体部件的移植形成的殖民化。

第八章　其他的欧洲视角：吉登斯、贝克、哈贝马斯、鲍曼和哈维　瑞泽尔介绍了吉登斯、鲍曼、哈维三位英国社会理论家和贝克、哈贝马斯两位德国社会理论家对后现代主义的反应。

吉登斯认为我们处在现代性的晚期的阶段，并不排除走向一种后现代社会的可能性，他把现代性看作是一种在时空中运动的毁灭性力量，并论述了现代性的分隔、抽离化和反思性。贝克强调风险在现代世界中的地位，对他来讲，我们正从以财富和如何比较公平地分配财富为特征的古典现代性阶段，向以风险以及如何避免与处理风险等问题为特征的高级现代性阶段转变。哈贝马斯把现代性看作是一项未竟的事业，希望通过在生活世界和系统两个层次上变得更加充实的理性来允许现代性去完成它的事业。鲍曼区分了现代立法者和后现代阐释者知识分子之间的差别，他不赞成但认为需要后现代社会学，还考察了后现代的政治与道德，认为后现代性首先是地方政治，而不是国家政治。哈维则提出了一条通往后现代世界的马克思主义的途径，其有关时空压缩在后现代世界中加速的思想广为人知，还认为，在后现代世界中开始的断裂赋予马克思主义理论以一种更新或重建的可能性。

第九章　美国学者的介入：贝尔、詹明信、女权主义和多元文化主义

瑞泽尔探讨了美国学者在后现代社会理论方面的介入，主要包括贝尔、詹姆逊、女权主义和多元文化主义。瑞泽尔认为，美国理论界对后现代理论文献有所贡献的四大理论，首先是贝尔的后工业社会概念，它不同于后现代性概念，贝尔也不是一位后现代主义者，他明确地批判了后现代主义文化。

詹姆逊采用马克思主义的立场，将后现代主义看作是晚期的、跨国资本主义社会的文化逻辑，认为现代主义与后现代主义之间没有明确的分界。詹姆逊在总体上也不反对宏大叙事，还采用马克思主义的宏大叙事，但他将更多的注意力投向了文化系统而不是经济基础。他认为，后现代社会是由五大要素构成的，首要特征是肤浅、没有深度；情感消逝了；历史性的丧失，使得后现代社会成为一种混成品；以再生产性技术而不是以生产性技术为特征；跨国资本主义体系。

女权主义与后现代社会理论的关系颇为特殊，一方面，女权主义与后现代主义在许多观点上一致，都反对总括性和宏大叙事。另一方面，女权主义也批判了后现代主义对主体、普遍等的批判，尤其对后现代主义理论不能发展出一种实际可行的政治运动感到很不满。当然，女权主义还是创生了大量的后现代观念，如巴特勒力图找到一种后现代的女性主体感觉，哈拉维则设想了后性别时代的半机械人。瑞泽尔最后讨论了后现代主义与多元文化理论之间的矛盾关系，列举了威斯特关于种族的作品和塞德曼关于酷儿理论的作品。

第十章　后现代社会理论与当代社会学理论　瑞泽尔力图叙述后现代社会理论所具有的认识论意涵。一是，重点论述了后现代社会理论的一些负面教训，以及社会学理论应该停止做的一些事情，如停止对主体、作者和伟大著作的过分强调。社会学理论也因其重视宏大叙事、总体性和本质主义的倾向、对真理的追求、对理性的信仰以及科学性的话语而受到批评。总之，所有这些东西都一直处在社会学理论的中心，都需要去中心化。

二是，集中讨论后现代化主义的一些更加正面的教益。社会学理论的去中心化导致了对更加边缘的实体和取向的关注，解构主义引发了一些最终能够加强社会学理论的批评，以及认为所有社会生活都是由需要解构的文本所构成的这样一种观念。解构主义也能够被用来帮助理论家们去拥有更多的自我意识和进行更多的自我批判。后现代社会学尽管无法探求真理，但却可用来揭示谬误。只要社会学家认识到探寻宏大叙事所固有的危险性，他们就能够而且应该继续构建各种叙事。

第十一章　后现代社会理论：一项运用　对新消费手段进行后现代分析将会是什么样的这样一个问题所做的一些提示，而且还指出了各种不同的后现代观点有哪些具体的应用。瑞泽尔以布希亚的消费理论、韦伯的科层制、瑞泽尔的社会的麦当劳化、詹姆逊的后现代理论为例，分析了现实资本主义社会的消费问题，得出一些富有启发性的见解。如瑞泽尔指出，资本主义的关注点已经从剥削工人转向剥削消费者；大多数新消费手段也都通过促进消费者购买他们不是很想买的东西，或通过促进他们花费不打算花掉的钱来协助资本主义体制。后现代社会理论必然包含许多微观叙事，任何已知的后现代主义者都会对这些现象给出不同寻常的分析。在这些分析中，我们充分认识到，后现代社会理论在这个层次上为我们提供了一些什么样的东西。

第十二章　对后现代主义的批评和超越　一是，瑞泽尔回顾了对后现代社会理论的主要批评。其一，后现代社会理论的大多数批判都源于这种理论不能遵循反而避开现代科学的标准。其二，后现代社会理论家的反现代主义给自己带来了许多其他问题，其中之一是，他们有一种缺乏明确概念化的趋势。其三，尽管后现代社会理论有批判现代理论家的宏大叙事和总体化的倾向，但是他们自己也常常给出各种诸如此类的宏大叙事和总体化。其四，后现代社会理论家常常在他们的分析中批判现代社会，但在批判的有效性上是有问题的，缺乏一种批判的规范基础。其五，由于受到当代发展的困扰，有人常常对后现代社会理论关于过去的论断提出质疑。其六，既然后现代主义者对主体及主体性不感兴趣，他们因而常常缺乏一种能动主体方面的理论。其七，后现代社会理论家精于批判社会，但是对于社会应当是什么样的却缺乏任何见解。其八，后现代社会理论导致极度的悲观主义。其九，某些后现代社会理论家有一种至少把某些社会现象物化的令人烦扰的趋势。其十，在许多后现代社会理论家的著作中都存在着严重的不连续性，这引起了许多无法解决的问题和歧义。其十一，后现代理论家却常常对我们这个时代中具有关键性意义的那些问题忽视。其十二，后现代社会理论家试图把后现代的是教育其他比较传统的视角整合在一起的时候，却常常无法使任何视角的支持者感到满意。其十三，后现代主义者的著作形式给后现代社会理论家带来了许多问题。其十四，女性主义者对后现代理论持强烈的批评态度。

二是，瑞泽尔概括了法国在超越后现代主义、后—后现代主义方面的成果。尽管后现代社会理论所遭到的批评以及试图超越它的理论运动都很强烈，但它依然是一股强劲的力量，对社会学界发生了很大的影响。如后—后结构主义在面对自由主义宏大叙事的后现代攻击时，努力去恢复自由主义的重要性，人权、阶级、制宪政府、代议制又重获关注。作者最后提出，我们实际上终会超越后现代理论，但是总的来说，社会理论将永远不会再有相同的面孔了。

───【意义与影响】────────────────────

此书对西方的后现代社会理论的历史与逻辑做了系统而权威性的介绍与阐释，是一部研究当代社会学理论的重要参考书，这也是本书的价值与影响力之根本所在。本书对福柯、鲍德里亚、德里达、利奥塔、吉登斯、贝克、哈贝马斯、詹姆逊等后现代性思想的阐释独特而深刻，加深与拓展了我们对后现代性理论的理解。美国纽约城市大学教授克劳夫高度评价了此书，他说："总的看来，瑞泽尔所做的概括工作似乎显得轻松愉快。但我知道事情其实并非如此简单。所以，这是一个属于瑞泽尔的领域；这是一部伟大的教科书。"

随着社会从传统到现代，再到后现代的转型发展，当代社会发展出现了一系列新问题、新矛盾与新困境，这使得现代社会理论也不得不随之转型发展，以适应新的形势。故而，"后现代主义者们所创造的许多理论观念正在逐渐地被整合到社会学中去，后现代主义作为一个基本的社会文化变迁代码，也同样在阐述和叙说一种新的变迁的社会秩序，因此作为关注人性和社会结构的社会学不可能漠视后现代理论的发展，社会学必须以自己的眼光来重新解读后现代理论"①。在此背景下问世的《后现代社会理论》一书，就为国内

---

① 潘泽泉. 社会学视野中的后现代社会理论 ［J］. 天府新论，2005（1）.

外社会学理论家重新思考当代社会学的基本理论问题提供了有益的参照。瑞泽尔在此书中所系统介绍与阐明的后现代社会理论，是作为对现代性社会理论的反思与完善，即作为现代性社会理论的后现代社会理论。借用我国学者的一句话说："作为摆脱困境的可能出路，社会学出现了后现代转向——后现代社会学；后现代社会学是在对现代性和传统社会学理论的反思、传统社会学对自身的反思以及后现代社会学对其自身反思的共同作用下得以建构其话语的；它没有超越现代性的框架，这种多重反思的目的是追求现代性的自我完善。"①

当代中国社会转型发展过程中，也出现了发达国家曾经遇到的诸多类似问题与矛盾，也需要社会学理论借鉴后现代理论所提供的智力资源，深入思考解决当下的中国社会问题。这是此书的现实意义与价值所在。因此，北京大学谢立中教授认为，本书介绍的后现代理论虽然是西方学者们针对他们自己当前社会情境和社会问题所提出的种种观点与看法，但对于像中国这样正在逐步融入全球化轨道，力图借鉴发达国家的经验，以更好实现现代化的发展中国家来说，也同样具有重要的参考价值与借鉴意义。

──**【原著摘录】**────────────────────

第一章　后现代社会理论、社会学和社会学理论 P1－24

P8　后现代指的是一个社会和政治的新时代，这个新时代通常在一种历史的含义上被视为是紧随在现代时期之后（kumar，1995 年；Crook，Pakulski，and Waters，1992 年）。

后现代主义指的是在艺术、电影、建筑等领域中产生的各种被视为与现代文化产品不同的那些文化产品（Kumar，1995 年；Jameson，1991 年）。

后现代社会理论指的是一种与现代社会理论明显不同的社会理论（Best and Kellner，1991 年）。

P11　第一种，或者说极端后现代主义者的立场认为存在着一种激进的断裂，认为现代社会已经被一种后现代社会所取代。

第二种，或者说更为温和些的立场是认为尽管一场变迁已经发生，但后现代是产生自现代并且仍将继续与现代共存。

最后一种，也即是为斯马特本人所认同的一种立场，则是认为与其将现

---

① 胡全柱. 困境与转向：社会学理论的当代考察［J］. 人文杂志，2008（5）.

代和后现代视为一些不同的时代，不如将它们视为一对处于长远结合关系中的两个东西，在这种长远的对立关系中，后现代持续不断地指出现代所具有的限制。

第二章　后现代社会理论的发展 P25－50

P26　对后现代一词的最早使用可以追溯到 19 世纪 70 年代。1926 年它首先出现在一本书的书名当中，然后又于 20 世纪 30 至 40 年代再次出现在某些书的封面上。

P37　结构主义本身则是作为对人道主义［尤其是哲学家和小说家吉恩-保罗·萨特（Jean-Paul Sartre）的存在主义］以及现象学的反动而出现的。

P42　巴尔特经常被视为符号学真正创始人。从这场讨论的观点来看，巴尔特最重要的意义就是将索绪尔的观点扩展到社会生活的所有领域。

P44　对列维-斯特劳斯来说真实的结构就是模型或者心智，而对结构主义的马克思主义者来说真实的结构则是社会的基础性结构。

P45　我们可以将后结构主义界定为一种建立在与佛迪南德·索绪尔、罗兰·巴尔特、克劳德·列维-斯特劳斯和路易斯·阿尔都塞等思想家相联系的那种结构主义之上（Kroker and levin，1991 年）但却又试图与之保持一定距离的思想流派。

一般说来，人们往往把后结构主义当作后现代主义的思想先驱来对待（Bertens，1995 年）；它是汇入后现代社会理论发展长河中的一条思想支流。事实上，它是后现代社会理论最重要的理论源泉。

P48　1968 年的激进学生革命是法国知识分子发展过程中的一个分水岭。革命的失败，以及学生团体随后的遣散，导致了对马克思主义日益增长的幻灭感，以及在更一般的层次上对任何以一场大革命来解决各种社会问题的希望的放弃。

第三章　福柯（1）：知识考古学；权力系谱学 P51－84

P63　话语是危险的，那些掌握权力的人试图对那些他们认为对自己构成潜在威胁的话语形式施加控制。

福柯辨认了话语在其中被认为尤其危险的四个领域：政治（或权力），性意识（或欲望），疯癫，以及最常见的、被视为真理或谬误的领域。

P69　毫无疑问，在对待疯人这一问题上，福柯拒斥了多年来我们所以为的科学、医学和人道主义的进步的观念。相反，他看到的是对疯癫进行压制和强迫的理性及其代理者（医生，心理学家，精神病学者）的力量的增长——而我们别忘了，文艺复兴之前疯癫和理性还处于平等的地位。

P81　对权力的微观物理学的关注有几点重要的含义。首先，它使马克思主义宏大叙事中用以颠覆整个权力结构的革命成为一个重要问题。无数微观的权力中心不会轻易地就被宏伟革命的一次性打击所毁灭。……其次，无数微观场所的权力运作可以轻易地避免详细审查或者被普遍察觉到它们对社会所造成的全面影响。因此，有必要在它们形成的整个网络的情境中去逐一检视它们。即便是这样，要对大量微观领域的权力所造成的全面影响进行评定仍然有困难。

第四章　福柯（2）：性，权力与自我 P85－102

P88－89　对福柯来说，他在医学对性的关切上看到的更多的是道德，而不是科学。

P91　有解放的希望吗？福柯似乎是这么认为的，但希望并不存在于一次巨大的革命暴力中，而是存在于大量重视身体和快感之重要性的微观力量中，存在于性之中……

P99　新的生存风格和自我崇拜的出现，可以追溯至在婚姻和政治中所发生的一些变化。政治逐渐被视为一种生命实践，因此在个体与政治之间建立了一种联系。对他人的理性统治等同于对自我的理性统治，统治自我、实践自我约束的能力开始被看作是成为一个优秀政治家的先决条件。

第五章　吉恩·布希亚（1）：基本的理论观点 P103－125

P104　布希亚自己就很少使用后现代这个术语，而且有时甚至还讨厌别人用这个术语来对他的理论取向进行描述（Gane，1993 年）。

P109　尽管他将关注焦点集中于消费，在早期的生涯中，布希亚采取的还是一种传统的马克思主义立场，继续赋予生产以最终的重要性。实际上，他将消费的目标视为是"由生产的秩序所规定的"（Baudrillard，见 Poster，1988 年：22）。或者，换句话说，"需要和消费实际上是生产力的一种有组织的延伸"（Bau-drillard，见 Poster，1988 年：43）。

P111　布希亚试图解构主体—客体的二元论以及一般的需要概念。我们并非是在购买我们所需要的东西，而是在购买符码告诉我们应该购买的那些东西。进而言之，需要本身是为符码所决定的，为的是让我们终止"需要"符码告诉我们所需要的那些东西，"只存在着由于系统需要它们才存在的那样一些需要"（Baudrillard，1972 年/1981 年：82）。

P112　在现代资本主义社会的消费中，我们所追求的不是获得和使用一种物品时所产生的那种愉悦，而是某种差异。这就将我们引向这样一种看法：当需要是以这种方式而被界定时，它就永远不可能被满足，因为我们拥有一种持续不断的、贯穿终生的将自己与占据社会中其他位置的那些人区别开来的需要。

P113　消费的核心重要性表明了资本主义的一种重大变迁。在 19 世纪资产阶级主要关心对工人进行控制，而将对消费者的控制基本上留给消费者自己。到 20 世纪，（资产阶级的）关注焦点则转向了消费者，后者不再被允许自行决定消费还是不消费、消费多少或消费什么。资本主义开始需要确保人们积极地和以各种特殊的方式参与到消费社会中去。……换一种方式说，资本主义已经创造出了一种可供剥削的"消费大众"（Gane，1991年 a：65）。这种消费系统不仅具有控制性而且还有助于阻止马克思曾经期望的那种集体革命行动。……因此，想象一场由那些整天为成为"宝马"轿车而不是"现代"轿车的消费者所需的金钱而忙忙碌碌的人们来承担的社会革命是极为困难的。结果，值得指出的是，布希亚虽然发动了一场对消费社会的批判性分析和攻击，但却没有提出一个像马克思的无产阶级那样的革命主体来推翻它。

P118　布希亚还认为我们已经超越了以异化（在同一文本中他有时也
P119 使用涂尔干的术语"失范"）为特征的社会。他将异化或失范的时代称之为政治时代，并将其视为一个以危机、暴力和革命为特征的时代。

P123　因此，布希亚是从外部、从象征性交换的立场来批评资本主义。相反，马克思主义则可以被视为是从内部、从受剥削和被异化的无产阶级的立场来批评资本主义。

第六章　吉恩·布希亚（2）：当代世界的各种问题以及可能的处理方式
P127－165

P134　布希亚将模拟和超现实的时代视为图像的一系列前后相继的发展阶段的一部分（因而，似乎与后现代主义者关于不提供宏大叙事的承诺相矛盾）。他认为图像的发展经历了以下四个发展阶段：

1. 它（图像）是某种基本现实的反映。
2. 它掩饰和歪曲这个基本现实。
3. 它对基本现实的缺席进行掩饰。
4. 它不再与任何现实发生关联：它是纯粹的模拟物本身。

P136　这个新世界里的一种控制手段是公民投票。事实上，在布希亚看来，既然已经不再有任何真理，不再有任何参照系，那么我们就是生活在公民投票的时代。

P159　尽管布希亚在大众中看见了希望，但他还是拒绝那些预设了一种以推翻资本主义体制而告终的宏伟结局的马克思主义（以及其他）宏大叙事。

大众的反叛将非常类似于癌细胞（另一种客体）对身体所取得的胜利。大众和癌细胞两者都可以被看成是不可控制的、任性的、非辩证的和下意识的。两者都是过度繁殖。在他们那无知觉、无限制的增长当中，大众将会以一种与癌细胞摧毁生理机体同样的方式摧毁社会机体。

第七章　其他法国后现代思想家：德里达、德勒兹和瓜塔里、利奥塔德、拉康、维利里奥 P167－198

P172　在他的后期著作《书写与差异》中，德里达变得不那么概念化，而更为社会学化和政治化了。

P179　他们不是求诸一种单一的宏大革命，而是像福柯那样通过微观物理学和"无限微小的逃逸路线"来思考。

最后，德勒兹与瓜塔里反对一切基于理性原则的宏大叙事——资本主义、马克思主义、精神分析学。取而代之的是，他们倾心于精神分裂与欲望的非理性，以此来结束上述一切。解决由理性体系所带来的、又由宏大叙事推至前台的那些问题的方案，即存在于非理性之中。

P183　利奥塔德区分了两种宏大的合法性叙事。一种是思辨的、认知—理论的、科学的，另一种则是解放的、实践的、人文主义的。

第八章　其他的欧洲视角：吉登斯、贝克、哈贝马斯、鲍曼和哈维 P199－237

P200　虽然吉登斯认为将来有进入后现代的可能性，但他反对那种认为我们现在就已经进入后现代时代的主张。

P205　在他看来，这样一种后现代的世界是以后匮乏的系统、不断增长的多元民主、非军事化以及技术的人性化为特征的。（这种积极的想象与布希亚等后现代主义者的悲观态度正好相反。）

P219　更为重要的是，现代主义者是以力图制定法律、控制世界、把世界变得更驯良为特征的；而后现代主义者，却如我们已经看到的那样，对粉碎这种控制充满兴趣。

P236　因此，哈维认为，后现代主义与现代主义之间并非是不连续的，它们都是同一个资本主义深层运动过程的反映。

第九章　美国学者的介入：贝尔、詹明信、女权主义和多元文化主义 P239－276

P240　丹尼尔·贝尔当然不是一位后现代主义者，但他被公认为是"后工业社会"概念的创始人，而人们常常认为后工业社会的概念与有关社会世界的后现代观念是一致的。

P268 就像女权主义理论一样，多元文化理论也不仅仅是美国人的发明，但是，至少在现阶段，其主要力量是在美国。

相对于把后现代主义当成直接的概念来源，更应该认为是后现代主义创造了使多元文化主义得以发展的知识氛围。反过来，多元文化主义也生成和维持了有利于后现代主义发展的社会和政治环境。

P269 毋庸置疑，多元文化主义接受了后现代主义对于宏大叙事的批判态度。显然，宏大叙事将会忽略甚至完全排除少数群体和多元文化主义的观点。

P271 消费社会的景象由许多轰击着黑人以及白人消费者的图像组成。例如"舒适、方便、男性气概、女性的阴柔、暴力和性刺激"等。

第十章　后现代社会理论与当代社会学理论 P277－301

P280 后现代思想批判这种强调作者的观点，其含义就是，我们不应该把我们关注的重点放在作者本人以及作者的经历与个性对其思想的影响上，而应更多地关注思想本身及其发展，以及与其他思想的关系。

P283 此外，我们已经被许多后现代思想家警告过要留心这种宏大叙事暗含的恐怖主义。因此，考虑到斯大林主义、古拉格群岛以及其他暴行，我们无法再以相同的方式来看待马克思的理论（无论马克思理论和苏维埃共产主义的现实有多大的差异）。尽管宏大叙事可能会使一些社会群体生活在阳光雨露之中，但它不可避免地会把其他人投入阴影甚至完全的黑暗之中。这种观点让一部分人享有特权，但同时又让其他人注定遭受一种卑微的（如果不是可怕的话）命运。

P284 对宏大叙事的许多批评并不意味着那种范围广泛的思维方式在社会学理论中失去位置。事实上，在一个以地方性叙事激增而传统的宏大叙事逐渐消亡为特征的时代里，或许比以前更需要这类思维。尽管这些新观点也许有广阔的视野，但它们绝不能将自己的结论装扮成是最终的答案。

第十一章　后现代社会理论：一项运用 P303－334

P310 更重要的是，资本主义需要我们继续以持续增长的水平进行消费，以使资本主义存在并维持下去。我们已经知道，如果没有持续增长的消费主义，那么资本主义将会土崩瓦解。所以，作为结果，资本主义的关注点已经从剥削工人转向剥削消费者。

P321 大多数其他的新消费手段也都通过促进消费者购买他们不很想买

的东西或通过促进他们花费不打算花掉的钱来协助资本主义体制。

P322　到普赖斯俱乐部去本身就是一个符号，它代表了此人是一个聪明的购物者，但是这个符号隐藏了一个事实，即他在普赖斯俱乐部购买的东西和花费的钱要比在其他环境中购买和花费的多。

第十二章　对后现代主义的批评和超越 P335－357

P356　后现代主义在当代法国并没有消亡。布希亚、维利里奥等人仍在继续运笔创作，而且还有一些其著作我们已无暇讨论的其他人存在。

对于我们的目的来说，更重要的是，后现代社会理论不但有很强的生命力，而且在美国还占据着优势地位。然而，我们需要超越美国（或者法国）的学术时尚并且意识到，不管后结构主义/后现代主义的观念在任何给定的时间、给定的地点是否属于时尚，总的来看，它们在不远的将来对于社会理论仍将具有重要意义。我们实际上终会超越后现代理论，但是总的来说，社会理论将永远不会再具有相同的面孔了。

──【参考文献】────────────────────────

[1] 鲍德里亚. 生产之镜 [M]. 仰海峰，译. 北京：中央编译出版社，2005.

[2] 胡全柱. 困境与转向：社会学理论的当代考察 [J]. 人文杂志，2008，(5).

[3] 张敦福. 瑞泽尔消费社会学研究的核心主题：一个批评性评述 [J]. 社会科学，2007 (3).

[4] 张呈国. 遗产旅游及其产业的全球化：瑞泽尔式分析 [J]. 广西民族大学学报，2007 (6).

[5] 周晓虹. 社会学理论的基本范式及整合的可能性 [J]. 社会学研究，2002 (5).

[6] 杨伯溆. 宏观和微观社会学理论之间的链接问题探析 [J]. 河北大学学报，2004 (5).

[7] 张敦福. 多形态的全球化与消费者自主性：评瑞泽尔消费社会学研究新著《虚无之物的全球化》[J]. 社会学研究，2007 (5).

[8] 章诚. 理性化中的非理性化困境：对《麦当劳梦魇──社会的麦当劳化》的解读 [J]. 前沿，2008 (8).

[9] 潘鸿雁. 社会学的范式及其整合趋向 [J]. 新疆社科论坛，2006 (1).

　　[10] 张敦福. 迈向"虚无之物"的日常生活消费实践：一个消费者的视野 [J]. 社会，2006 (2).

　　[11] 潘泽泉. 社会学视野中的后现代社会理论 [J]. 天府新论，2005 (1).

　　[12] 谢立中，等. 现代性、后现代性社会理论：诠释与评论 [M]. 北京：北京大学出版社，2004.

十三、《后现代性》

[加] 大卫·莱昂 著

郭为桂 译

吉林人民出版社，2004 年

───【**作者简介**】───

　　大卫·莱昂出生于苏格兰爱丁堡，在布拉德福德的约克郡完成了学业，获哲学博士学位。现为加拿大女王大学的社会学教授，他在政治学、历史学、哲学、心理学、犯罪学和地理信息技术的研究方面是非常有影响力的学者，他还是几个国际学术刊物的编委。2007 年，他获得"美国社会学协会终身成就奖"和"加拿大科学技术杰出贡献奖"。2008 他被选为加拿大皇家学会会员。他的研究、写作和教学的兴趣都围绕着现代世界重大的社会变迁展开，技术、社会与后现代性是其关注的焦点。里昂博士的研究探讨了"监视"、公民自由、隐私和社会包容等具有社会意义的重要问题。

　　大卫·莱昂出版了 20 余本书，已被翻译成 15 种语言。其主要著作有《社会学和人的形象》（1983 年）、《信息社会》（1991 年）、《电子眼：监控的兴起》（1994 年）、《后现代性》（1994 年）、《电脑、监控和隐私》（1996 年）、《迪斯尼乐园中的耶稣：后现代宗教》（2000 年）、《重新审视教会、国家与现代性：处在欧美夹缝中的加拿大》（2000 年）、《监控社会：日常生活的监视》（2001 年）、《作为社会分类的监控：隐私、风险和数码鉴别》（2002 年）、《9·11 后的监控》（2003 年）、《识别的公民》（2009 年）等。

——【写作背景】

与 19 世纪至 20 世纪初期马克思、韦伯、齐美尔、尼采等人生活的时代相比，我们今天生活的时代已经大为变异了。信息与通信技术不仅带来信息社会、全球化、地球村等外在宏观世界的新形态，它们还时刻都在重构和形塑着人、社区、性别、民族等的微观形态。生物基因技术给经济社会的外在形态带来许多革命性变革，同时，它促发了对人体，甚至对人的重新界定，人生的价值与意义问题被再度凸显。电视、影像、广告充斥地球的各个角落，消费主义的狂潮波及每一颗富裕的、贫乏的心灵，消费者和消费，而不是工人和生产，成为社会分析所应该关注的焦点，鲍德里亚说，坚持马克思主义的生产模式分析，无法充分理解消费社会。很大程度上，这个一日千里的信息社会，这个物欲横流的消费社会，这个光怪陆离的影像世界，这个稍纵即逝的超现实世界，处在现代性宏达叙事的视野之外。值此现代与后现代思潮交错争锋的时代，莱昂以其《后现代性》一书表明了自己的观念。

——【中心思想】

全书考察了思想家们对后现代所绘制的图景，总结了现代性与后现代性的核心议题，认为现代工业秩序看来让位于新的组织原则，这种原则围绕着知识而不是马克思所说的劳动和资本而建构，它基于机器而不是体力来增长知识，消费主义及消费是后现代社会的核心主题。本书试图通过考察后现代性，对当代社会文化变迁的一些重要问题做出反应。在现代与后现代思潮的论争问题上，莱昂认为，后现代并不是对现代的决绝断裂，正如现代并不是对传统的决绝断裂一样。

本书分为前言和正文六章，共约 13 万字。

——【分章导读】

第一版前言 写于 1994 年，指出了本书的写作目的，就是尝试简要阐述后现代性。莱昂还指出了后现代性的含义，即它是个多层次的概念，提醒我们关注 20 世纪末在许多"高级"社会中发生的一系列重大的社会、文化变迁。最后，莱昂对本书的取舍做出了说明，一是期望对当下已经十分复杂的后现代性研究领域做一番通俗易懂的介绍，二是本书关注的是种种社会变迁理论，尤其是那些涉及世俗化和信息与通信技术的社会层面的理论。

　　第二版前言　写于 1998 年，以一种即时的方式写出了这版序言写作时所处的情境。莱昂所处的地区由于冰雹袭击全部断电了，现代通信设施全部中断，也没有任何后现代性迹象。具有讽刺意味的是，最先获得救援的是相对富裕的居民，而非那些穷人、边远地区的人。由此，莱昂感慨道，现代性本身就是一个脆弱不堪和远非完美的发明，从这种层面上说，后现代性给现代性徒增幻觉和反常而已。莱昂还指出，借这次再版的机会强化了对有关后现代性的全球化、电子人类等方面问题的探讨。

　　第一章　导论：银幕上的复制人与社会现实　从分析后现代电影的杰作——《刀客》入手，莱昂开始切入探讨后现代。《刀客》是一部科幻电影，描写了在未来的 2019 年，一伙平常在外星球的复制人即生物工程合成的"近人"潜回地球，向他们的制造者——位于洛杉矶的泰罗高科技公司发起挑战。因为这些"近人"不满自己仅仅四年的生命周期，要延长寿命，同常人一样。"刀客"戴克，受命承担这个任务，追踪那些逃遁到地球的复制人，消灭他们，或者让他们"退休"。复制人不是机器人，而是计算机集成的具有敏感性的工业制品，他们过着飞速的，甚至是完整的生活，需人类测试才能辨明身份。其中一个复制人——蕾茜拍了一张她母亲的照片，像人类一样有一个"真实"的过去。《刀客》呈现的是破败城市的场景，曾经辉煌的大厦如今满目疮痍，街道上挤满世界主义者，无数的购物广场，垃圾随处可见。《刀客》这一作品充满了后现代特性，首先是显示性本身就成问题。复制人想变成真实的人，但现实性的证据只是一个影像，一个人为构造的身份。

　　第二章　后现代性：思想史　莱昂探讨了后现代性的思想史，初步考察了吉登斯、尼采、鲍曼、哈维、马克思、海德格尔、齐美尔、利奥塔、德里达、福柯、鲍德里亚、伯尔曼等思想家们为现代与后现代所绘制的图景。莱昂认为，后现代性作为一种思想或者批判方式存在于知识分子脑中，也存在于传媒之中；在艺术、建筑、文学和电影评论领域，后现代主义的相关论战风行久远；后现代已经跨越了象牙塔，成为许多日常生活体验的标示；后现代性概念值得珍视，是因为它警醒我们注意一系列重大问题。它提升了我们的敏感性，有助于我们把某些争论当作有待解释的问题。它迫使我们的眼光从狭隘的技术和具体的争论中放开，在更开阔的视野之下处理历史变迁问题。启蒙现代性与进步、确定性、理性主义和美好相连，但是两次世界大战与工业革命的不良后果给现代性的美好图景蒙上了一层厚厚的阴影。然而，一开始描述后现代，马上就遭遇现代、现代性。因此，莱昂说，本书中的后现代一词首先指的是现代性的枯萎，但不是死亡，"后现代主义"是指文化和知识现象，以及象征性物品的生产、消费和分配；后现代性还与公认的社会变迁、文化有关。

　　莱昂回顾了那些曾经预测过后现代性的思想家们，即"后现代思想先驱"。其中最著名的是后现代思想的先驱尼采，他投身于揭露启蒙希望的空洞性。后现代争论最基本的主题之一是围绕着现实性，或者现实性的缺失，或者多元现实性而展开。尼采的虚无主义，是对这种流动无着的现实感的最直接反应。尼采的上一辈人马克思和恩格斯，以更世俗化的方式陈述了同一过程，即"一切坚固的东西都烟消云散了"。后现代性早期的第二个代表人物是海德格尔，他与尼采一样，对"差异哲学"感兴趣，但他超越尼采的地方在于主张哲学家应该关注存在而不是真理。海德格尔说，时下的人道主义危机是因为它用人性取代上帝作为宇宙的中心，由此，技术成为人类自居万物中心并控制、支配万物的方法。对海德格尔而言，出路在于我们与环境妥协；既不是形而上学，也不是人道主义，更不是技术将成为生活的基础。社会学的开山鼻祖之一齐美尔，不像许多现代派社会学家那样从宏大的社会总体观出发，而是从社会现实的诸多片断出发展开其分析的，最后把艺术看作是克服现代性矛盾的一种方式。

　　进而，莱昂评价了那些具有后现代争论火花的思想家们，主要有利奥塔、鲍德里亚、德里达和福柯。利奥塔在《后现代状况》一书中质疑了启蒙的元叙事，指出曾经被当作知识合法性试金石的科学，已经丧失了其假设的一致性；科学家必须比以往任何时候都要更加谦逊，远远无法绝对断言事物是怎样的，所能提供的只能是专家意见。正如齐格蒙·鲍曼所指出的那样，知识分子不再立法，仅仅阐释。对利奥塔来说，共产主义的垮台不只是短暂的兴趣，马克思主义的未来是后现代的一个至关重要的方面。毕竟，马克思主义是迄今为止最为宏大的元叙事之一。德里达的"解构"概念也已经进入后现代批判的盛典，其任务是不断质疑所有的文本。德里达对语言不确定性的强调，根本上动摇了现代性的逻各斯中心主义立场。女权主义者从德里达的著作中推论出其他结论，如露丝·伊丽格瑞是其中的佼佼者，她关注的核心问题是女人和语言。福柯的诸多著作都涉及德里达著作的主题。在《规训与惩戒》一书中，自由看似现代哲学的一种主观臆造。另一方面通过现代性明显地不自由，福柯推着我们走向悖论：后现代的问题可能是自由的泛滥，至少是选择的泛滥。鲍德里亚转向符号研究，前现代依赖面对面的符号交流，现代依赖印刷物，当代则被电子大众媒介的影像所主导，致使真实与虚幻间的区分徒劳无益。在《消费社会》一书中，他强调消费是阶级统治的决定性特征，因而，他与经典马克思主义决裂了。

莱昂还提出，社会与文化密不可分，社会研究需要与文化分析互补。与此相应，后现代主义和后现代性也必须互相补充。

第三章 现代性及其歧见 莱昂试图总结现代性的某些核心主题，尤其是 19 世纪和 20 世纪的社会科学家所构想的主题。他认为，通过回想那些历史上的理论家，就可以看出他们对我们现在称之为后现代的东西预知多少。因此他提出，在很大程度上，现代性也是本书的主题，尽管书名是后现代性。莱昂认为，后现代性在某种程度上是个更加中性的术语，它提示人们注意描述正在出现的社会形态的细节。

现代性是紧随着启蒙运动后出现的社会秩序，它以前所未有的进取动力、对传统的背离拒斥以及全球性后果为标志。现代性的进取动力，与进步的信念、人类理性有能力产生自由的信念密切相关。但对现代性的歧见出自同一源头，没能兑现的乐观主义和后传统思想内在地孕育了怀疑主义。

莱昂也总结性地指出了现代性的惊人成就，认为技术的发展带来了深刻的社会变迁，专业化、一致性、标准化都成为现代生活的基本特征。与现代性的成就相应，其一，现代性促进了社会的分工与"分化"，莱昂指出，迪尔凯姆的社会学为 20 世纪社会学家分析的一个主题，即分化是如何扩散到所有社会领域并打下基础的。其二，现代性使合理化成为核心主题，莱昂指出，合理化既是韦伯现代性理论的关键，也是现代性的核心主题。其三，现代性促进了城市的发展，出现了城市化，莱昂指出，城市是更大规模的合理化组织，城市居民日益变得节制和冷淡。他们给人的印象是文质彬彬的，把自己看作文明的承载者，但他们自觉地疏远那些太亲密的关系。其四，社区再也没有特性了。陌生人社会出现了，并在城市里四处扩散。其五，现代性发展促成了新的社会控制"纪律"的强化，莱昂指出，合理驱除、消灭犯罪和异端，这种现代性目标是一个又一个领域的分类、控制所推动的结果；从现代早期开始，就出现了截然不同的纪律策略和战略。个人主义与工具理性结合在一起，攫取政治权力，利用现代手段加强社会控制。其六，现代性使宗教神学祛魅，出现了"世俗主义"，莱昂指出，在欧洲，通过把人民从古老的社区中转移出来，同时用新型社会组织原则取代宗教启示原则，城市工业主义看来取代教堂的影响。最终，都市景观展示了这个进程，商业大厦拔地而起，教堂尖塔和塔楼相形见绌。法国大革命走出了废黜上帝的决定性一步，宣告了世俗国家的诞生。其七，莱昂指出现代性从一开始就具有两面性，现代性是一柄双刃剑，马克思、韦伯、迪尔凯姆、齐美尔都对此发表了不同的看法，马克思主义对现代性展开了更加激烈的批判，其与众不同之处在于看到资本自身的直接后果：暴力、压迫和破坏。其八，现代性带来了一个更加"多元化的生活世界"，现代流动性的出席和传统规范的缺位，撕裂了传统家庭、亲缘和邻里关系，代之以一种无常感、迷失感和个人多多少少只能依靠自己的感觉。其九，莱昂分析了韦伯的悲观的现代性预测，指出韦伯关于官僚体制的论述是现代性的浓缩，加速了非人性，影响人的发展，使民主受到威胁。因为，从奥斯威辛到麦当劳，到处都可以看到现代性官僚模式的影子。其十，现代性的发展意味着越来越多的人口难以归类，成为现代都市的他者，原子式的个人。莱昂以哈贝马斯的立场看待现代性，把现代性看成是一项"未竟的现代性"，并分析了贝克、吉登斯的现代性理论。

第四章　从后工业主义到后现代性　与《刀客》中所探讨的主题也有强烈的共鸣。《刀客》中的泰罗说，日益增长的知识已经使商业比人性更加人性，基因工程带来了人类的拟像。现代工业秩序看来也让位于新的组织原则，这种原则围绕着知识而不是马克思所说的劳动和资本而建构，它基于机器而不是体力来增长知识。现代社会的方方面面都受到了信息与通信技术带来的变化的影响，但传统的劳工阶级并没有完全消失，而是更加国际化了。单个"社会"的一致性因此遭到破坏，正如全球性的社会关系正在改变传统的时空观念一样。社会学分析被迫走向全球化，以及研究人员、数据、影像和资本的流动怎样塑造新的社会形态，这种由新媒介所强化的经济、政治、文化的融合，正是后现代社会的标志。后现代社会也是一个消费社会。

莱昂指出，自20世纪后半期以来社会领域发生了太多的新变化，对这些新变化也有了令人眼花缭乱的新称谓，如风险社会、信息社会、全球化时代、后工业主义、晚期现代性、高级现代性、后现代性等。而贝尔所谓的后工业主义的一些社会和技术状况，实际上有助于为后现代的典型状况奠定基础，并察觉到了某种资本主义文化矛盾。利奥塔延续了贝尔的许多后工业主义论题。

莱昂把后工业主义与信息社会看成是一种现代叙事。后工业主义的倡导者主张，一种工业社会的历史时代可以被超越，社会形态正经历一个根本的变迁。信息时代带来了社会各方面显著的变化。后工业主义与信息社会的现代叙事，首先是一个充满进步信念的叙事，其中社会和文化互相支持。人们确信，通过应用新技术可以实现改善和进步。其次，莱昂又把后工业主义与信息社会看成是一种后现代叙事。利奥塔在《后现代状况》中把后工业社会描绘成一幅没有进步的世界图景。按照利奥塔的理解，信息技术发挥着双重功能。一方面，它通过控制论作为一种全新的语言规则从而助长了后现代状况；另一方面，信息技术表现了现代性的一些核心议题，像一种修复性的辅助设备那样拓展性能。还有一些学者专注于社会变迁问题的研究，如对后福特主义的讨论现在已经成为后现代争论的主要组成部分。后福特主义提醒我们注意工业和消费领域的具体变化，在后现代性理论视域之中，这些变化是我们理解通讯和消费主义重要意义的关键。

面对新技术日益发展的现代社会，波斯特、鲍德里亚、利奥塔、福柯等展开了新的批判，莱昂分析了他们的"后现代性批判"。在利奥塔的影响下，波斯特试图对后现代性理论保留批判锋芒，他关注以电视为基础的媒介、信息技术的监控功能和计算机科学，认为以行为为基础社会理论不再适用，并以福柯为衬托探讨了数据库中暗含的监控问题。在鲍德里亚看来，新型电子媒介预示着一个纯然的拟像世界、超现实性世界，现实被分裂为影像的观念。

进而，莱昂提出，全球化如果被看作是现代性的一个结果，那么很自然地就会把资本主义发展看作是一个持续的、单纯线性的过程，带来像麦当劳化这样均质化的、标准化的结果。西方的道路将成为主流，不论好坏，其结果是均质化越来越普遍。在此趋势之下，英语将普及成为一种官方的或者技术的语言，或者，美国人的生活方式将持续输出。其结果是，社会、经济、政治、文化更加同质化。此外，如果全球化并不是单一的，那么世界就会分裂为部落化的碎片和多种族的身份，异质性才是今天的秩序状态。事实上，在当前，统一的影响与分裂的影响势均力敌，没有哪一股力量占上风；后现代性概念可以以富有启迪的方式与全球化联系起来。

最后莱昂要着手解决关于后现代性论争的五个问题：技术与社会文化变迁，集中与分散，意义与现实，同质性与异质性，寻求批判。他总结说，虽然信息和通信新技术自身既没有带来后工业社会也没有带来后现代社会，更不用说带来解决当前危机的希望，但是，它们对当代世界的变迁产生了深刻的影响，没有它们，现在普遍存在的消费主义和消费文化将不可能存在。

第五章 消费主义及其他：未来之（混沌）状况 莱昂分析了消费主义及其未来走向状况，提出消费主义和消费是后现代社会的核心主题，它们为正在出现的社会状况提供了富有启发意义的线索，我们消费故我们存在。

莱昂指出，消费既可以被看作是一种主导性文化符号的关键，也可以被看作是一种公认的全新社会状况。摩登时代的主要标志是其采纳、发现新的生产方式、沟通媒介、管理形式的能力。随着发达国家战后消费高峰而来的资本主义与工业主义内部的变迁，产生了贝尔所说的后工业主义，消费就成了后现代社会的核心主题。

与消费社会紧密相关的消费文化带给人们生存方式许多新变化。莱昂断定，后现代与这样一种社会密切联系，其中消费生活方式和大众消费支配了所有社会成员：只要他们醒着。消费与需求和欲望的集中生产是根本，所有东西都商品化了；城市仍然是文化变迁的场所；消费文化与其他更一般的文化现象紧密相连。现在，购物倒成了一种休闲，不再是必要的受罪或者家庭杂务了。对许多人而言，拿出一天的时间到购物中心闲逛，显然是件惬意的事，尤其是如果该购物中心是一个配置中央空调、赋予主题公园灵感、完全体验似的所在。游戏和消遣、消费和"观光凝视"就是后现代城市的内涵。

进而，莱昂提出，消费主义使世界分散、多元、异质。随着现代包容一切的理想让位于后现代变动不居的多样化声音，想坚持单一生存方式或统一体系的所有希望都变得更加渺茫了。在消费选择、多媒体和全球范围的后现代性世界里，价值和信仰失去了一致性，更不用说连续性了。当代消费社会多元化和碎片化的显著影响，也考验着传统的真理观念。过去，人们相信应该在独一无二的真理中去寻求宽容，具有讽刺意味的是，多元主义的信念允许宽容，它现在要求放弃这种真理。最后，女权主义、女权运动令后现代争论更加复杂化。

在一个生物和信息技术日益发达的世界上，人体自身也难免受消费文化的侵犯。在后现代文化中，身体已经成为时尚的表现场所，身体甚至占据了真我的中心舞台，相当于自我。身体可以在电影中或通过电视屏幕被消费。身体的道德在 21 世纪将是一个中心问题，或许它将比现代性争论更加持久。

消费社会与消费文化的助推，出现了一个"购物狂的社会"。对此，莱昂提出三个重要观点。其一，系统的车轮由消费驱动，信用卡狂热是一项福祉。在社会层面上，消费的压力来自象征性符号的竞争，来自通过获取独特性和差异性来建构我们自我（形象）的欲望。强制能够被安全地取缔；正像皮埃尔·布迪厄所说的，诱惑接替了强制，成为社会控制和整合的方式。其二，后现代性意味着消费社会。如果这个说法准确，那么它意味着一个前所未有的社会状况的到来，许多东西已经被改变了。实际上，甚至消费社会也是用词不当，除非它被用来指某些大大超越了传统民族国家边界的东西。消费主义是全球性的，但并不意味着所有人都消费，而是指所有人都受其影响。其三，设想现代性与后现代性之间完全断裂，与设想传统社会与现代社会完全断裂一样，是误人子弟之说。

第六章 后现代性，千年结束与未来 莱昂指出，任何人想描绘文化变迁的图谱、理解当代社会现象，都必须围绕后现代性这个中心问题；面对历史，我们无法回避另一个问题：伦理；后现代性概念属于社会思想范畴，因为它警示我们去注意 20 世纪末发生的一些重大社会和文化变迁。

后现代主义文化被视为相关社会变迁的证据，并被称为后现代性。要理解社会变迁最深层的潮流，不仅要观照宗教改革运动、启蒙运动，还要观照第二次世界大战后的科技发展、消费高潮。后工业社会培育出一种以知识为基础的新型社会状况，但是，随着后工业社会被推到后现代的暗礁上，进步消失了，只留下至今人们仍对之几乎一无所知的以影像为中心的控制世界。在这个世界中，数据处理、大规模电子监控、全球化网络和虚拟现实无处不在。渐渐地，技术取得了支配地位。在医疗保健、福利、教育与政治，以及工业等领域，管理主义大行其道。

因而，莱昂认为，首先要及时为后现代现象定位，就有可能洞悉，是认识的和存在的，还是伦理的和政治的问题正在产生，而且能更好地理解，后现代为什么可以被看作是一个关系生或死、盛或衰、听天由命或抱有希望的时刻。可以确定的是，不管在资本主义方面还是在科学技术方面都有充分的证据证明，现代性的部分基础植根于宗教土壤。但是，如果谁还在宗教中寄托应对冒险的安全方式的希望的话，那是找错地方了。莱昂还对现代性问题做出三个回应：认可后现代，重估现代，回收利用前现代。

其一，要重新界定现实。莱昂提出，从整体上看，后现代状况与消费资本主义结合在一起。西方人最终学会倾听那些长期受种族、宗教和性别压制的族群的声音，这样做是对的。不论承受多大的后现代压力，都要从差异的角度来界定我们自身，真正宽容的唯一希望所系乃是，在尊重差异的同时发现"我们"有什么共同点。

其二，要坚持现代性。莱昂提出，我们现在更欢迎像哈贝马斯这样的理论家：他们接受后现代批判的某种压力，但否认当今文化和社会状况已经超越了现代性或者已经处在现代性之后。就是说，现代性也许的确处在困境之中，但是，在现代性的框架内，危机是可以解决的。

其三，要回收利用前现代。莱昂提出，承认麦金泰尔、格兰特、米尔班克等人在后现代争论中的观点，前现代可以提供许多有益的启示，并不意味着就要赞同他们的反现代立场；后现代不是被看作现代的背离或者现代的死亡；古代智慧被回收利用来当作建设性的批判方式，同时使现代性和后现代性相对化。

最后，莱昂做了五点总结。其一，后现代性概念是一个有价值的难题，它提醒我们去关注当代社会变迁的一些重要问题。其二，围绕着后现代性争论的方式与那些关注后现代主义的方式，是提请人们注意社会和文化密不可分。其三，围绕着后现代性的争论，激发了对作为社会—文化现象的现代性重估。其四，后现代争论迫使我们对现代性自身做出分析的哲学的判断。其五，讨论后现代性有助于提醒我们，甚至后现代性也能被情景化和相对化。

【意义与影响】

此书是 20 世纪 90 年代以来欧美高等教育最权威的社会科学教材之一，也是中国 10 余所著名学府知名学者推荐研究现代性问题的重要参考书。

此书从社会文化变迁的视角对现代性与后现代性的考察，提升了我们对当今社会现象与问题的敏感性，有助于我们把某些争论当作有待解释的问题，为我们思考现代性与后现代性关系提供了有益参考。对后现代性问题的思考，莱昂兼收并蓄传统、现代与后现代的文化精华，既有对后现代性、现代性理论经典的独特理解分析，又有对当代飞速发展的电子信息社会的快速积极理论回应与反思充分显示了他开阔的理论视野与现实观照。在此书中，莱昂对后现代性社会的反思具有两方面的特色，一是对当代信息通信技术与传媒的哲学反思具有前瞻性，对分析现代工具理性的社会政治影响具有启示意义；二是对消费社会的最新理解与阐释具有前瞻性，为我们理解当代最发达资本主义国家的社会发展前沿动态提供了有益参考。与此同时，我们也应注意，莱昂在此书中把马克思对资本主义的批评当作后现代性的特征来探讨，虽然有些牵强，但是对拓展理解马克思现代性批判的维度也是有启发意义的。

此书所提出与反思的一些问题，对当代中国社会现代化发展来说，也是有着一定借鉴意义的。中国正处于社会转型时期，30 余年改革开放的伟大实践使中国社会发生了翻天覆地的变化，在某种意义上可以说，中国社会几十年的变迁浓缩了西方社会几百年的现代化历程，传统、现代性与后现代性同时显现，我们也需要借鉴莱昂关于现代性与后现代性论争的理论成果，提升我们观察、解决社会问题的敏感性。当代中国社会发展遭遇到了类似莱昂所提出的后现代性问题，如电子信息大数据时代的问题、消费社会问题、生态环境问题、多元政治价值观念的冲击等，这都需要我们坚持科学发展观，借鉴各种有益思想资源，搞好顶层设计，发挥工具理性的积极效应，超越西方现代性，走出一条中国特色的现代化发展道路。

【原著摘录】

第一版前言 P1－2

P1　后现代性是个多层次的概念，提醒我们关注 20 世纪末在许多"高级"社会中发生的一系列重大的社会、文化变迁。

第二版前言 P1－3

P2　现代性本身就是一个脆弱不堪和远非完美的发明，从这种层面上说，后现代性给现代性徒增幻觉和反常而已。

第一章　导论：银幕上的复制人与社会现实 P1－7

P1　本书关注后现代。后现代性概念属于社会思想范畴，因为它警示我们去注意 20 世纪末发生的一些重大社会和文化变迁。但卷入后现代性论争的大部分人更了解它的文化侧面，诸如艺术、建筑和电影。我们不妨也从这里入手，从后现代电影的杰作——《刀客》（Blade Runner）开始。

P4　在很大程度上，现代性也是本书的主题，尽管书名是后现代性。

"后现代性"在某种程度上是个更加中性的术语，它提示人们注意描述正在出现的社会形态的细节。

现代工业秩序看来让位于新的组织原则，这种原则围绕着知识而不是马克思所说的劳动和资本而建构，它基于机器而不是体力来增长知识。

P5　然而，在这个"信息时代"，传统的劳工阶级并没有完全消失。居住在洛杉矶的第三世界公民，构成后工业时代被剥削的无产阶级。实际上，认为阶级（或者性别、种族差异）仅仅是民族国家现象的观念遭到了挑战。毕竟，生产已经国际化了。……单个"社会"的一致性因此遭到破坏，正如全球性的社会关系正在改变传统的时空观念一样。社会学分析被迫走向全球化，以研究人员、数据、影像和资本的流动怎样塑造新的社会形态，这种由新媒

介所强化的经济、政治、文化的融合，正是后现代社会的标志。

在第五章中我提出，消费主义和消费是后现代社会的核心主题，它们为正在出现的社会状况提供了富有启发意义的线索。我们消费故我们存在。

第二章　后现代性：思想史 P8－34

P8　毫无疑问，后现代性作为一种思想或者批判方式存在于知识分子脑中，也存在于传媒之中。

P9　后现代性概念值得珍视，是因为它警醒我们注意一系列重大问题。它提升了我们的敏感性，有助于我们把某些争论当作有待解释的问题。它迫使我们的眼光从狭隘的技术和具体的争论中放开，在更开阔的视野之下处理历史变迁问题。

P13　本书所使用的后现代一词，首先指的是现代性的枯萎——但不是死亡。

"后现代主义"在这里是指文化和知识现象，以及象征性物品的生产、消费和分配。

P15　后现代争论最基本的主题之一是围绕着现实性，或者现实性的缺失，或者多元现实性而展开。

P18　海德格尔与尼采一样，对"差异哲学"感兴趣，但他超越尼采的地方在于主张哲学家应该关注存在而不是真理。

P20　齐美尔不像许多现代派社会学家那样从宏大的社会总体观出发，而是从社会现实的诸多片断出发展开其分析的。

P23　科学，曾经被当作知识合法性的试金石，已经丧失了其假设的一致性。随着科学分化出诸多学科及其子学科，它越来越无法保障所有学科都是同一个事业的组成部分。每一种话语形式都被迫产生自在的权威。科学家必须比以往任何时候都要更加谦逊；远远无法绝对断言事物是怎样的，所能提供的只能是专家意见。正如齐格蒙·鲍曼所指出的那样，知识分子不再立法，仅仅阐释。

P25　然而，这里有必要指出，对利奥塔来说，共产主义的垮台不只是短暂的兴趣，马克思主义的未来是后现代问题的一个至关重要的方面。毕竟，马克思主义是迄今为止最为宏大的元叙事之一。

P29　前现代依赖面对面的符号交流，现代依赖印刷物，当代则被电子大众媒介的影像所主导。

P30　电视里的世界，尤其是虚拟现实的世界，的确模仿得越来越好，以至于以往"现实"与"虚拟"之间的区别都消失了。在虚拟现实的环境中体验到的东西，对那些头戴耳机或传感器的人而言，是十足真实的，就像一个梦境对于做梦者，或者身心失调症状对于病人的感受一样地真实。

P34　社会研究需要与文化分析来补充。后现代主义和后现代性必须互补。

第三章　现代性及其歧见 P35－63

P36　那么，现代性是什么？它是紧随着启蒙运动后出现的社会秩序。现代世界以前所未有的进取动力、对传统的背离拒斥以及全球性后果为标志，虽然，它的根源可以追溯得更远。时间似乎加速了，空间似乎拓宽了。现代性的进取动力，与进步的信念、人类理性有能力产生自由的信念密切相关。但对它的歧见出自同一源头：没能兑现的乐观主义和后传统思想内在孕育的怀疑主义。

虽然，"现代化（modernization）"通常是一种与技术导向的经济增长密切相关的社会政治演进方式的概括，但是，现代性——作为那些演进所累积的结果——这个术语在 20 世纪 70 年代之前还未被广泛使用。

P40　再以汽车为例，我们将看到，工业生产的诸多方面，比如专业化、一致性、标准化，都成为现代生活的基本特征。

P42　马克思的社会学展示给我们的是一个商品世界，一个由利益驱动的动荡不安的世界，而杜尔凯姆社会学关注的是任务和责任明细化的世界，但是，在马克斯·韦伯（Marx Webber，1864—1918）那里，现代性图景再次显示出某些差异。对韦伯而言，合理化是现代性的关键。

P44　城市居民日益变得节制和冷淡。他们给人的印象是文质彬彬的，把自己看作文明的承载者，但他们自觉地疏远那些太亲密的关系。社区再也没有特性了。陌生人社会出现了，并在城市里四处扩散。

P46　在欧洲，通过把人民从古老的社区中转移出来，同时用新型社会组织原则取代宗教启示原则，城市工业主义看来取代教堂的影响。最终，都市景观展示了这个进程，商业大厦拔地而起，教堂尖塔和塔楼相形见绌。

法国大革命走出了废黜上帝的决定性一步，宣告了世俗国家的诞生。

P51　现代流动性的出席和传统规范的缺位，撕裂了传统家庭、亲缘和邻里关系，代之以一种无常感、迷失感和个人多多少少只能依靠自己的感觉。

P62　贝克由此暴露了现代性的阴暗面，并强调危机管理已成为现代性的一个核心要素。

第四章 从后工业主义到后现代性 P64-95

P74 后工业主义和信息社会的现代叙事，首先是一个充满进步信念的叙事。其中社会和文化互相支持。人们确信，通过应用新技术可以实现改善和进步。

P75-76 在启蒙思想的影响下，教育被看作是自由逐渐释放的一个契机，就像在法国；或者被看作提升全民健康的一种手段，就像在德国；现在，它被简化为性能（performativity），简化为培训和技能。

P77 对后福特主义的讨论现在已经成为后现代争论的主要组成部分。

P81 电子媒介交流问题是后现代争论的核心问题。

P86-87 如果全球化是现代性的一个结果，那么，可以想见，它将会进一步推动现代社会和文化的进程，后现代就没有必要进入人们的视野。但是，如果全球化有助于推动社会超越现代，那么，这个概念要么是后现代性的一个竞争者，要么是后现代性的一个补充。

全球化如果被看作是现代性的一个结果，那么很自然地就会把资本主义发展看作是一个持续的、单纯线性的过程，带来像麦当劳化（Mcdonaldization）这样均质化的、标准化的结果。西方的道路将成为主流，不论好坏，其结果是均质化越来越普遍。在此趋势之下，英语将普及成为一种官方的或者技术的语言，或者，美国人的生活方式将持续输出。其结果是，社会、经济、政治、文化更加同质化。

P90 后现代性概念可以以富有启迪的方式与全球化联系起来，只要不进一步用后者来取代前者。不论好坏，现代性还没有结束，尽管正在发生结构性的技术变迁，并使得社会关系以前所未有的广度拓展。

P95 在这里，我的结论是：虽然信息和通信新技术自身既没有带来后工业社会也没有带来后现代社会——更不用说带来解决当前危机的希望——但是，它们对当代世界的变迁产生了深刻的影响。没有它们，现在普遍存在的消费主义和消费文化就将不可能存在。

第五章 消费主义及其他：未来之（混沌）状况 P96-126

P97 这一章的主题是消费，它既被看作是一种主导性文化符号的关键，也被看作是一种公认的全新社会状况。

P98 记住一点：摩登时代的主要标志是其采纳、发现新的生产方式、沟通媒介、管理形式的能力。

P100 可以肯定，后现代与这样一种社会密切联系，其中消费生活方式和大众消费支配了所有社会成员：只要他们醒着。

P101　现在，购物倒成了一种休闲，不再是必要的受罪或者家庭杂务了。对许多人而言，拿出一天的时间到购物中心闲逛，显然是件惬意的事，尤其是如果该购物中心是一个配置中央空调、赋予主题公园灵感、完全体验式的所在，像英国盖茨海德麦德龙购物中心，加拿大西埃德蒙顿购物中心（West Edmonton Mall），或者法国第戎的金羊毛购物街（Toison d'or），就更是如此。

P105　游戏和消遣，消费和"观光凝视（tourist gaze）"，这就是后现代城市的内涵。

P108　随着现代包容一切的理想让位于后现代变动不居的多样化声音，想坚持单一生存方式或统一体系的所有希望都变得更加渺茫了。

P109　当代消费社会多元化和碎片化的显著影响，考验着传统的真理观念。过去，人们相信应该在独一无二的真理中去寻求宽容，具有讽刺意味的是，多元主义的信念——它允许宽容——现在要求放弃这种真理。

P114　在一个生物和信息技术日益发达的世界上，人体自身也难免受消费文化的侵犯。

P121　系统的车轮由消费驱动；信用卡狂热是一项福祉。在社会层面上，消费的压力来自象征性符号的竞争，来自通过获取独特性和差异性来建构我们自我（形象）的欲望。强制能够被安全地取缔；正像皮埃尔·布迪厄（Pierre Bourdieu）所说的，诱惑接替了强制，成为社会控制和整合的方式。

P124　如果说后现代性有所意味的话，它就意味着消费社会。如果这个说法准确，那么它意味着一个前所未有的社会状况的到来，许多东西已经被改变了。实际上，甚至消费社会也是用词不当，除非它被用来指某些大大超越了传统民族国家边界的东西。消费主义是全球性的，但并不意味着所有人都消费，而是指所有人都受其影响。

P126　设想现代性与后现代性之间完全断裂，与设想传统社会与现代社会完全断裂一样，是误人子弟之说。社会雌鹅的调料也是文化雄鹅的调料。

第六章　后现代性，千年结束与未来 P127－157

P128－129　现在，后现代主义文化被视为相关社会变迁的证据，并被称为后现代性。

第二次世界大战后的消费高潮，使人们对后工业社会寄予厚望，指望它既能让我们摆脱早期资本主义的不平等，又能培育出一种以知识为基础的新型社会状况。计算机和远程通信处在这个视野的中心位置。但是，随着后工业社会被推到后现代的暗礁上，进步消失了，只留下至今人们仍对之几乎一无所知的以影像为中心的世界，电子计算机控制的世界，在这个世界中，数据处理、大规模电子监控、全球化网络和虚拟现实无处不在。渐渐地，技术取得了支配地位。在医疗保健、福利、教育与政治以及工业等领域，管理主义大行其道。

P133 正如我们已经看到的那样，不管在资本主义方面还是在科学技术方面都有充分的证据证明，现代性的部分基础植根于宗教土壤。但是，另一些人暗示说，现在的某些危机也可以追溯到宗教遗产中去。因此，如果谁还在宗教中寄托应对冒险的安全方式的希望的话，那是找错地方了。

P134 从整体上看，后现代状况与消费资本主义结合在一起。

P141 新世界将用什么造就？显然，西方的途径，就是说欧洲和北美的文化，不能再被当作标准和典范了。但是，这意味着我们情愿把西方整个传统都抛到历史的垃圾箱里而没有一丝遗憾吗？我不这样认为。与此同时，我们应该欢迎迄今为止仍生活在西方帝国主义阴影之下的民族和文化的浮现。在我看来，西方人最终学会倾听那些长期受种族、宗教和性别压制的族群的声音，这样做是对的。……不论承受多大的后现代压力，都要从差异的角度来界定我们自身，真正宽容的唯一希望所系乃是，在尊重差异的同时发现"我们"有什么共同点。

P143 我们现在更欢迎这样的理论家：他们接受后现代批判的某种压力，但否认当今文化和社会状况已经超越了现代性或者已经处在现代性之后。就是说，现代性也许的确处在困境之中，但是，在现代性的框架内，危机是可以解决的。

P153 承认麦金泰尔、格兰特、米尔班克等人的观点——在（后）现代争论中，前现代可以提供许多有益的启示——的说服力，并不意味着就要赞同他们的反现代立场。后现代不是被看作现代的背离或者现代的死亡，在这里，现代本身被描述成一个世界观的出错并被误导的社会秩序。古代智慧被回收利用来当作建设性的批判方式，同时使现代性和后现代性相对化。

【参考文献】

[1] 彭立勋. 后现代性与中国当代审美文化 [J]. 学术研究，2007（9）.

[2] 岳友熙. 后现代性：现代性的自我反思与超越 [J]. 青海社会科学，

2007 (4).

　　[3] 程新英. 当代发展观中的非西方中心主义 [J]. 学术界, 2007 (1).

　　[4] 张立群. 论先锋小说的"类后现代性" [J]. 辽宁大学学报, 2007 (1).

　　[5] 张立波. 话语的力量: 以现代性为例 [J]. 岭南学刊, 2007 (1).

　　[6] 李昕, 赵铭恕. 真实的消亡 [J]. 湖北社会科学, 2007 (3).

　　[7] 胡绪明. 超越之维的后现代 [J]. 东北大学学报, 2006 (5).

　　[8] 于晓凤. 当代中国大众文化的后现代性 [J]. 东岳论丛, 2006 (3).

　　[9] 宋一苇. 事件哲学视域中的现代性与后现代性 [J]. 社会科学辑刊, 2005 (2).

　　[10] 彭卫红. 后现代性写作的特征 [J]. 学术界, 2005 (6).

　　[11] 金太军, 张劲松. 后现代理论对西方官僚制的解构 [J]. 江苏社会科学, 2009 (3).

　　[12] 罗文东. 当代西方后现代主义文化辨析 [J]. 江汉论坛, 2009 (4).

　　[13] 杨乐强. 西方马克思主义语境中工具理性与现代性的关系探析 [J]. 国外社会科学, 2010 (5).

　　[14] 陈志刚. 科学发展观与现代性 [J]. 重庆社会科学, 2011 (3).

　　[15] 黄约. 后现代自然观对生态文明建设的启示 [J]. 人民论坛, 2011 (11).

十四、《后现代主义的承诺与危险》

[美] 米勒德·艾利克森　著

叶丽贤，苏欲晓　译

北京大学出版社，2006 年

────【作者简介】────

米德勒·艾利克森（1932— ），当代美国杰出的基督教神学家，福音派神学协会主席，现任贝勒大学特鲁伊特神学院和西部神学院神学教授。他出身于一个贫穷的农民家庭，上大学期间靠打工维持生计与学业。他在明尼苏达大学获得了学士学位，在芝加哥大学获得硕士学位，在西北大学获得博士学位。他曾在芝加哥做过牧师，还曾在一家神学院做过管理工作。

米德勒·艾利克森的主要著作有《基督教神学》（1998 年）、《福音派的思想与心灵》（1993 年）、《论三位一体》（2005 年）、《神学走向何方？》（1994年）、《信仰的后现代主义化：福音派对后现代主义挑战的反应》、《后现代主义的承诺与危险》（2001 年）等。

────【写作背景】────

本书力图对后现代主义运动进行深入的介绍。后现代文化多以无神的叙事为预设前提，以德里达为代表的解构主义者提倡去逻各斯中心主义，去本质、本源、绝对，去真理/谬误二元对立。在这种语境下，以"道成肉身"为核心，罪与救赎为主题，上帝之国度为终极指归的基督教信仰，不言而喻，已然在方方面面都成为被讨伐的对象。面对这种情势，基督教作为被讨伐的对象该做何种反应？美国福音派神学家艾利克森以努力建立一种真诚的对话关系作为回应，写出了本书。

── 【中心思想】 ────────────────────

全书从福音派神学的角度透彻分析了后现代主义产生的背景，从前现代到现代思想的演变，以及 19 世纪到 20 世纪后现代的转向；介绍了德里达、福柯、罗蒂和费希四位著名的后现代思想家的思想；评价了后现代主义的积极与消极方面，同时揭示了后现代主义的思想矛盾与危害；阐述了后现代主义之后的思想发展前景，即从基督教元叙事角度为后现代主义的困境提出了建设性的进路。艾利克森认为，后现代主义本身并不是它所力求解决的问题的最终答案，他要向"后后现代主义"迈开自己的第一步。

本书分为前言和四部分正文 16 章，共约 40 万字。

── 【分章导读】 ────────────────────

前言 艾利克森区分了后现代主义与后现代性，指出前者指的是某一特定时期的思想信念，而后者则是这一时期的文化现象；介绍了本书的写作目的，即力图对所谓的后现代主义运动进行深入的介绍；概要说明本书的主旨，即先是让读者对后现代领袖人物的思想内容有所熟悉，并对他们的著述风格有些了解。然后对后现代主义进行正反两方面的评价，在此基础上提出一条建设性的进路。

第一部分 后现代主义的背景 包括第一章至第五章的内容。

1 后现代主义导论：三种勾勒 艾利克森试图用简单的"绘图法"对后现代主义进行描述，对利奥塔、麦金太尔、麦克伦登和墨菲的后现代思想进行阐释。利奥塔在《后现代状态》一书中对后现代意识形态进行了勾勒，他声称，社会正在经历各种变革，科学、文学和其他文科领域的游戏规则均以改换，这种变化的背景则是叙事危机。这种危机反映在，一向把叙事看成是寓言传说的科学，却无法证明自己存在的合法性。哲学家麦金太尔却对现代与后现代观点之间的差异做了相当清晰的勾画，在《三种对立的道德探究观》一书中，他将所谓的"百科全书方法"和"谱系学"方法进行对比，从而引出议题。百科全书假定存在一种共通的理性，而在尼采这样的谱系学家看来，遵从百科全书学者的观点，这本身就是一种恶的体现。麦克伦登和墨菲夫妇提出了一个区分现代神学与后现代神学的图式，他们提到，后现代这个术语，到目前为止主要用于三种语境：艺术与建筑，解构主义文学批评和美国神学。他们接着开始以这三大领域为轴线描述现代主义，然后通过揭示后现代主义如何偏离这三条轴线，从反面对它进行定义。他们从三大哲学主题对现代主义进行界定：认识论上的基础主义，语言的表象—表情理论，原子论或简化论。艾利克森指出了他阐述后现代主义的方法，即选出几位后现代思想的代言人，对他们的思想进行详细分析，让他们代表整个后现代运动发言。

2 前现代主义 艾利克森深入地分析了前现代主义三位具体代表人物，即不信奉宗教的哲学家柏拉图、信奉宗教的神学家奥古斯丁、哲学家和神学家阿奎纳。柏拉图和奥古斯丁在认识论上，归根结底都是理性主义者，他们倾向于认为知识是通过理性论证而得来的，而不是通过感性经验。阿奎那却也强调感性经验，所以他的认知方法与现代科学方法更一致。不过，他的思想还是显示出了诸多迥异于现代思想的地方，特别是迥异于后现代思想的地方。这三位思想家倾向于前现代的一般主题有六个方面：（1）以全面综合的方式解释事物，试图将所有实在和全部历史都纳为自身的阐释对象。（2）实在具有理性特征，人类有能力理解实在，至少在某种程度上，不管这种认识是来自个人的发现，还是来自对某一位神圣存在的特殊启示的领受。（3）肉眼可见的自然世界并不是实在的全部。在自然背后还有真实且重要的实体，并对可见世界所发生的事具有强大的、决定性的影响。（4）人类要获得幸福与满足，就必须适当调整自己，以顺应那些无形的实在。无形实在是意义与生命之源，因此，人类的存在要得以完全，就必须有信仰。（5）我们所理解的时间，并不是实在的全部。生命还有一个存在于时间之外的向度，它是生命最重要的方面。（6）永恒不变的才是最重要的。没有这个，经验的流变就失去了真正的意义。

3 现代主义 从检视笛卡尔、牛顿、洛克和康德四位代表现代思想的人物入手，艾利克森阐释了现代主义的主要内容。笛卡尔的思想集中现代时期的诸多典型特征，牛顿对科学的贡献可比于笛卡尔对现代哲学的贡献，洛克与理性主义形成了强烈对比，在康德身上可以见到现代精神在哲学上的充分表达，他的思想中已经包含了后现代主义的萌芽。艾利克森认为，现代主义主要内容可归结为以下五条陈述性的判断：（1）知识可被无限探寻，对人类而言是一种福祉。知识可以为人类的问题提供解决之道。因此对知识的信任，必然产生对进步的坚信。（2）客观性不仅是好的，也是可能的，去除个人或主观因素，有助于得出真确结论。（3）基础主义是知识的模式。一切信念，只要是推导自某些稳固基点或者基本信念，就可以认为是对的。（4）认识个体是认知过程的典型主题。每个人都要亲自对某一真理进行估量，即便它对所有人而言都是真理。（5）实在的结构具有理性，遵循某种有序的形式。正因为如此，人类才有能力认识和建构世界。在大多数时候认为，这种秩序或形式，固有地存在于世界上，而不是源自某个超验之源。

4　19世纪后现代主义先驱　艾利克森介绍了19世纪后现代主义的两位先驱克尔凯郭尔和尼采，指出他们的思想后来演变成为20世纪的存在主义，并对后现代思想的成熟发展起到启发作用。作为20世纪存在主义之父，克尔凯郭尔思考的很多议题，后来都出现在海德格尔这些人的著作中。从很多意义上说，克尔凯郭尔是后现代思想所强调的观点的先导。他在前期著作中解构了黑格尔哲学体系，在后期著作中激烈地抨击了基督教界。他还提出了"主体性真理论"。从以客体为真理的中心到以主体为真理的中心，这种转变是一种革命性的发展。与克尔凯郭尔一样，尼采也经常被引为存在主义的创立者。影响对尼采的解读的一个问题是，后世的某些思想政治运动声称自己的观点与尼采一脉相承。譬如，纳粹分子就曾利用过他的"超人观"，有些人相当厌恶尼采的思想就源于此。但是纳粹分子的这种窃用，绝不能当作对理解他的思想起决定意义的因素。关于尼采的地位的阐释，影响最为深远的当属哈贝马斯；他称尼采的思想"开创了后现代主义的先河"，说尼采"放弃了对理性观的重新修正"，并告别了启蒙运动的辩证法。作为解构主义者，尼采察觉到了时代的转变，分析或者批评了现代性的某些特征、机制，批判了传统道德与基督教，认为不存在所谓的道德现象，只有对现象的道德解释。

5　20世纪：后现代主义转向　艾利克森探讨了处于后现代主义转变过程中的五位思想家——海德格尔、伽达默尔、维特根斯坦、库恩与曼海姆。海德格尔被视为德国的现代存在主义之父。伽达默尔以其解释学对20世纪后期的思想影响巨大，尤其是其两种视域观。艾利克森认为，要理解伽达默尔的解释学，有必要先来了解他的哲学观，在伽达默尔看来，哲学纯然是描述性的，而非规定性的活动。后现代主义兴起过程中的关键人物是奥地利的哲学家维特根斯坦。实际上，从很多方面都可以说，他身上集中体现了现代时期向后现代时期的转变。因为从他的早期思想向后期思想的转变中，我们可以见到代表这两大时期的精神之间的差别。其逻辑原子论不同于罗素的逻辑实证主义对形而上学的否定，而认为形而上学是不可言说的。所以维特根斯坦认为，哲学的任务就是观察语言在某一实例中的具体用法，而不是对语言的用法进行规定。无法完成这一任务以及分不清不同的语言游戏，就会陷入"精神狭隘"。库恩对整个科学事业及科学方法论提出了新的理解，他认为，科学家选择特定的事实并以特定的方式诠释它们，这是个人的与局部的因素作用的结果。新的理论的产生是因为那位科学家对现象的看法有别于其他科学家。即使在科学方法中也存在有主观因素。曼海姆的知识社会学的基本观点认为，知识是"信念与观念产生自其所在的社会环境"，或者说知识"取决于其所在的社会环境"。这与马克思的意识是由物质生活过程决定的观点相似。

第二部分 后现代主要思想者的声音 包括第六章至第九章的内容。

6 雅克·德里达 艾利克森介绍了当代解构之父德里达的后现代思想，提出了五点论断：（1）德里达声称解构的意图不在于消除任何类型的客观真理，或者任何非语言的指称物。但误解他思想的人却将其当成解构的目标。德里达说他的解构不是建构、拆毁，有点像解析、剖析，即剖解某一特定命题，拆分其论断和论据，发现命题中的矛盾因素。这种做法的预设前提是，一个文本的意义不止一种，文本中当包含相互矛盾的意义要素。他尤其反对将文本建立在某种绝对真理或绝对存在的基础之上。（2）假设并强调悖论和内在矛盾的存在以及思想和表达的不一致。它期望的并不是和谐，类似于克尔凯郭尔。（3）德里达自己的陈述，从来就不是清楚明确的。这使得他的赞成者和支持者都有一定的根据。（4）体现德里达观点含糊的例子之一，是"文字"这一术语。它既用于通常和具体意义上，同时也用于一般意义上即"语言"。（5）解构也有边界。虽然任何其他观点都是解构的适当对象，唯独解构自身不能被解构。正义也不能，因为这是德里达进行解构的基础和推动力量。

7 米歇尔·福柯 介绍了福柯的后现代思想，尽管阐释和理解福柯思想很难，艾利克森还是提出了其中的十三大主题：（1）一切生活的一个显著特征是权力的普遍存在，这种权力就是我们常说的政治权力。（2）掌握权力的人将权力运用于决定什么是正确的和可行的，真实的和可信的。但如果换成其他权力中心掌控一切的话，结果就大不一样了。（3）常规的与非常规的，对既定文化的主流形式顺应的与不顺应的，这些实际都是以"对的"与"错的"来表达。（4）权力不是单向地从知识中产生。权力同时也规定什么是正确的，借此创造知识。（5）真理不应该认作是对实在的符应，或是"事物真实存在的方式"。它是在历史和政治条件中产生的，"强权即真理"。（6）用这样的方式来规定真理，就把某些知识给压制了。（7）在压制过程中所运用的主要标准是"科学"，这被认为是最纯粹、最完整、最准确的知识形式。（8）理论和实践是不能分离的，不能认为后者是运用前者的结果。这种"理论"的概念和"理论"的运用是既定秩序的标志。（9）体系是权力运用的标志，它将一切真理都组织成统一的整体，在这过程中把不适合那一体系的知识给筛除出去。（10）话语不光是对实在的表述，实在是由话语建构的。（11）福柯很多的分析和推论，显然是基于历史之上。但这并不是客观的历史，可以用历史资料进行确认或否定，而是"虚构性的历史"。（12）快感，譬如性快感，具有无上的价值，必须无限制地追求。（13）改变真理不是通过知识分子的辩论或驳斥，而是通过改变产生真理的政治条件。

8 理查德·罗蒂 艾利克森介绍了罗蒂的后现代思想，概括了其思想的主要内容：（1）罗蒂的思想属于非本质论。他没有否认外部世界的存在，但反对"真理就在那里"这种观念。他不相信实在本质，是一种不可知论。（2）在语言上，他持有反实在论和反表象论。（3）他看待世界、自我、语言和社会时持的是偶然性和历史限定性的观点，认为它们都是群体的产物。（4）不能将真理理解为与"实在世界"的相结合，或者理解成我们的观念或语言与"实在世界"的符应。（5）大多时候，对传统哲学问题应该避而不答，或者对话题进行改换。因为回答传统哲学问题无益。（6）罗蒂的伦理价值观只是个人所在的群体所达成的普遍意见，而不是建立在某种形而上学的基础上，即不寻找终极答案。（7）罗蒂的思想属于实用主义观，其新实用主义超越了詹姆斯和杜威所代表的后期实用主义。

9 斯坦利·费希 艾利克森介绍了费希的后现代思想，概括了其思想的主要内容：（1）文本没有字面上的规范意义，文本内部本身并不客观地存在这种规范意义。（2）文本的意义是文本在某一特定阐释群体中所具有的意义。（3）读者不能自由地将个人的意义赋予文本，而要受到群体阐释限制。（4）观察和阐释并不是过程中分离的两个阶段。（5）客观和主观这两个术语有害无益，因为它们暗示阐释者和被阐释的对象之间存在着明显差异。（6）争议不能借助事实来解决，相反是确定事实的手段；理性不能坚定人的信念，相反是信念的延伸。（7）我们对于伦理问题的判定要受到历史限定。

第三部分 后现代主义评价 包括第十章和第十一章两章内容。

10 后现代主义：正面评价 在正面评价上，艾利克森立足于对后现代主义者所做的保守型解读，分析后现代主义的诸多价值，以便从中获益。（1）

解构主义者在知识社会学家的引导下，提出这样一个正确的观点：时间、地点和文化因素会影响我们对于真实性的看法，也会影响我们的结论。"预设前提不同，效果也不同"一节提出，这一后现代的思维方式告诉我们，推理的方式多种多样，观察世界的方式也可以多种多样。（2）后现代主义敏锐地观察到基础主义的可疑性，告诉我们在寻求交流的共同基础时，需要建立一种温和的基础主义。（3）在构建一个体系时，我们很少能拥有清晰一致的资料，以致体系内部不存在任何问题。由此说明，我们在坚持自己观点的时候确实应当保留一定的余地，并且抱着一种开放的态度，愿意改变自己固有的观念。同样，我们要坚持文化的多元主义，因为没有哪种单一的文化拥有全部真理。（4）生动形象地展示了政治领域的"抬轿"，粉饰性的描述，偏袒一方的调研，账目的伪造，其他的统计操纵，微妙的修饰语，新闻的编辑，影射性用语，善意或不善意的忽略，不公正的修辞问题的价值。（5）分析了"怀疑的解释学的必要性""群体的角色"和"叙事的价值"问题，提出对基督徒而言，后现代主义同样可能包含有发人深省，颇有助益的因素，这些因素在某些时候可能还带有同圣经意义上的那种预言性质。

11　后现代主义：反面评价　在反面评价上，艾利克森言之凿凿地指出了后现代主义在理论与实践上的困难。首先，艾利克森指出了批评的标准，即诉诸一些实用主义的思考方式、表述一致的方式来批评后现代主义，认为只要能促进思想交流，且能带来最大的和谐、最高的生产力和最大多数人的福祉，那便是好的，否则是不好的。艾利克森批评了以德里达和福柯为代表的后现代主义在逻辑上的诸多矛盾。如德里达认为解构可应用于一切，但又提出解构本身、正义不可解构，因此，它也不能避免逻各斯中心主义。福柯在有关历史方面的探讨也是矛盾重重。再如，后现代主义关于权力问题的探讨，表面上看，后现代主义关心的是正义，是要确保那些当权者不至于滥用权力，强加观点于他人。但实际上，许多后现代主义者自己对这一点却没有身体力行。有时候他们并不鼓励自由发表一切观点，而似乎更专注于强求一致。因此，有人指责说，对相对主义的宣扬本身就是一种权力运作的形式，或者说是一种维持权力的企图。艾利克森还批评了德里达与福柯在语言文字上的逻辑矛盾，如除语言与文字外，还有非语言交际的事实。还有，他们的解构是对敌对观点的漫画，经常使用标新立异、前后不一的概念误读他人作品，其文字晦涩难懂，其句子冗长复杂。艾利克森指出，后现代主义容易滑入很主观的反应中，无益于对话者间的交流；在学术与学者水平上也出现了滑坡，即授课与考试诸环节在后现代相对主义的影响下出现了水准下降。在社会适用性方面，福柯不听朋友们的劝，在旧金山因私生活方面的问题感染艾滋病，最后死亡。这可以说是这方面的典型例证。这一事件也让我们触目惊心地看到，到底什么才是现实。在伦理效果方面，德里达与福柯无心在道德方面提供多少引导，他们都倾向于说自己还无法开展这类建设性的工作，但似乎又坚持着这么一个希望，即这种建设性的前景总有一天会以某种形式出现。可是，在实践中，这一切又似乎与道德伦理事业在实际中脱节。艾利克森考察了新实用主义者罗蒂的观点带来的一系列严重问题。如罗蒂的私人反讽与公众自由主义之间存在着某种脱节，还存在着含混与闪避等问题。最后，艾利克森指出，后现代主义的消极特征远超过它的积极特征，它长于批驳与拒斥，并没有提供一个更好的选择方案，是一种不负责任的做法。

第四部分　后现代主义之后　包括第十二章至第十六章的内容。

12　真理的性质　艾利克森试图证明，讨论也好，争论也罢，即使都宣称是在不同的范式之间进行，究其实都有一个共同的真理观和逻辑观为前提。后现代主义通过文化多元性、权力与知识的关系挑战现代真理观即主客观降服论，提出了融贯论真理观与实用主义真理观。但后现代主义的真理观无论在理论上还是在实践上都不能贯彻到底、矛盾重重。对此，艾利克森提出，通过詹姆斯、怀特、德里达、罗蒂和菲西的真理观可以证明：无论是后现代主义者还是现代主义者都把真实理解为一种陈述的性质，这种陈述能正确地再现所指涉的“事态”。在此基础上，艾利克森对后现代主义和它所阐明的观点提出了三点评论，并提出，他真诚地寻求一种“后后现代主义”的真理观，即一种超越时代的恒常的真理观，并试图为它确定一种独特的后后现代主义的发展方向。艾利克森诠释了争议双方存在的五种可能性，提出人们的分歧来自真理的不同检验标准上，同时提出解决此类争端的总的适用原则：对俭省原则的否定式利用，即采纳那个最不极端又能充分说明那一现象的解释。为使双方真诚对话，就要把主观性减到最低限度，他建议每一位学术人士都写一部细节详尽的自传，多与来自不同文化背景的人交往。不同的思维范式、文化在认识真理的本质上未必就那么差异悬殊，他们的不同之处在于对证据的选择或阐释。为避免讨论变成争执、权力之争、冲突与暴力，在对话时，要小心谨慎选择适用的语言，努力摆脱最新近的就是最高级的这种想法，对相异的观点需要以十分谨慎的态度加以公平对待，任何人身攻击似的言论都应避免，双方坦陈自己的观点，“两极选言结构”的做法必须摒弃，讨论中适用的术语及外延必须明确界定，学术论证必须使用精确的资料信息，对表达中的修饰语与强调部分采取怀疑的解释学，不相干的考虑因素排除在外。对话双方其实都设定了共同的逻辑思路，基本的逻辑规律，如同一律、矛盾律、排中律是所有对话的前提。

13 **真理性评价** 艾利克森讨论了作为真理性的标准或验证方式。后现代主义者们一致认定，作为现代主义特征之一的基础主义必须予以抛弃，取而代之的是他们通常信奉的融贯论或实用主义。而艾利克森的后后现代主义认为，视角型批判实在论才是真理的验证标准，这就意味着尽管我们可能是从不同角度来看待实在，但这个实在是共通的，我们与之发生关联的以及所言及的，都是这个共有的实在。并以此阐明，基督教的世界观并不是人类的发现，而是上帝给予我们的启示。只有那些设身处地将自己置于基督教视角中的人，才能看得见它与经验资料是多么吻合。

14 **作为元叙事的基督教叙事** 艾利克森驳斥了后现代主义对元叙事的批判，论证了基督教的圣经叙事构成了独一无二真正的元叙事。针对后现代主义对元叙事的五个方面的拒绝，艾利克森详细论证了圣经中元叙事的可能性，后现代主义所谓元叙事的矛盾在完满的上帝那里都迎刃而解了。针对后现代主义者罗蒂、德里达和福柯对元叙事的反抗，艾利克森指出，在后现代主义者的诸论点背后潜伏着一个意义更为广泛的背景观念，但仍然起着元叙事的作用。再有，这三位后现代学者的思想中所蕴含的元叙事还有一条线索清晰可见，即马克思主义在他们每个人的思想上都留下了烙印，将他们连在一起的是自由主义意识形态。针对叙事的本质和角色，艾利克森指出，在使用叙事形式来传达真理时会遇到两个较大的问题：一是，叙事的效验性依赖于它的可信度，也就是说，该叙事必须符合某一事件中的具体事实。二是，叙事需要解释才能成为传达真理的有效手段。艾利克森还论述了基督教元叙事的几个显著特征，即普世性、现实性和终结性，进一步彰显了上帝的万能。

15 **上帝的国度——终极的群体** 艾利克森论证了圣经中有关上帝国度的概念与群体角色这些当代问题的紧密关系。艾利克森以圣经中有关群体的观念批驳后现代的群体概念。他认为，后现代以个人主义和平等主义对王国概念、权威提出了异议，但上帝的至高权威是不容置疑的。上帝权威的本质是为着人民的利益来治理他们，整体和群体的观念是必然的，这可以使文本阐释免于陷入主观主义和个人主义的危险中。与此同时，还要以后后现代主义超越基督教内部的自由派神学与基要派神学的论争，上帝是独一的真神。

艾利克森提出，基督教群体处在一个独一无二的位置上，只有它能拆毁由不同国家、不同文化群体筑成的藩篱。因而，艾利克森提出，要从人的各种需要出发，论证上帝及上帝国度的至高无上性、完满性。

16 走向后后现代主义 艾利克森试图论证的，是我们完全有可能与后现代主义者发生正面的关系，参考他们的某些思想与倾听方式。可是，由于基督教包含永恒的因素，所以我们不能将它与后现代主义联系得过于紧密，因为后现代主义和它之前所有的意识形态一样，也终将被取而代之。有迹象表明，后现代主义的极端形式已经引发了一种反拨，我们可以把这种反拨称为后后现代主义。要促成后现代主义向后后现代主义的过渡，我们可以采取某些行动和步骤。与此同时，还要努力保证我们的信息不仅仅拘泥于先前时代的某种特定形式。

【意义与影响】

北京大学出版社于 2006 年出版了此书的中文版，填补了以基督教叙事回应后现代叙事译著方面的空白。本书获得"《今日基督教》2002 年度好书奖"，是从基督教的角度回应后现代主义的一部重要著作。

全书思路清晰、结构严谨地阐述了后现代主义的产生与发展，选取现代与后现代主义思想家的典型深入剖析，客观地评价了现代与后现代主义思想，并以基督教叙事回应了后现代的叙事，独具特色。一是，此书站在基督教神学意识形态立场上回应后现代主义的理论冲击，层层剖析了后现代主义理论存在的问题与风险，以新的角度诠释了当代经典的后现代理论。这为我们全面理解后现代主义理论提供了新视角。二是，此书站在建设性后现代主义的立场上，破解现代与后现代对立的理论难题，走出一条超越后现代主义的后后现代主义的道路，究其本质是一条完善宗教信仰、意识形态的现代性道路。

艾利克森在该书中对后现代主义的学理资源、后现代主义的主要代言人、后现代主义对现代主义批判带给人们的启示，以及后后现代主义的前景做了深入细致的分析，力求公允评价，为后现代主义与现代主义的对话，以及各种不同文化间的交流与对话提供了学理基础，令我们在对待后现代主义问题上既不能简单否定，也不能照单全收。与此同时，我们也应注意批判其"后后现代主义"思想中的宗教观念，深入理解当代宗教理论发展。

───【原著摘录】────────────────────────

前言 P1-3

P1-2 为了纠正错误倾向，我们有必要对后现代主义和后现代性进行区分。粗略地讲，前者指的是某一特定时期的思想信念，而后者则是这一时期的文化现象。

本着这样一种想法，即后现代主义本身并不是它所力图解决的问题的最终答案，我向"后后现代主义（postpostmodernism）迈开了自己的第一步"。

第一部分　后现代主义的背景 P1-127

1　后现代主义导论：三种勾勒 P3-26

P3 后现代主义既是一场大众文化运动，也是一场思想运动，是当代西方社会的社会学特征之一，是一种玄奥复杂的思维方式。

P6 这种危机反映在，一向把叙事看成是寓言传说的科学，却无法证明自己存在的合法性。

P19 不过，在尼采这样的谱系学家看来，遵从百科全书学者的观点，这本身就是一种恶的体现。

P21 他们提到，后现代这个术语，到目前为止主要用于三种语境：艺术与建筑，解构主义文学批评和美国神学。他们接着开始以这三大领域为轴线描述现代主义，然后通过揭示后现代主义如何偏离这三条轴线，从反面对它进行定义。

墨菲和麦克伦登从三大哲学主题对现代主义进行界定：认识论上的基础主义，语言的表象—表情理论，原子论或简化论。

2　前现代主义 P27-53

P36 不过，我们可以对柏拉图思想中与理解前现代主义有关的部分做个简要概括：

1. 最具实在性的不是自然物或可感的物体，而是理念或者说观念。

2. 作为特性体现的个别事物之所以存在，是由于它与某种普遍或抽象特征有关联。

3. 知识蕴涵于对理性或理念的认识中，而不是对具体或可感事物的认知中。引导我们走向真理的，是辩证法或者说推理，而不是感性认识。

4. 柏拉图思想中含有符应论真理观。

P52 托马斯的思想在很多方面都体现了前现代主义。

1. 实在分为两大领域,一是自然世界,二是超自然世界。

2. 超自然世界是自然世界存在的缘由,是其内部发生变化的原因。

3. 人类可以凭靠理性发现自然世界,但只有通过上帝所恩赐的特殊启示,才能理解超自然存在。

4. 自然与恩典之间并不矛盾,因此理性与信仰也并不矛盾。

3 现代主义 P54-81

P81 现代主义主要内容可归结为如下几条陈述性的判断:

1. 知识可被无限探寻,对人类而言是一种福祉。知识可以为人类的问题提供解决之道。因此对知识的信任,必然产生对进步的坚信。

2. 客观性不仅是好的,也是可能的。认为一切个人或主观因素都可以从认识过程中除去。去除个人或主观因素,有助于得出真确结论。

3. 基础主义是知识的模式。一切信念,只要是推导自某些稳固基点或者基本信念,就可以认为是对的。

4. 认识个体是认知过程的典型主题。每个人都要亲自对某一真理进行估量,即便它对所有人而言都是真理。

5. 实在的结构具有理性,遵循某种有序的形式。外部世界的逻辑结构,也同样可在人的知性中找到,正因为如此,人类才有能力认识和建构世界。在大多数时候认为,这种秩序或形式,固有地存在于世界上,而不是源自某个超验之源。

4 19世纪后现代主义先驱 P82-105

P82 19世纪,哲学界出现了两个独立的声音,后来演变成为20世纪的存在主义,并对后现代思想的成熟发展起到启发作用。

P86 修道院中的修道士的生活在我们看来似乎是与现实脱节的。不过哲学家与现实脱节的程度更为严重。克尔凯郭尔觉得"隐居之士,因热烈的虔敬之情,常常忘却自我,故而能够远离尘世;而哲学家的自忘,则由于分神思考普世史所致,此种自忘,颇为可笑,我宁可喜欢前者"。他将哲学家比作建造了宏伟城堡,自己却固守于附近的陋屋的人。

P95 影响对尼采的解读的一个问题是,后世的某些思想政治运动声称自己的观点与尼采一脉相承。譬如,纳粹分子就曾利用过他的"超人观",有些人相当厌恶尼采的思想就源于此。但是纳粹分子的这种窃用,绝不能当作理解他的思想起决定意义的因素。关于尼采的地位的阐释,影响最为深远的当属于尔根·哈贝马斯;他称尼采的思想"开创了后现代主义的先河",说尼采"放弃了对理性观的重新修正",并告别了启蒙运动的辩证法。

5 20世纪：后现代主义转向 P106－127

P111 要理解伽达默尔的解释学，有必要先来了解他的哲学观。在伽达默尔看来，哲学纯然是描述性的，而非规定性的活动。

P117 后现代主义兴起过程中的关键人物之一是奥地利的哲学家路德维希·维特根斯坦。实际上，从很多方面都可以说，他身上集中体现了现代时期向后现代时期的转变。因为从他的早期思想向后期思想的转变中，我们可以见到代表这两大时期的精神之间的差别。

P123－124 在库恩看来，科学发现和科学工作的实质，与这截然不同。对"事实"的理解可以有不止一种的方式。科学家选择特定的事实并以特定的方式诠释它们，这是个人的与局部的因素作用的结果。新的理论的产生是因为那位科学家对现象的看法有别于其他科学家。即使在科学方法中也存在有主观因素。

知识社会学的基本观点，最简单最一般地说，是"信念与观念产生自其所在的社会环境"，极端地讲，它们"取决于其所在的社会环境"。

第二部分　后现代主要思想者的声音 P129－224

6 雅克·德里达 P131－157

P137 德里达在批判逻各斯中心论时，强烈谴责的便是这种对言语的偏爱、对文字的排拒。他主张应将文字置于言语之上，以取代逻各斯中心论。他的意思不是说，文字产生的时间要早于言语，而是说，文字比言语更优越可取。文字中似乎存在问题，他却可将其转化为优点；文字的优点是可以产生差异，或用他的话说，延异，而不是肯定由符号与指涉物所构成的同一体。

P138 德里达所造的"延异"一词有两种含义：区分与推延。区分指的是对一连串"痕迹"的显示，以及对事物之间的差异的显示。参考书，如词典，所依据的原理就是这个。

P139 "延异"这个词的后一种含义在这里体现出来。正是在一能指让位于另一能指，或延宕至另一能指这种无止境的游戏中，符号的意义才被建立起来。

7 米歇尔·福柯 P158－179

P160 通常的做法是将福柯的一生分为三个时期，或者将他的思想分为三大阶段，然后从这三阶段模式来看他的作品。他第一阶段的作品主要专注于话语和知识学科；在这一阶段，他致力于解决的大多是认识论问题。第二阶段他讨论的是精神病院、普通医院或者监狱中的权力问题，以及权力用于控制民众的方式。最后一个阶段，可以理解为与力图重建某种自我理论或主题理论有关。不过，不光是他探讨的议题会随着时间的流逝而改变，在同样的问题上，他的观点也会发生转变，但他没有将自己观点的变化告诉读者。有时候，他甚至改变了用于表达自己思想的术语。

P161　贯穿福柯思想始终的主题之一，是权力及其在社会中所起的作用。

8　理查德·罗蒂 P180-203

P181　罗蒂将他接下来40年的学术生涯形容为试图确定"哲学对什么友谊"这一问题的答案的过程。

P189　他认为"真理是被制造出来的，而不是发现到的"这个观念可以追溯到大约两百年以前法国大革命的时候。法国大革命已经显示"社会关系的全部语汇和社会制度的整个谱系几乎一夕之间被取代"。

P193　换句话说，罗蒂宣扬的是"哲学家应是诗人，而非科学家"的理念。

P198-199　罗蒂的回应是这样的，区分绝对主义和相对主义、理性主义和非理性主义是一种过时的且笨拙的做法，这种做法属于我们所要取代的语汇的一部分。

9　斯坦利·费希 P204-224

P205　费希写作的另一重要缘由却与梅尔·艾布拉姆斯的文章"该怎么处理文本"有关。艾布拉姆斯在该文里批判雅克·德里达、哈罗德·布鲁姆和费希的思想，并称他们为"新读者"。

P221　评论家费希的观点属于相对主义，但他们的批评假定了这么一个前提：之所以能判定某些问题是合理的，是因为它们符合某些先验的或普遍的标准。

第三部分　后现代主义评价 P225-283

10　后现代主义：正面评价 P227-249

P228　解构主义者在知识社会学家的引导下，提出这样一个正确的观点：时间、地点和文化因素会影响我们对于真实性的看法，也会影响我们的结论。

P235　我们在坚持自己观点的时候确实应当保留一定的余地，并且抱着一种开放的态度，愿意改变自己固有的观念。

P238　文化多元主义之所以重要，不是因为所有的文化都有同样的可接受性，也不是因为文化对各自的群体都具有同样的真实性，而是因为没有哪种单一的文化拥有全部真理。

P249 对基督徒而言，后现代主义同样可能包含有发人深省，颇有助益的因素，这些因素在某些时候可能还带有预言性质，如同圣经意义上的那种预言性。

11 后现代主义：反面评价 P250－283

P258 表面上看，后现代主义关心的是正义，是要确保那些当权者不至于滥用权力，强加观点于他人。但实际上，许多后现代主义者自己对这一点却不身体力行。有时候他们并不鼓励自由发表一切观点，而似乎更专注于强求一致。

P275 德里达也无心在道德方面提供多少引导。他说到正义的重要性，以及法官创造正义的重要性，但却很少谈及正义的内容。事实上，以某种不变的方式为正义给定内容，这种意愿本身就与他的构想水火不容。无论在福柯一方还是在德里达一方，他们都倾向于说自己还无法开展这类建设性的工作，但似乎又坚持着这么一个希望，即这种建设性的前景总有一天会以某种形式出现。可是，在实践中，这一切又似乎与道德伦理事业在实际中脱节。

P283 我的判断是，后现代主义的消极特征远超过它的积极特征；它在积极方面的贡献可通过相对缓和的立场来保持，这种立场也使它免去后现代主义遇到的大部分难题。后现代主义长于批驳与拒斥，但与此同时并不提供一个更好的选择方案，这是一种不负责任的做法。

第四部分 后现代主义之后 P285－413

12 真理的性质 P287－314

P288 对于与现实相对应的真理观，后现代主义时常选择下面两种方案之一取而代之。一是融贯论真理观，认为想要发现真理的检验标准，必须从整体而非局部来看待我们的思想，要检验的是整套命题是否融贯一致。另一种是实用主义真理观，认为能行得通的，有助于我们向着彼此协定的目标前进的就是真理。

P291 也就是说，大家都把真实理解为一种陈述的性质，这种陈述能正确地再现所指涉的"事态"。这一点在现实实践中无论对后现代主义者还是现代主义者都是真实的。

P295 我想在一个真诚的意义上寻求一种"后后现代主义"的真理观。事实上，这是一种超越时代的恒常的真理观，无论前现代、现代或后现代都在采用它，但我试图为它确定一种独特的后后现代主义的发展方向。

13 真理性评价 P315－341

P315 大体而言，古典的基础主义认为，认知过程中有某些基点是不可动摇的，不需要任何其他命题来验证；其本身是直接自证、不证自明的，含有无可置疑、不可置辩的特性。

P325 一种生命哲学不但使我们的生活变得圆满适宜，而且要使我们能够面对死亡和生命之后的一切，这样的生命哲学，要优于那种只能提供强烈却短暂的满足感的生命哲学。

P331 我们可能需要进一步限定"批判实在论"，将其称为"视角型批判实在论"。这就意味着尽管我们可能是从不同角度来看待实在，但这个实在是共通的，我们与之发生关联的以及所言及的，都是这个共有的实在。

P341 我们这里要阐明的是，基督教的世界观并不是人类的发现，而是上帝给予我们的启示。只有那些设身处地将自己置于基督教视角中的人，才能看得见它与经验资料是多么吻合。

14 作为元叙事的基督教叙事 P342－361

P342 总而言之，后现代主义对无所不包的解释或元叙事都采取尖锐的批评态度。对元叙事的一个主要反对观点认为，元叙事以被用来作为一种压迫手段，压制任何与主流观念相左的反对派的声音。

P349 在后现代主义者的诸论点背后潜伏着一个意义更为广泛的背景观念，它可能不像一个明确的元叙事那样有着完整的表述，但仍然起着元叙事的作用。

15 上帝的国度——终极的群体 P362－384

P367 我们已经提到过，后现代主义其实未必反对超自然本身，至少理论上不反对。它反对的是某种与上帝相关联的绝对性：这位上帝称自己是独一的真神。

P376 意识形态的帝国主义，这种情况倒是有可能的，因为大部分的神学作品都是在欧洲和北美写的，正如哲学也是这样。可是，随着基督教群体在第三世界急剧的发展壮大，这种状况将会发生变化，也必定会发生变化。我认为，基督教群体处在一个独一无二的位置上，只有它能拆毁由不同国家、不同文化群体筑成的藩篱。

P377 虽然从表面上看后现代主义是反抗压迫的，但它反映的却是特定的中产阶级立场。后现代主义的某些文学活动可以为此作证。与这些活动相关联的似乎都是生活安逸，甚至相当阔绰的中产阶级人士所经历的知识问题。

16　走向后后现代主义 P385－413

P386　认识了基督教的永恒性之后，我们还认识到，历史历代，基督教与各个时代的人类需要都是紧密相关的，其原因在于基督教的这种永恒性与人性中某种永恒的、历久不变的本质是息息相关的。

P394　我们还需要为后后现代时代做好准备，甚至要催促它的到来；同时也要认识到，即便是后后现代主义，或者说后后现代主义千姿百态的生活和思想，它们也仍然不是整个思想进程的终点。

P412　所谓的后现代主义其实时常是相当欧美化、男性化、英国化，中产阶级化的，因此实际上也是伪现代的。

——【参考文献】

[1] 康德. 单纯理性限度内的宗教 [M]. 李秋零，译. 北京：中国人民大学出版社，2003.

[2] 迪尔凯姆. 迪尔凯姆论宗教 [M]. 周秋良，等译. 北京：华夏出版社，1999.

[3] 索洛维约夫. 神权政治的历史与未来 [M]. 周秋良，等译. 北京：华夏出版社，2001.

[4] 徐浩. 历史是文本：论西方后现代主义历史哲学中的全市学视角 [J]. 学习与探索，2008（4）.

[5] 庞俊来，等. 绝对知识：黑格尔伦理思想体系的终极关怀及当代批判 [J]. 学海，2008（5）.

[6] 唐正东. 阿尔都塞：意识形态是一种永恒的但必须被超越的他者 [J]. 浙江学刊，2004（6）.

[7] 李宏斌. 论消费性境遇中的大众文化 [J]. 延安教育学院学报，2008（3）.

[8] 许石慧. 经济法的现代性与后现代性问题探析 [J]. 理论界，2008（11）.

[9] 孙志祥. 德里达晚年翻译思想发生过转变吗？[J]. 江苏大学学报，2008（6）.

[10] 董学文，宫铭. 从解构到营构：后现代主义在中国 [J]. 社会科学战线，2008，（4）.

[11] 田龙过. 意识形态的意识形态化 [J]. 陕西师范大学学报（哲学社

会科学版），2009（2）.

　　［12］曹典顺. 后现代性哲学之后［J］. 内蒙古大学学报（哲学社会科学版），2010（6）.

　　［13］陆静. 后现代知识观的追求［J］. 河北大学学报（哲学社会科学版），2011（2）.

　　［14］沈立岩，何玉国. 解构理论与身份认同［J］. 南开学报（哲学社会科学版），2014（1）.

十五、《黄昏后的契机：后现代主义》

［英］凯文·奥顿奈尔　著

王萍丽　译

北京大学出版社，2004 年

——【作者简介】

　　凯文·奥顿奈尔是英国圣公会牧师和多产的作家，他在牛津大学圣·史蒂芬学院接受神学训练前后，一直从事宗教教育教师工作。他在曼彻斯特大学和牛津大学攻读宗教学位时，还学习了哲学。并且，他还讲授哲学。在1999 回到教区前，他在希思菲尔德学院任牧师。

　　凯文·奥顿奈尔的主要著作还有《世界宗教的主题与问题》（1986 年）、《我疑惑》（1992 年）、《你正在梦想》（1993 年）、《基督教的方式》（1995 年）、《基督教：一种新的方法》（1998 年）、《新约介绍》（1999 年）、《幽默感：一次心灵、身体和精神的导游》（2000 年）、《观念的历史》（2003 年）、《后现代主义》（2003 年）、《伊斯兰教》（2005 年）、《他们的心燃烧过：沿着耶稣走过的路》（2006 年）、《基督教历史袖珍指南》（2009 年）等。

——【写作背景】

　　两次世界大战使社会政治的宏大叙事遭受重创，希特勒与斯大林给现代社会的民主与自由发展蒙上了挥之不去的阴影。科学技术的飞速发展在带给生产力巨大发展与人类生活无限福祉的同时，也带给这个世界诸如原子弹、环境污染等不确定的灾难。由是，后现代的思潮扑面而来。20 世纪早期的重要思想家如尼采、德里达等为后现代主义思潮奠定了基础，20世纪晚期的思想家们对后现代思潮推波助澜，可谓论争迭起。值此之际，英国著名学者奥顿奈尔以简洁的方式探讨了后现代主义文化思潮。

——【中心思想】

全书考察了后现代主义的基本思想，通过介绍巴尔特、鲍德里亚、德勒兹、德里达、福柯、艾瑞格瑞、克里斯塔瓦、拉康、利维纳斯、利奥塔这些著名的后现代思想家以及对后现代运动产生过影响的思想家，介绍了后现代主义的一些主要思想和基本信条，即开放，拥抱生活，向各种思想敞开胸怀，拥抱爱。

本书分为导论和正文八章，共约12万字。

——【分章导读】

导论 奥顿奈尔首先界定了后现代与后现代主义的含义。他认为，"后现代"一词可以译为"超越现在"，"超越现在"就意味着如生命般步履匆匆、时时变化、流逝如水，意味着生活在前沿。而"后现代主义"是指20世纪50年代发展起来的一系列哲学观点和美学风格。其次，奥顿奈尔提出了本书所要阐发的基本内容，即概括后现代主义之前的哲学思想和运动，探究后现代主义的基本思想，介绍一些主要的思想家。奥顿奈尔还提请读者注意，本书提及的哲学家并非都是后现代主义者。

一 后现代主义萌芽 阐述后现代主义的产生。奥顿奈尔指出，以1975年詹克斯的《后现代建筑的语言》为标志，大陆派的后现代哲学家在美国大受欢迎起来，"后现代主义"一词便以雷霆万钧之势进入老百姓的话语。

从中世纪到启蒙运动，哲学不断发展，理性的地位也逐渐变得至高无上。在十七八世纪的启蒙运动中，至高无上的理性统治一切，以科学反对迷信的斗争如火如荼。受其影响，人们渴求宽容、人权、民主政府。启蒙理性的进一步发展，出现了对现代的理性、进步观念的质疑。以尼采为代表的反理性主义哲学家提出，数千年来，哲学家一直在处理概念的木乃伊，他们手中没留下什么真实的东西。泰坦尼克号1912年首航葬身大海以及第一次世界大战，粉碎了人类建立理性、宽容、自由之社会的理想。工业革命在带来新商品和财富的同时，传统与环境的代价也相当沉重。

通过探讨《尤利西斯》《荒原》这两种新的文学形式，以及现代科技、艺术和建筑，奥顿奈尔指出，现代主义是启蒙运动各种价值观的混血儿，而新出现的后现代主义则更强调风格的多样性、自我意识和诗兴；当和谐统一及旧理性秩序倒台时，现代主义悲痛欲绝，而后现代主义则为其造成的多样性和无中心状态狂欢。

随着第二次世界大战这个现代性悲剧的诞生，人类解放的理想彻底幻灭。现代性不断滋养着人们的人类解放理想，渴望着进步和社会变革，但这一切随着第二次世界大战的降临化成泡影。人类解放叙事起源于基督教的末世说，在西方现代哲学中延续着这种梦想。卡尔·马克思认为工人阶级革命不可避免，人类解放是历史必然。马克思的想法有合理的政治和哲学分析，更像一种信仰。然而，随着二战的爆发，这种信仰受到了致命的打击。

二战后各国科技、经济的发展和财富的增长，导致了消费的膨胀，缔造了一个快速多元的信息社会。一模一样的图像、标志和产品消解了各地的文化的特色。各种理论都在争夺市场，出现了文化大杂烩。在詹姆逊看来，各种风格的碰撞形成了后现代主义，这种碰撞恰恰是在消费者的疯狂状态中完成的。而奥顿奈尔则认为，詹姆逊的分析有一定合理性，但其作用的恐怕不只是消费主义。物质主义和消费至上主义破坏了环境，将社会变成精神和价值的真空；过多地强调理性和进步让我们付出了沉重的代价，理性的胜利导致了想象力、诗性、象征性以及伦理的沉沦。

因而，放弃了宏达追求的现代西方哲学出现了一种语言学转向，并孕育出后现代主义思想的激进怀疑论调，现代西方哲学的这种转向，并不是一无是处，人类不能离开语言，就像鱼儿离不开水一样。由此，诞生了一批后现代思想家。巴尔特、鲍德里亚、德勒兹、德里达、福柯、艾瑞格瑞、克里斯塔瓦、拉康、利维纳斯、利奥塔这些著名的后现代思想家以及对后现代运动产生过影响的思想家，在微观研究领域的现代性批判结出了不同的理论成果。后现代主义有着浓厚的"法国情结"，其产生与法国有着千丝万缕的联系，是一个非常法国的现象，这与法国的政治文化背景密切相关。

奥顿奈尔概括指出了后现代主义的一些基本信条：人类只是受限于人类的语言；任何冠冕堂皇的叙述方式，无论是宗教的、哲学的还是科学的，都是有限的且受历史制约的；我们这一代比任何一代人都具有自我意识；世界上存在着各种关于真理的学说，存在着众多言论、众多知识形式和生活方式。宽容、开放和多变性是我们这个时代的定律。

二　什么是真理？　探讨了真理观从现代到后现代的演进。什么是真实的？我们是如何观察这个世界的？这两个问题曾困扰过希腊哲学家。唯心主义、经验主义以及存在主义对此问题也展开过积极的讨论。这两个问题也是后现代主义的一个核心问题。

为了理解后现代主义真理观，就必须探讨唯心主义尤其是近代唯心主义的认识论根源。近代唯心主义哲学家们普遍关注认识的真理性问题，企图用思想、意识以及思想主体来解决认识真实性的问题。其中，以笛卡尔和贝克莱的哲学最为典型。对此，奥顿奈尔进行了侧重分析，以为这样就能认清后现代主义反对的是什么。与唯心主义认识论不同，以洛克为代表的经验论强调感觉经验在认识真理过程中的作用。而近代哲学巨匠康德则试图在经验主义与唯心主义之间寻找一条中间道路，他创造了"物自体"和"现象"两个术语。康德的中间道路对后现代主义产生了深远的影响，这种思想体系的种子比比皆是。

近代德国理性主义认识论在黑格尔哲学中走向了极致，出现了非理性主义的叔本华与尼采的批判，催生了现代胡塞尔、海德格尔的现象学，以及萨特将海德格尔式的现象学发展成为存在主义哲学。但存在主义并没有解决关于真实性的难题，后现代主义者认为，没有任何东西，甚至是知识和存在本身，也不能被真正呈现出来。

但在普通大众的心目中，理性哲学、科学给予我们的是这个世界最确信的知识，给予我们的是铁一样的事实，而不是空洞的理论。但若仔细考虑，这种想法未免太夸大其词。因此，"铁一样的事实"也不得不让位给一些模型、思想及结构，它们是目前为我们理解某物的最佳方式。研究者的世界观和感官认识影响了实验结果，我们只看到事物的一部分，现实无法却被全部测量。这也如尼采所言，真理都是幻象，幻象高估一切。这是使科学决定论哲学即认为万物皆可精确预测的哲学支离破碎的原因。

在后现代思想家视野中，真理被游戏化了。在尼采看来，科学、真理是个大骗子。福柯通过知识考古学的研究指出，科学、真理并不像它宣称的那样，是一门中立的学科，而是许多敌对的理论在打架。在鲍德里亚超现实主义理论看来，科学、真理是一套诱导策略，引诱是一种颠覆性的观点、论断及姿态，意味着向惯常的社会权力关系游戏说"不"。这样，任何一方都不会成为"压迫者"或者降低至受控制的那一阶层。这有点和夫妻间的调情相似。

奥顿奈尔总结说：真理是一个沉重的术语，社会规范及权力结构都想界定什么是"真实的"。各种思想总有一段历史，知识考古学就是发掘这历史并揭示其奥秘。"权力意志"表明人们想要控制和操纵思想信仰。即使是科学，也并非经常与铁的事实有关，而是与那些违背或超越理性的理论、猜测、模型有关。

三 解构 阐述了结构与解构。奥顿奈尔提出，索绪尔和斯特劳斯为结构主义奠定了深厚的基础。瑞士语言学家索绪尔界定了什么是符号，认为符号是物体和其名称或发音的统一体，即所指＋能指＝符号。法国人类学家斯特劳斯将索绪尔语言学的结构主义研究发展到人类社会的研究。而巴尔特和德里达则借此建立了自己的解构主义理论。

通过运用潜意识、深层结构等思想，巴尔特的文学研究宣告了"作者的死亡"。对结构主义者来讲，意义总是存在于深层、潜在的结构中，而不是作家肤浅、有意识的思想中。巴尔特在研究大众文化时，用"飘忽不定的能指"这个概念来分析大众文化的规则。在巴尔特看来，社会规则决定了意义，如红绿灯在本质上就是飘忽不定的。巴尔特还研究了时尚工业，并认为它也受规则统治。某件衣服的价值并不在于它多么珍贵，纤维有多纯，或者设计者和制造者的技艺多精良，时尚受消费主义和大工业操纵，并且臣服于所谓贵族对什么是时髦的反应。当巴尔特主张红绿灯可以使用多种颜色时，符号的任意性也许被夸大了。他忽略了自然界的事实，即一些颜色对人眼冲击力更大、更易辨认。从某种角度上讲，在我们的思维中，我们创造了一种现实感。而鲍德里亚的符号理论将巴尔特的分析引领得更远，他把资本主义消费主义看成是一片巨大的符号之海，它沉溺一切，并不断摧毁传统生活的各种方式。

德里达对基础主义和逻辑中心主义展开了激烈反对，他反对词语拥有固定的意义，反对抽象的哲学和特殊的词语捆绑在一起，反对语音中心主义。德里达解构了语言先于写作的柏拉图、苏格拉底传统，将不确定性还给写作。奥顿奈尔指出，文本，无论是口语的还是书面的，都封闭于人类语言规则中，一个文本就是一段言论，一段言论就是一个文本。为了强调写作的地位和词语空间的价值，德里达创造了一个词："分延"，分延暗示了推延，给予一席之地。对德里达来说，解构是积极的，它震颤、颠覆、制造恐慌，但是先"破"后"立"，这样新事物才有成长的空间，它是闭塞的思维的苦口良药。但德里达关于补充物的思想开启了文本的新意义。

奥顿奈尔总结说：语言是人类的创造物，不能直接通向现实或将现实呈现在我们面前。它存在着一种缺失，一种解释的距离，即词语和言论可能有许多不同层面的意义。解构揭示了许多可能的意义和隐藏的程式及文本的潜意识一面。

四 自我 阐述了各种自我理论。奥顿奈尔提出，自我理论与灵魂学说息息相关，自我不仅仅是赋予肉体活力的精神或某种至关重要的力量，它是一个整体。这种整体论引发了各种重生说，还引发了认为灵魂会以其他形式或实体重获新生的学说。

弗洛伊德是解构自我的先驱者，他对患者的研究形成了潜意识的思想，继而研究了本我、自我和超我。弗洛伊德对"自我"持有消极的态度。在他看来，从根本上讲，"自我"就是一片无边无际、寂静且混乱的欲望之海，需要节制的个人去驯服它。精神健康的目的，心理治疗的缘由就是要提供一种平衡，让性爱关系得以建立。与弗洛伊德不同，荣格创立了一套新的潜意识理论，他认为，潜意识如同一个容器，充满了来自远古的力量、符号以及智慧；潜意识为一股强大的、积极的力量。拉康认为，自我的发展分为镜像阶段、象征阶段与理想阶段。

在奥顿奈尔看来，弗洛伊德的观点是自我完全自主的主体；拉康的自我是完全社会化的主体；而克里斯塔瓦却持有一种综合的观点，即自我是一个积极、实际的主体，部分由社会形成，处于不断改变的过程中。这样，逐步形成了后现代"解体的自我"。德勒兹和居塔里的自我理论把人看成是欲望机器，而社会的工作就是为欲望制定各种清规戒律。他们也试图超越人性和神人同形同性论，目的是为了摧毁当前文化的统治地位。福柯把自我看成是不断创生和改写的，而维特根斯坦的语言分析戏谑过于关于自我的观念。

从现代到后现代的自我理论中，我们可以发展自我的迷失和寻找。因而，奥顿奈尔指出，我们所有人的内心都有一种陌生感，我们是自己的陌生人；自我的本质仍然是一个开放的问题，一个后现代主义者应该避开传统的形而上学，应该承认我们的无知。

奥顿奈尔总结说，正如心理分析和古代信仰展现的那样，自我有许多层面，有的是有意识的，有的是无意识的。我们都深藏不露，但社会用它的规则、压力和象征秩序让我们形成一种深厚的自我身份感。通过他人，我们界定自己。

五　女性主义　分析了女性主义，简介了1968年国际妇女节巴黎发生的大规模妇女游行，口号是"打倒女权主义"。这场运动得到了许多思想家，如德里达、福柯和西克索斯等人的支持。

在女性主义研究方面著名的学者是法国著名女性主义作家波伏娃，她阐述了女权主义者反对弗洛伊德心理分析方法的原因，即这种方法会巩固男权的地位。女权主义还反对生理决定论，因为，生理决定论认为，男人和女人的秉性在一出生时就已决定，女性必须被动地臣服于强大的、富有创造性的、理性的男性。

虽然弗洛伊德不是女性主义者，但其精神分析理论含有男性与女性关系的问题，提出一种所谓的"阴茎崇拜"思想。弗洛伊德的后继者拉康则进一步发挥了"阴茎崇拜"理论，指出了阴茎象征原型的意义。这对后现代女性主义者，如作家艾瑞格瑞和拉康的学生克里斯塔瓦产生了直接的影响。荣格则以不同的方式发展了弗洛伊德的思想，发展出一种"原型说"。荣格对特征规则的洞察力开启了男女性别的深层次秘密。他对有趣的形象、特征的威力持开放态度。他预见了后现代主义的诸多方面，认为其他形式的言论和理性的言论一样有其合理性。在荣格看来，原型特征强大有力。这些与生俱来的特征展示了我们真实的一面。而且，这些包括阴性基质和阳性基质在内的强大的特征对女权主义和后现代主义产生了一定的影响。

后现代主义者德里达的解构方法为后女性主义评论家开启了新的可能性。其后的拉康认为，西方思想就是赤裸裸的阴茎中心主义。对此，杰出的后女性主义思想家和实践家艾瑞格瑞，她试图反思这种西方哲学的上层建筑。她在 1974 年出版的《内窥镜中的另一个女人》表明其反思达到顶峰，她反对拉康的阴茎中心主义理论以及弗洛伊德的"阴茎崇拜"理论。她认为，"洞"是一个○，一个圆，一种完美，意味着完整和全面的生活视野。另外一位著名的女性主义者朱丽娅·克里斯塔瓦在索绪尔和弗洛伊德理论的基础上，对语言学、心理分析有所研究与发展，但她仍然追随弗洛伊德和拉康，将象征规则等同于男权、父权和法律，也就是将其与社会规则等同起来。

奥顿奈尔总结说，后女性主义者超越了女权主义，承认两性间的差别。在这种差别之中，存在着一些富有创造力和道德上的因素。因为，我们通过他人或陌生人来界定自己。女性主义强调直觉、诗性和肉体。一些思想家还试图通过强调非理性的价值而推翻西方的形而上学。

六　伦理和政治　阐述了后现代的伦理和政治理论。奥顿奈尔认为，在社会伦理政治从古代向现代的转变过程中，哲学家们试图把伦理建立在社会或理性思维之上。古希腊的亚里士多德认为，伦理是社会生活的产物，社会政治是美德政治；苏格拉底也强调把伦理建立在理性之上。近代功利主义与康德在伦理价值判断上遵循着不同的标准。而后现代主义者回避了现代冠冕堂皇的理论，强调现实的社会性和关联性。

尼采首先以道德谱系学对基督教伦理展开了激烈的批判。尼采对道德的起源和发展进行了历史学探讨，看到了基督教教义中的压抑和自我否定，并对之进行了批判，目的是剥除它们的专制主义的外衣。但尼采的"超人"理论、权力意志在随后的实践中出现了悲剧。在现实中，20 世纪的超人思想、权力论、精英论产生了可怕的社会后果——拿破仑与希特勒。

尽管如此，奥顿奈尔提出，后现代伦理并非是对意义的全盘否定，也非必然导致相对主义。英国哲学家斯古特对德里达的批判表明，他对道德相对主义的忧惧。而奥顿奈尔认为，斯古特严重误解了德里达，德里达从未主张将理性或意义完全推翻。这只是一个平衡性的问题，必须承认感性的地位，必须给不易表达的事物以一席之地。在奥顿奈尔看来，福柯的知识考古学中的知识概念并不太"解构"，福柯追求一种激进的哲学，这种哲学是强权结构的文化对抗者。就是说，福柯揭露了问题，但是似乎不忙于解决这个问题。

许多后现代主义思想家支持某些伦理事业，控诉后现代主义的道德相对主义。如德里达非常关心和平与公正问题，艾瑞格瑞就性别差异的伦理问题展开写作，克里斯塔瓦活跃在法国反种族主义组织中。因而，正义和公平问题部分建构在人类普遍的对他人的经验之上，还有一部分建构在未来的可能性之上。因此我们应尊重某些权利，即向他者敞开胸怀，对未来充满希望。通过评介福山的历史终结论，奥顿奈尔还指出，资本主义及其民主不可能是大同世界的美好蓝图，即所谓的"历史终结论"是虚妄的现实。当代社会企图将一些思想如马克思主义扔进历史的垃圾箱里，但德里达的所谓"幽灵"却解释了这些思想持久的威力。

奥顿奈尔总结说，后现代主义者蔑视伦理的精细，避免长篇累牍的论述和冠冕堂皇的理论，他们支持特殊、尊重人权。后现代主义的政治强调我们从没拥有过什么完美的体制，也不可能达到终点；我们活着，并坚持不懈地完善自我，追寻他人的正义。

七 现实的边缘 评析了游走在现实边缘的后现代哲学理论。奥顿奈尔简要介绍了 20 世纪的著名逻辑分析哲学家罗素与维特根斯坦的理论，指出维特根斯坦带来了语言观，为后继的后现代思想家创造了思想的温床。

后现代思想家将语言延伸至极限，还努力为非理性的话语争得一席之地，提出了一些重要概念，如空间、享乐、他人和馈赠等。馈赠是后现代主义的一个关键术语，它关涉存在和感激的既定性问题，开启了社会秩序、可能性和不可能性等问题，还重新讨论了存在与不存在这样的老生常谈问题。这些小型话语正如法国后现代思想家利奥塔所说，宏大叙事的时代已经结束。因此，我们必须支持小型、局部、时下的叙事，并且停止将它们同虚假、人为的体系联系起来。像凡·高的画作《鞋子》所提示的那样，我们知道的只是局部。

随着科学技术的进一步发展，我们将如何发展？能否逃脱宇宙的浩劫？不论如何，宏大叙事应被抛弃，因为它们不可能而且不完整，还有，它也趋向于严密化和条理化，且还用恐怖活动和武力维持自己的统治权力。因而，人类是有相当局限性的，我们的思想总是临时的、受时间所限，但并不排除我们可以不知道自然界和神秘生活的灵光一现以及某些真知灼见。这又牵涉到上帝这个概念，后现代主义者要对此加以理论处理。弗洛伊德认为，上帝是高尚化的父亲的象征；克里斯塔瓦用新弗洛伊德式语言重新阐释了想象中的父亲，为在这个世界上开辟无限的可能性；艾瑞格瑞反对男权化的上帝，追求着一位新上帝的诞生，即"另一个女人"。

还有一种很有趣的、诗性的哲学，如海德格尔哲学等推翻了传统的形而上学，但颇具讽刺意味的是，它与宗教文献走得越来越近，即无法用语言和概念领悟它。后现代思想家非常看重肉体、看重触摸和感性交流的价值，神秘主义称上帝为我们最深层自我的秘密，一种裹在肉体中的精神。德里达也常常涉足宗教主题，乐于和神学家辩论，但他解构了"弥赛亚"的思想。

在奥顿奈尔看来，像人类的各种学说即"看起来似乎是"那样，人类也许能够理解昙花一现的真知，以及现实之外的暗示。借助利奥塔与康德的理论，奥顿奈尔提出，我们应给未来、崇高、正义感一席之地。我们还可以通过词语及人类生活来显现上帝，崇高的迷幻、上帝造人的神话及化身说是基督教的轴心。因为上帝选择了"寄身之所"，即在耶稣的肉体中安了家，耶稣被称为"道"。"神秘的三位一体"一节解释了基督教神秘的三位一体说在后现代主义的语境中获得了新生。

奥顿奈尔总结说，后现代主义拓展了语言，将其带向非理性和神秘。当宏大叙事被认为是不完美的而且由社会决定，它们包含的真知灼见也昭然于世。若我们通过我们的经验和语言领悟上帝，上帝便值得信仰。要洞察纯粹的神性，我们不能步出这个世界。

八　未来在何方？　阐述了后现代主义在当下生活中的作用。奥顿奈尔分析了后现代主义产生的社会历史条件及发展状况，指出后现代主义曾被二战后巨大的社会和技术变革抛弃，又在世界范围内重建，它是多国资本主义的一个产物，多国资本主义迫切需要多种文化的冲撞以及全球的缩小化。后现代主义曾被二战后巨大的社会和技术变革抛弃，又在世界范围内重建，它是多国资本主义的一个产物，多国资本主义迫切需要多种文化的冲撞以及全球的缩小化。

借用"妖怪和神灯"的隐喻，奥顿奈尔试图说明后现代主义如放出神灯的妖怪，不可能再将它装回。我们自然不可能完全意识到我们存在的局限性和其带来的影响。但是，我们知道它们的确存在，即使我们不能给它们全部命名。后现代主义是一个重大的偶像转变时期，它改变了我们看事物的方式，这样我们将永不孤独。当然，后现代主义并不是一种彻头彻尾、激进的相对主义。相反，它常常惧怕陷入这种境地。要丢弃古代那些关于稳定和深度的思想、关于信仰和希望的思想，并非易事。后现代常常惧怕任何一种中心、稳定性、目的、信仰和价值被抛弃。科学伟大的进军远没有结束，它那宏大叙事又给人们带来了希望。

奥顿奈尔还分析了 20 世纪出现的一股对黑格尔哲学的浪潮。一方面，黑格尔哲学被视为宏大叙事的典型而遭到批判；另一方面，如科耶夫等思想家那样对黑格尔哲学进行着新的解释，认为可以沿着黑格尔哲学指引的道路前进去获取自由。通过研读《现象学》中主人与奴隶的辩证法，科耶夫看到了争取解放的暴力斗争贯穿整个历史。

全书最后，奥顿奈尔回顾并总结了后现代主义的信条：开放，拥抱生活，向各种思想敞开胸怀，拥抱爱。具体说后现代主义的信条包括：向他人的呼声和存在敞开胸怀，感谢你获得的礼物，对他人和他人的看法虚怀若谷，我们思考的一切也许并非如此，不要惧怕鸿篇巨制，感受拂面而来的神秘，生命并非不是偶然，审视你的精神与隐秘的地方。

—— 【意义与影响】

本书图文并茂、言简意赅、生动形象、通俗易懂地阐述了后现代主义理论的主要内容，便于读者由浅入深、简明扼要地理解后现代主义思潮。这是一本介绍后现代主义理论的大众化、通俗化读本，也不乏理论阐释的深刻性，对于稍有理论素养及后现代理论研究工作者都是有借鉴意义与价值的，也必将影响更多的受众，启发人们注意对深刻难懂理论解读的表述与表达方式。

全书紧紧围绕后现代最具代表性的思想家鲍德里亚、德勒兹、德里达、福柯、利奥塔、拉康、艾瑞格瑞、克里斯塔瓦等人的后现代思想进行阐述，并没有把现代与后现代对立起来，做出非此即彼的回答，抓住了后现代思想的精髓。可以说，与简单地把后现代主义视为怀疑主义、相对主义的思考不同，奥顿奈尔在此书中以更宽广的视野审视后现代主义文化思潮，有利于读者认清现代主义与后现代主义文化思潮的异同，并自觉认知自己的思想与行动。

━━【原著摘录】━━━━━━━━━━━━━━━━━━━━━━━━━

导论 P2－3

P2 "后现代"一词可以译为"超越现在"。但"超越现在"又意味着什么？或者给人何种感受？答案是："超越现在"就意味着如生命般步履匆匆、时时变化、流逝如水；意味着生活在前沿。

人们把 20 世纪 50 年代发展起来的一系列哲学观点和美学风格称为"后现代主义"。

一 后现代主义萌芽 P4－27

P5 最早使用"后现代主义"一词的是 19 世纪末、20 世纪初的艺术家。他们用这个词来指称那些打破陈规的新运动。

同样也是在 20 世纪 70 年代，大陆派的后现代哲学家在美国大受欢迎起来。"后现代主义"一词便以雷霆万钧之势进入老百姓的话语。

P13 人们渴望着人类解放，渴望着进步和社会变革，但这一切随着第二次（世界）大战的降临化成泡影。

解放叙事起源于基督教的末世说（研究终极事物的学说）；卡尔·马克思认为工人阶级革命不可避免。这种想法有合理的政治和哲学分析，更像一种信仰。随着二战的爆发，这种信仰受到了致命的打击。战争掌控在左派和右派手中。（比如斯大林剔除异己之举措和集中营，以及希特勒的大屠杀）。

二战后，西方的经济迅速增长，而东方则相对缓慢。以柏林墙为标志的冷战是政治舞台的重头戏。两个超级大国，美国和苏联势不两立，都以卫道士自居。政治步入资本主义和共产主义共存的阶段。但是，在沉重的经济压力下，在民众渴望变革的呼声之下，共产主义集团分崩离析。终于，柏林墙被推倒了。

P15 在詹姆逊看来，各种风格的碰撞形成了后现代主义。而这种碰撞恰恰是在消费者的疯狂状态中完成的。

P18 物质主义和消费至上主义破坏了环境，将社会变成精神和价值的真空。过多地强调理性和进步让我们付出了沉重的代价。理性的胜利导致了想象力、诗性、象征性以及伦理的沉沦。

二　什么是真理？P28-43

P34　存在主义者并没有解决关于真实性的难题。

P35　后现代主义者认为，没有任何东西，甚至是知识和存在本身，也不能被真正呈现出来。

P36　在普通大众的心目中，科学给予我们的是这个世界最确信的知识，给予我们的是铁一样的事实，而不是空洞的理论。但是，若仔细考虑，这种想法未免太夸大其词。

P37　因此，"铁一样的事实"也不得不让位给一些模型、思想及结构。它们是目前为我们理解某物的最佳方式。

P39　量子力学的建立，海森堡功不可没。它对物理宇宙的结构进行了新的思考。其特征之一就是将主体和客体的边缘模糊化。所谓主体，即观察者；所谓客体，即观察对象。万物皆有关联，都是整体的一部分。我们的存在、感官及认知的局限性影响了实验及其结果。我们只看到事物的一部分。现实无法被全部测量。这就是科学决定论哲学，即认为万物皆可精确预测的哲学支离破碎的原因。

P41　福柯指出，科学并不像它宣称的那样，是一门中立的学科。

P42-43　鲍德里亚发展了一套诱导策略。引诱是一种颠覆性的观点、论断及姿态，意味着向惯常的社会权力关系游戏说"不"。这样，任何一方都不会成为"压迫者"或者降低至受控制的那一阶层。这有点和夫妻间的调情相似。

真理是一个沉重的术语：社会规范及权力结构都想界定什么是"真实的"。

三　解构 P44-61

P45　索绪尔界定了什么是符号，认为符号是物体和其名称或发音的统一体。物体是"所指"（被称呼的），而名称是"能指"（用来称呼的）。所指＋能指＝符号。

索绪尔和列维-斯特劳斯为结构主义奠定了深厚的基础。

P46　对结构主义者来讲，意义总是存在于深层、潜在的结构中，而不是作家肤浅、有意识的思想中。

P49　在这个世界里，符号有自己实际的存在，在新的意义上飘忽不定，已经脱离了它们本初的根。

P51　雅克·德里达强烈反对逻辑中心主义，即词语拥有固定的意义，抽象的哲学点和特殊的词语捆绑在一起。

P52　他说，写作是一种危险的毒药。正如苏格拉底主张的那样，它会导致种种恶果。它会使人懒惰，阻止人们思索。它会使思想僵化，并且阻止人们用鲜活的言论讨论这些思想。它会使内在的东西外化。

P55　虽然德里达拒绝轻率的回答，但他并没有否定形而上学的重要性。因为，我们离不开"大问题"，即与终极关怀有关的问题。

P57　名词"解构"指的是重新安排词语的用法。因此，对德里达来说，解构是积极的。它震颤、颠覆、制造恐慌，但是先"破"后"立"，这样新事物才有成长的空间。它是闭塞的思维的苦口良药。

P61　符号的任意性也许被夸大了。当巴尔特主张，红绿灯可以使用多种颜色。但是，他忽略了自然界的事实，即一些颜色对人眼冲击力更大，更易辨认。……我们受限于周围的世界。从某种角度上讲，在我们的思维中，我们创造了一种现实感。

四　自我 P62—83

P63　自我不仅仅是赋予肉体活力的精神或某种至关重要的力量，它是一个整体。这种整体论引发了各种重生说，还引发了认为灵魂会以其他形式或实体重获新生的学说。

P67　弗洛伊德对"自我"持有消极的态度。在他看来，从根本上讲，"自我"就是一片无边无际、寂静且混乱的欲望之海，需要节制的个人去驯服它。精神健康的目的，心理治疗的缘由就是要提供一种平衡，让性爱关系得以建立。

P68—69　而在荣格看来，潜意识如同一个容器，充满了来自远古的力量、符号以及智慧。他视潜意识为一股强大的、积极的力量。

P71　拉康认为，随着孩子步入成年，镜子里的形象就会慢慢消失。孩子越来越深入到一个象征世界。他走出家庭和社区，进入一个更宽阔的符号及指称领域。这一切让孩子找到了自己在社会中的位置。象征也就会变得更有影响力。

P73　弗洛伊德的观点是自我完全自主的主体。拉康的反对观点是自我是完全社会化的主体。而克里斯塔瓦却持有一种综合的观点，即自我是一个积极、实际的主体，部分由社会形成，处于不断改变的过程中。

P75　欲望本身是具有革命性的，但社会为了控制和压抑它，将其遮遮掩掩。德勒兹和居塔里将这种行为"区域化"。社会职能以牺牲个人自由的代价才能存在。

P77 在福柯看来，自我是不断创生和改写的，有时是更传统的社会中的一个成员，有时是本能性的个体，有时是身体与精神，有时二者则合二为一，有时是串在一起的经验与心理驱动。

P82 自我的本质仍然是一个开放的问题。一个后现代主义者应该避开传统的形而上学，应该承认我们的无知。在知识缺席的地方，信仰就会占有一席之地。但信仰只是一种信仰，而不是确定的知识。

五 女性主义 P84－97

P86 女权主义反对生理决定论。生理决定论认为，男人和女人的秉性在一出生时就已决定，女性必须被动地臣服于强大的、富有创造性的、理性的男性。

P91 阳性基质（Anima）和阴性基质（Animus）往往是内化了的、关于异性的想法。在荣格看来，这种想法可以起到"自我"特征的作用。……阳气盛的文化压抑了阴性基质，隐藏了感情，阻碍了表达自我的能力——"男孩不哭！"女性通往逻辑和统治地位的道路也被堵死了。

P92 拉康认为阴茎是西方思想的主要象征。后女性主义反对他的看法，认为这是二元对立和逻辑中心主义的典型看法。Logos（理性）和阴茎联系在一起就是理性的"男性"原则。那么，在话语中，哪些东西被抹去了或被操纵着？因而，西方思想就是赤裸裸的阴茎中心主义。

P94 在拉康的思想里，女人给我们呈现了一个"洞"，而不是一个阴茎。而在艾瑞格瑞的思想里，此"洞"不应解释为"缺少"，而应解释为积极的空间和富有创造性的神物。

六 伦理和政治 P98－115

P100 事实表明，伦理规定和思想常常受社会和意识形态威力影响。尼采追溯了自己所谓的"道德谱系"的来龙去脉，目的是剥除它们的专制主义的外衣。

P102 超人的所作所为是为了解放和提升生命，而不是践踏大众。他们的视野并非如此狭隘。

P105 德里达从未主张将理性或意义完全推翻。这只是一个平衡性的问题。必须承认感性的地位，必须给不易表达的事物以一席之地。

P107 福柯追求一种激进的哲学，这种哲学是强权结构的文化对抗者。他揭露了问题，但是似乎不忙于解决这个问题。

P113 鲍德里亚认为，资本主义将人变成了物品，变成了产品的消费者。

法国另一思想家希伯特·马尔库塞（Herbert Marcuse 1898—1979）（文章笔误，马尔库塞是法兰克福学派的思想家、德裔美国西方马克思主义思想家。编者注），将资本主义人性描述为一维的，孤独的消费者充满了虚假的需要。因此，资本主义不可能是大同世界的美好蓝图。

P115　我们需要一种文化对立物去揭露资本主义的弱点和道德沦丧。马克思主义虽然产生于过去，但它不愿静静地躺着。

七　现实的边缘 P116－143

P117　维特根斯坦打来了语言观，为后继的后现代思想家创造了思想的温床。

P118　解构、不确定性以及对二元对立逻辑的否定开辟了一个更深厚、更丰富的话语世界。诗兴和想象力的地位至关重要。"语言学转向"让人们意识到，意义只能在话语中寻找，而不是话语外。

P122　法国思想家利奥塔主张，宏大叙事的时代已经结束。我们必须支持小型、局部、时下的叙事，并且停止将它们同虚假、人为的体系联系起来。

P125　宏大叙事之所以被抛弃，是因为它们不可能而且不完整。但是，它们也趋向于严密化和条理化，而且，还用恐怖活动和武力维持自己的统治权力。

P130　有趣的、诗性的哲学推翻了传统的形而上学。但颇具讽刺意味的是，它与宗教文献走得越来越近。

P132　后现代思想家非常看重肉体、看重触摸和感性交流的价值。神秘主义称上帝为我们最深层自我的秘密，一种裹在肉体中的精神。

P136　毕竟，"学说"（doctrine）一词源自希腊词 doketo，意即"看起来似乎是"。

P140　崇高的迷幻、上帝造人的神话及化身说是基督教的轴心。耶稣被视为上帝存在的化身，比任何人都能代表"上帝"。因为上帝选择了"寄身之所"，即在耶稣的肉体中安了家。耶稣被称为"道"。

八　未来在何方？ P144－154

P145　评论家们常常讲，正如它显示的那样，后现代主义是时代浪潮上的一个短期运动，它曾被二战后巨大的社会和技术变革抛弃，又在世界范围内（而不是某些国家中）重建。它是（至少部分是）多国资本主义的一个产物。多国资本主义迫切需要多种文化的冲撞以及全球的缩小化（在交流扩大的意义上）。思想如何发展将依赖于未来的经济趋势。

P147 我们自然不可能完全意识到我们存在的局限性和其带来的影响。但是，我们知道它们的确存在，即使我们不能给它们全部命名。后现代主义是一个重大的偶像转变时期——它改变了我们看事物的方式——这样我们将永不孤独。

P148 后现代主义并不是一种彻头彻尾、激进的相对主义。相反，它常常惧怕陷入这种境地。要丢弃古代那些关于稳定和深度的思想、关于信仰和希望的思想，并非易事。后现代常常惧怕任何一种中心、稳定性、目的、信仰和价值被抛弃。

P149 科学伟大的进军远没有结束。它那宏大叙事又给人们带来了希望。

【参考文献】

[1] 吕振合，吴彤. 福柯的微观权力观 [J]. 中央民族大学学报，2007 (2).

[2] 殷有敢. 论中国传统环境文化的民族性及其现代化创生 [J]. 理论导刊，2006 (4).

[3] 汪怀君. 网络人际交往的伦理困境 [J]. 广西社会科学，2005 (10).

[4] 华丽. 现代主义与后现代主义关系研究 [J]. 宁波职业技术学院学报，2006 (1).

[5] 杨莉萍. 论当代心理学的方法论变革 [J]. 教育研究与实验，2006 (6).

[6] 宋光瑛. 复仇狂花：《亲切的金子》[J]. 当代电影，2006 (6).

[7] 张仲民. 后现代史学理论述论 [J]. 重庆社会科学，2005 (3).

[8] 贺旭辉. 利奥塔"后现代"思想阐释 [J]. 中国矿业大学学报（社会科学版），2006 (3).

[9] 余乃忠，陈志良. 否定的力量：后现代主义哲学的三重变奏 [J]. 福建论坛（人文社会科学版），2009 (1).

[10] 张明波，谢武纪. 试析后现代主义思维方式 [J]. 重庆广播电视大学学报，2006 (1).

[11] 徐椿梁，黄明理. 价值哲学视野下共产主义信仰的危机及其应对 [J]. 中共浙江省委党校学报，2014 (1).

[12] 张旭升，袁祖社. 无序和虚空：后现代伦理存在的破碎 [J]. 唐都学刊，2013 (3).

后　记

本书在丛书主编南开大学杨谦教授、阎孟伟教授的精心组织策划下，全体参编人员经过不懈努力，三易其稿，终于完成了还算满意的版本。当然，作者们对现代性经典著作多年的研读与理解，能够最终编写成书，与读者能够见面，还是要特别感谢广西人民出版社社长温六零先生、副总编白竹林女士、副总编罗敏超女士以及编校、装帧设计人员的大力支持和辛勤努力。

在中国特色现代化发展的历史进程中，我们遭遇了来自西方的后现代思潮。在后现代思潮中最汹涌的浪潮当属后现代哲学思潮，它以令人眩目的姿态、时尚的外表吸引着学术的目光；它自身的不确定性、偶然性、多样性、差异性与生成性刺激着学人的政治神经；它追求自由的冒险，声称要与权力谈判。它与现代西方哲学貌离神合，它与马克思主义哲学若即若离、关系复杂。给它定位，既富有挑战又充满艰辛。

后现代主义哲学孕育于 19 世纪中后期，到 20 世纪 60 至 70 年代，后现代哲学成为一股令学界瞩目的热潮。后现代哲学主要是一种法国文化现象，法国哲学家福柯、德里达、德勒兹、加塔利、利奥塔等是重要代表。此外，还有美国后现代哲学家罗蒂、格里芬等。随着德、英、美等国的哈贝马斯、贝克、吉登斯、墨菲、鲍曼、哈维、贝尔、詹姆逊等理论家的介入，后现代政治哲学思潮便在全世界迅速传播起来。活跃在当代思想界的后现代哲学不从属于任何一个确定的哲学派别，而且后现代理论家们大多在思想上偏激、怪异，他们共同反对现代的主体性原则、理智主义、基础主义与本质主义，反对现代性社会政治的宏大叙事，与马克思主义哲学的关系复杂微妙。随着后现代文化思潮在现代性时空中的充分展开，以及世界各国学者对之进行的研讨与交流的日益深入，后现代概念谱系的核心即后现代哲学概念也日益清晰地展现了出来。较完整而清晰地理解这一概念，既有利于人们更好地把握后现代思潮的脉动，让人们的心智能够在宁静中观后现代文化思潮的起伏，也有利于我们顺应时代的潮涌创造新的文化观念，进而增强我们走好中国特色现代化发展道路的自觉性与自信心。

本书精选了当代欧美学者关于后现代主义问题研究的 15 本著作，按照著作的出版时间顺序排列，以便读者清晰了解后现代性问题论争的由来及主要问题域。本书对深入研究后现代哲学观念的产生、基本观念、与现代性的辩证关系等总体性问题具有重要参考价值，还对深入研究后现代的文化、社会政治问题、道德、宗教、文学艺术等领域的问题具有重要的参考价值。

本书适合大学本科生、研究生作为后现代主义问题、社会政治哲学问题研究参考书，同时可以作为从事文学、社会学、政治学、思想史、学术史研究者的重要参考书。与本书密切相关的著作有《现代性问题研究名著导读》。

参与本书前期部分资料整理的有南开大学研究生吴燕萍、郭星、王陶峰、鲁柏、冯莉华、张强、廖琪、赵兰、王芸华、田红梅同学，还有沈阳师范大学教师朱凤娟博士以及研究生蒋晓琳、周帅晨、孙连任同学。

由于编者水平和能力有限，错讹在所难免，敬请专家学者批评指正。

2017 年 10 月